活該如此！

莊永明自述

中央造幣廠
市立初商
延平國校
大同國校
大橋國校
中央日報印刷廠
雙連國校
市立成淵中學
永樂國校
太平國校
媽祖宮
雙連站
伊寧公園
MINTSU
MIN CHUAN RD. W.

《活！該如此——莊永明七十自述》目錄

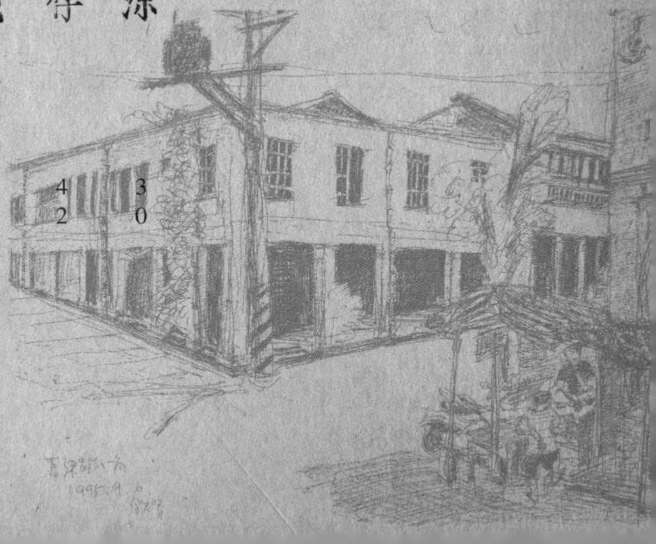

貳．港町物語寫眞

參、我看・我聽・我寫

我是「稻埕人」

日本時代大稻埕的港町（今貴德街）、永樂町（今迪化街）、太平町（今延平北路）是與淡水河南北向平行的「三町」，「三町」是我成長不可磨滅的歷史記憶；我以「稻埕人」自居，因為邁入而立之年以前的生命烙印於此。

莊協發鈸仔店

港町二丁目十三番地

一九四二年四月三日我出生在大稻埕港町，「港町二丁目十三番地」今西寧北路八十六巷十六號的莊協發簸仔店是我的出生地，一家人靠著經營雜貨維持生計。二〇〇五年五月十日，莊協發以「大稻埕千秋街店屋」之名，明列為「市定古蹟」。

童年時光

人家知道我是大稻埕人，總誤以為我是含著金、銀湯匙出世的「迪化街商圈」世家子弟。其實不然，我的童年歲月，一直到初中時，家境連小康都談不上，只能說比「窮困」稍好一些而已。

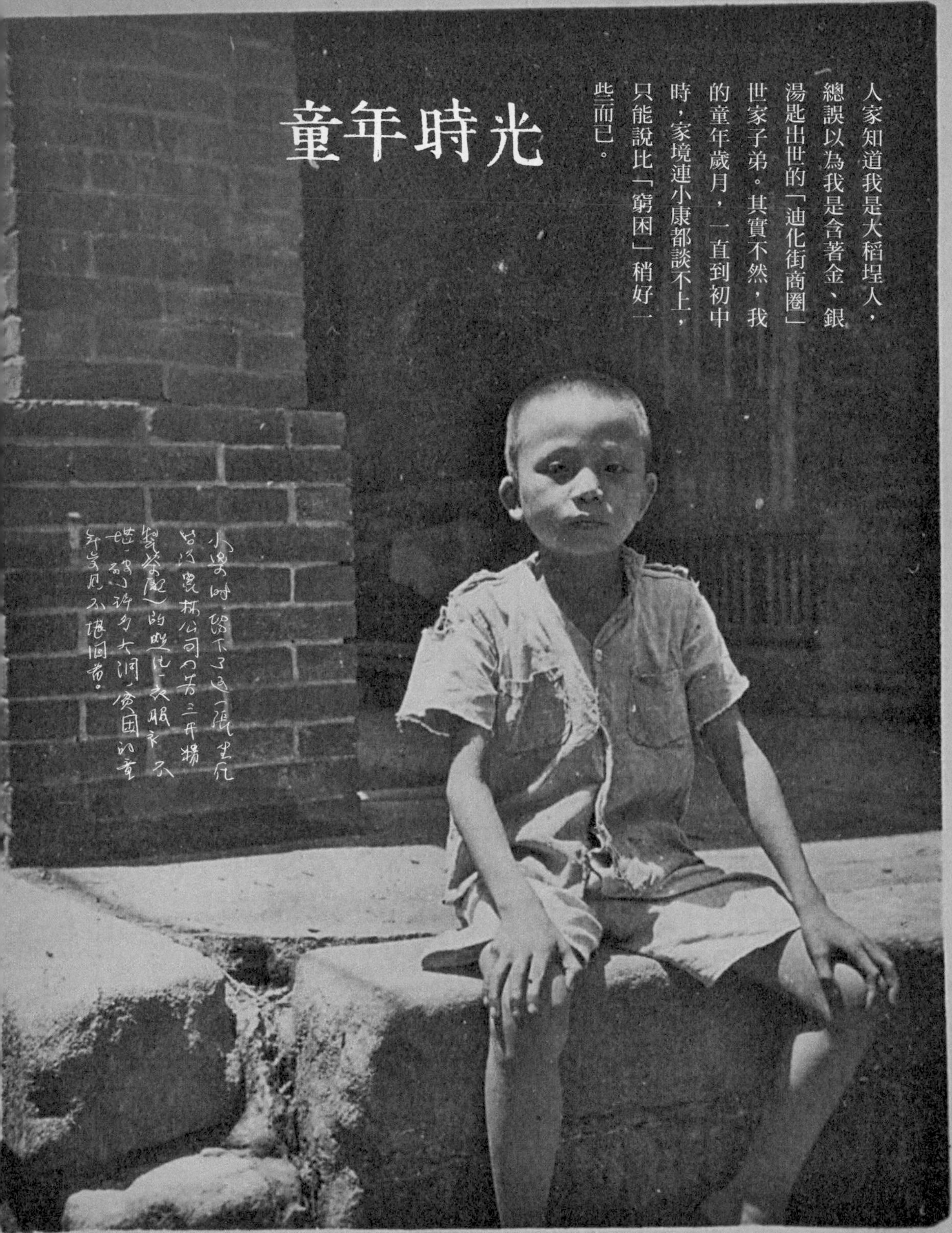

青春年少

那一年，我是「十七、八歲少年家」，而女生則是〈望春風〉歌詞所說的「十七、八歲未出嫁」的窈窕淑女。不過，我可不是這個年齡層的「君子」，所以不屬於行動派的。

这座书橱，是我家最整齐
的地方。一生浮沉，静书之中，
甘苦自受，常民史学是
我投入的工作。

書齋書災

二十四歲，我獨立門戶，成了戶籍上的「家長」。在二十幾坪的居家環境裡，書侵占了絕大部分的空間，不僅行走通道愈來愈困難；側身而過，形同走狹路、過吊橋。女兒的同學來到我家，驚呼：「像是走進了光華商場的舊書街！」

【自序】

暢所欲言又止

不該出而出的這本書，決定成書，原因是自己平凡的生命史，所見、所聞、所感的人、事、物，不少是歷史的見證。

浪費「紙」源，知其不可為而為之，畢竟以三年半的時間，在《文訊》雜誌刊載的專欄「心路，筆痕．書影」，如果未能結集，殊為可惜，乃決定以《活！該如此》做為回憶錄的書名。

兩句話，可以道出心情故事：

同歷史獨白有話
與現實對話無語

如果，這兩句話可視為對聯，我可再題上橫批：

暢所欲言又止

橫批是「暢所欲言」和「欲言又止」的組合句，所欲言而不得不止於言，是我的無助和無奈；人間事，是有些不能說、不可說的，絕非我不願說。

是以為序。

【先踏話頭】

生命有限．活該如此

如果將之視為夢醒時分的「戲筆人生」，留下「告別年代」的一些紀事，想必有益無損，畢竟走過的必留痕跡……

人生雪泥鴻爪，一場夢境而已，有人以「有來有去」，瀟灑走一回，回顧一生；也有人更以有禪意的「無來無去」看透人生。

有來有去、無來無去，全是知悟生命。人生「有來無去」，自不可能，如果未來發明了「長生不老」藥，那是災禍，而非好事。

生命有限，古人以立功、立德、立言的「三不朽」，啟迪人生還有責任，一語道破，就是「有來無去」。不朽始能「無去」，青史留名，令後人懷思，此乃真的「音容宛在」。

諸多傳記、回憶錄，不管是他人操刀或自己動筆，遺下紀錄，都能令後人感受「傳主如生，有來無去」！

我雖涉足文壇有年，但是閱歷有限，不過也頗曉一些「文化界祕聞」，加以被認為善於「說故事」，因之「勸進」我動筆寫回憶錄的人，有增無減。

我個性木訥不多言，但偏偏為人誤解，如果能對我細加觀察，必能體會——我旨在不吐不快，畢竟是O型個性，直言實語，自然常會得罪他人；如果硬說我好道三說四，非知我者也。

「他山之石」引以為鑑，應是我想處理「有來無去」的必要思考，不過像自己這般的凡夫俗子，其實再「美化自己」，必然也是「來去一生」的枉然，一堆文字而已。不過，如果將之視為夢醒時分的「戲筆人生」，留下「告別年代」的一些紀事，想必有益無損——畢竟走過的，必留痕跡。

我好讀「回憶錄」（自傳）甚於他人書寫的「傳記」。傳記頗多添油加醋，例如：西方哲人伏爾泰沒有說過「我雖然不同意你的意見，但贊同你發言的權力」這句話；美國總統華盛頓也沒有因承認砍櫻桃樹而獲得父親嘉許誠實這件事，這些都是傳記作家繪聲畫影的「神來之筆」，無非是要「包裝」傳主。而回憶錄的「告白」，雖然不全是「貨真價實」的作品，但是有宛如與其對談之感。

＊

名人的回憶錄，陳述自己的「追憶逝水年華」，我舉幾個做為範例：

中國文人梁啟超（任公）因「戊戌政變」遭清廷通緝，亡命日本，他在孔子紀年二四五三年寫下〈三十自述〉，而立之年他感嘆：「筆舌生涯，已催我中年矣！」還吟：「風雲入世多，日月擲人急，如何一少年，忽忽已三十。」三十的梁啟超，所志所事，對近代中國影響甚深，他還以已屆而立之年與「歲不我予」自嘆——反思自己，三十那年，做為上班族的我，天天打上、下班卡外，枉論什麼「筆舌生涯」。

梁啟超在三十歲留下自述，顯見他有計畫日後繼續書寫一生閱歷，可惜僅得年五十六，未再下筆撰寫四十自述、五十自述；後半輩子精采人生，沒能透過他那「筆鋒常帶情感」的健筆，留下心中「不足為外人道」的話語；他參與的革新、革命志業，在史料中缺了一角，殊為可惜。

胡適在四十三歲那年（一九三三年）出版了《四十自述》，他常鼓勵、催促朋友寫自傳，以為史家留下一點史料，然而他的努力，並未對「中國最缺乏傳記的文學」有所加分，包括他自己。因為大家不是怕「提筆太早」，動輒得咎，不肯下筆；就是「提筆太遲」，無緣成書。胡適亦曾為梁啟超「自信體力精力都很強，所以不肯開始寫他的自傳」，以致留下憾事而扼腕。

我所讀的胡適《四十自述》，當然是當年開設在重慶南路的遠東圖書公司的所謂「自由中國版」，依胡適「自記」，這本書決定在台灣出版，他已六十四歲。胡適鼓勵人家留下回憶錄（自傳），而自己卻在一九三三年付梓《四十自述》後，即在此他認為十分重要的議題，留下空白。

《四十自述》只書寫到他十九歲考取官費出洋留學，而後繼無述，如不是以「附錄：逼上梁山（文學革命的開始）」充實頁數，恐難成書，因此，我戲稱《四十自述》說是「二十自述」都還不夠「分量」。

胡博士提筆寫《四十自述》，計畫只寫兒童年代，留學時代到壯年時代則留待五十歲再寫；中年時代更擺到六十歲才想動筆。最後計畫「破局」的原因，胡適以「國事如麻」為理由「牽拖」，說五十大壽那年，日本偷襲珍珠港，作為中華民國駐美大使，當然有得忙了；六十歲那年，正當大陸淪陷、韓戰爆發初年，哪有情緒為「私人留紀錄」，操心國事就夠煩了。

胡適的生命最後四年，以中央研究院院長、國家長期發展科學委員會主席的職銜，落腳台灣。如果他能再繼「前緣」，將自述延長至五十、六十歲，甚而七十歲，立言垂世，不知多好。

＊

五十歲是半百人生，不少人到此年歲，十分珍惜，尤其是往昔國人平均年齡不高，再過十年，就是一甲子的六十「高壽」，當然是回首往事、留存自述的最好時候；而在五十歲時出版的「自述」，僅有九歌出版社的顏元叔《五十回首》而已。

顏元叔的西方文學論述文章，我常在報刊、雜誌閱讀，他寫作十分勤快，應可算「多產作家」。《五十回首》沒有序文，但第七頁的首篇〈五十且回首〉，即有「序」的味道；大陸淪陷來台的顏家，顏元叔有「在淡水河邊陪父母種菜、養豬、挑大糞」的農耕生活經驗，他沒有交代來台後的居住地，究竟是淡水河東岸的台北市或是西岸的新北市，但可知未擔任教授、作家前，他在台灣有做農的日子。

顏元叔以半百回首立言，用「水頭村的童年」做副標，也就是以「童年印象」自述，當年他生活在海峽彼岸，因日本鬼子逼迫他們遁入荒山曠野，而有「中國大地的另一回羅曼史」，可惜顏元叔筆下的「鄉間野趣」，我只能以「顏氏雜文」欣賞。《五十回首》最後一篇是〈一個句點〉，表明他「想寫一個時代中的一己」，我不知他還有沒有續寫〈六十回首〉、〈七十自述〉……等未結書的文章。我是沒有看到的。

六十年，一個甲子，十二生肖的五個輪迴，超過兩萬個日子的人生回憶，必是一生重要大事。台南韓石泉於一九五六年自費出版了《六十回憶》——一位醫務繁忙的執業名醫，還能撥出時間寫下「歷史見證」的自述，殊為難得。

韓石泉於胡適抵台就職中央研究院院長那年，將《六十回憶》致贈胡適；翌年（一九五九年）二月胡院長親筆回覆一封信，他嘉許《六十回憶》是「台灣光復僅見的一本自傳，其中不但有先生一生立身行己的紀錄，還有六十年來的重要史料」。由於《六十回憶》反應不錯，韓石泉原也有意繼續留存回憶，可惜〈六五續憶〉僅寫了部分。

「人生七十古來稀」，這句古早話，說的是一個人能登上「從心所欲不踰矩」之年，是生命的奇蹟。而今，拜科技之才、生技之效，「人生七十不稀奇」，已是生命常態。七十年，超過兩萬五千五百五十個日子，這等歲數，經歷、閱歷必然非同小可，如果能將所見、所聞、所想留下文字，應該才算活得夠本，不然，老去的那天到臨，徒做「人生空空」之嘆，就無意義了。

七十之年，即使精力充沛，「親像一尾活龍」，但是老化無可避免，身體狀況，今不如昔，乃不爭事實，想留自述，必興力不從心之嘆！二〇〇八年，陳若曦出版了《七十自述——堅持、無悔》，令我讚佩。

＊

我已屆七十之齡，動念寫回憶錄，自述消失歲月，雖然自知何德何能？但回首筆耕歲月，總有跡痕，予以告白，以盡己責。

無論大、小人物，都經歷社會變遷，也都閱歷政治變革，以我觀點，大人物、小人物都是「歷史見證人」，「一世人」（一輩子）見證的人、事、物，必然可觀，那就是歷史的一部分——而我願以歷史見證人留下自述。

六十五歲那年，可以申辦「敬老卡」，但我以自己還能賺錢，敬謝不敏——領受老人福利，

阿公時常給我禮物，我很開心，可是有些禮物讓我覺得您買禮物時疏忽了我的年紀不適合我了。
在您給我的禮物中我最喜歡的是模型，因為我都會想像我是主角威風凜凜的打敗壞人，然後大家像歡迎國王一樣凱旋歸來，這種感覺就真的一樣，非常快樂。
每次拿到你的心的禮物時我都會興沖沖的打開禮物一看究竟，感覺就像抓到大螃蟹一樣開心，

讓我驚喜萬分

孫兒在小四時向我表示不希望我以自己的觀點買玩具給他了，他自有喜好。看了此信，我知道「老了」！對後生晚輩，不能再自以為是。

等於浪費社會成本，況且我也不要政府「施捨」。不過，當我發現有些所得比我高出很多的人，申報的稅額竟然還不及我奉獻給國家的半數，如此不公，令人不平。考慮之下，心想總要「拿回」一點點孝敬政府的錢才算公道，於是向區公所申請了搭公車免費、乘坐捷運打折的「敬老卡」。像我們這類非薪資所得的人，版稅、稿費、演講費……每一份收入，全無「避稅」的可能，分享一點「老年給付」的權利，應不為過。

「不認輸，不服老」是我進入「老年期」初年的堅持。我帶領古蹟導覽四個多鐘頭，一路走、一路講，從無倦容，有些年輕人趕不上我的腳程，直呼受不了，還怪我「健步如飛」。年終歲末，我依然短袖便服，令人吃驚，問我「怎不多添加一些衣服，不怕冷嗎」？沒錯，我在衣著方面是不知寒暑，「除非換了日曆，我是不換季的。」這句話讓不少知我的人折服。非到了元旦，長袖是不會出現在我身上的，有時，我還會補強一句：「從軍中退伍後，四十幾年來，不穿長袖的衛生衣了。」

然而，近年來因「右眼黃斑部裂孔併視網膜剝離」而住進台大醫院動手術。之後，情況大變，古人「視茫茫、髮蒼蒼、齒牙動搖」的病狀，全都在身上顯現，於是乖乖去買長袖衛生衣來保暖，「不驚冷」此後再也不敢說出口了。

不知老之將至，竟成明日黃花之語，令人唏噓。

從前我坐公車、捷運，一向是不找座位坐的，也無人會識破我的年齡而讓座。然而六十七歲那年，有一天我擠上公車，博愛座都被一群剛下課的學生霸占，只得移步往內走，一位長得很秀麗的高中女生，從座位上站了起來，說：「阿伯，您請坐。」我愣了一下，說句實話，難以接受她的好意，自覺「承當不起」，畢竟我經常「東奔西跑」，精神狀況不錯。之前，偶爾也有人讓座，都被我一聲「謝謝」回絕了，我不希望有人視我是「站不起的人」。然而，「阿伯」是第一次聽人如此稱呼，顯然她覺得我絕非「叔叔輩」，而是「老伯」了。

我深信這位同學沒有看走眼，她應是位有家教的好女孩，只是她檢視出我的歲數，令我有不安之感，心想此後不能再掩飾自己的歲數了，確實有點悲涼。

「不畏風寒」的本事，已經流失，老已臨身。心想如果我再拖延「自述」，可能會成憾事，不儘早落筆，更待何時？

＊

我曾在一場演講中，提到自己的「人生觀」。法國文學家卡繆說：「人生還有責任。」老祖宗的訓示：「做牛著拖，做人著磨。」正是我的「使命感」，所以提到反省平生心路歷程，「活該如此」四個字即可概括。當初大家對我這種語出驚人的「蓋棺論定」有所存疑，我補充說，這四個字的「活」之下有驚嘆號，然後再說一次：「活！該如此。」

多次以「生活品味高，生活品質低」來形容自己的生活現況，一路走來，自願如是，因已深悟——活，就應該如此度一生，留下的「筆痕」、「書影」，正是「心路」的微小成績。

前人、前輩以見證立言，成書傳世，彰顯時代，意義重大。我雖也可當時代見證人，但絕不敢以「立言」做前提，僅是認知能將所見、所聞、所感的過往，留下些文字，為人提供「談助」題目，不該被評為浪費紙筆吧！

環保推展資源回收，我將「非資源」也做回收，畢竟人生記憶，應視為人文資源再利用啊！

【年表】莊永明文史紀事

一九七九年　開始為《雄獅美術》專欄作家，每期介紹一位音樂家及其作品。

一九八一年　開始在《大同雜誌》開闢「台灣的第一」專欄。

一九八二年　開始於《中國時報》生活版刊載「台灣第一」專欄。

一九八三年　第一本著作《台灣第一》由文經社出版。

一九八四年　於《台灣新生報》開闢「台諺淺釋」專欄，後集結出版《台灣金言玉語》、《台灣警世良言》等十書。

一九八九年　《台灣名人小札》自立出版社出版；《台灣紀事》上下冊時報出版社出版。

一九九〇年　開始於《中國時報》寶島版撰寫「台灣歌謠紀事」專欄；《台灣風情——千般風物映好詩》台原出版社出版。

一九九一年　《台北老街》時報出版，獲選中國時報開卷版一九九二年十大好書。

一九九三年　《韓石泉傳》台灣省文獻委員會出版。

一九九四年　《台灣歌謠追想曲》前衛出版社出版，榮獲當年本土十大好書。

一九九五年　《台灣歌謠尋根》有聲書，上揚唱片出版，被長榮航空公司選為飛行歐洲班機的播放曲目。

一九九六年　《大稻埕逍遙遊》台北市民政局出版；《台灣鳥瞰圖：一九三〇年代台灣地誌繪集》遠流出版公司出版；《傳唱台灣》（不具名著作）時報周刊出版；《島國顯影》（不具名著作）創意力出版社出版。

一九九七年　開始帶領大稻埕逍遙遊導覽活動，迄今近五〇〇次大關。
一九九八年　《台灣醫療史》遠流出版公司出版，榮獲巫永福文化評論獎。
一九九八年　《火金姑》、《紅田嬰》（皆合著）信誼基金出版社出版。
一九九九年　《天下雜誌》選為「影響二〇〇，跨越二〇〇〇」的重要人物之一。
二〇〇〇年　《台灣世紀回味》套書第一卷「時代光影」遠流出版公司出版；《台灣百人傳》時報出版社出版，後續出二冊；擔任《台灣放輕鬆》套書總策劃，共出十二冊，遠流出版公司出版。
二〇〇一年　《台灣世紀回味》套書第二卷「生活長卷」遠流出版公司出版。
二〇〇二年　《台灣世紀回味》套書第三卷「文化流轉」遠流出版公司出版。
二〇〇四年　榮獲第八屆臺北文化獎。
二〇〇五年　《認識台灣──回味1895─2000》、《韓石泉的生命故事》遠流出版公司出版。
二〇一一年　《台灣歌謠──我聽 我唱 我寫》臺北市文獻委員會出版。
二〇一四年　《城南舊事──台北建城130週年》臺北市文獻委員會出版。
二〇一五年　《活！該如此──莊永明七十自述》遠流出版公司出版。

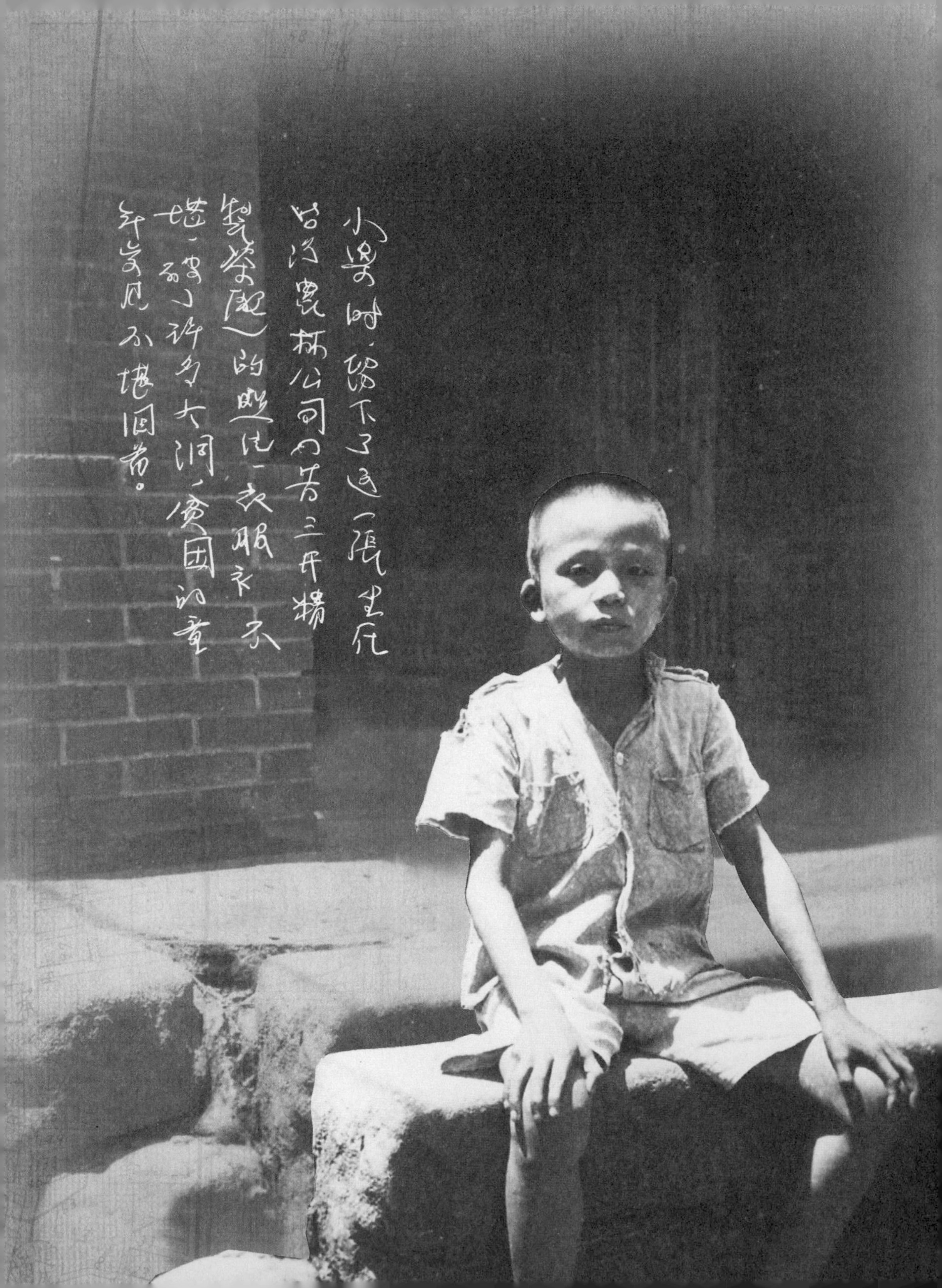
小學時，留下了這一張在
台灣農林公司的前身三井精
製茶廠）的照片，衣服衣不
蔽體，穿了許多大洞，貧困的童
年實在不堪回首。

壹．

大稻埕囝仔

分枝散葉　尋根溯源

「我是大稻埕囝仔。」當人家問我是哪裡人時，我總是以這句話做簡單、明確的回答，而很少說「我是台灣人」、「我是台北市人」。

我家在大稻埕立基，阿公渡海來台擇居稻江後，家族即世居於此，而今超過百年。大稻埕，是我生於斯、長於斯的地方，它原是農耕之地，曬稻穀的大廣場，史料有記：「稻江為舊治台北府城外郭之北鄙，在昔由田疇蔽野，農郵穀場於斯，故曰大稻埕，淡水河流匯繞其西，因之得名。」

渡台開基主——阿公莊垂妙

「吃果子，拜樹頭，飲泉水，思源頭。」我們莊家的渡台開基主是阿公莊垂妙——神明桌案台的左側，供奉的祖先牌位，第一順位就是他。

泉州莊家以務農為生，阿公莊垂妙和他的兄弟不想拿著鋤頭過一生，於是和大哥垂平及弟弟垂教、垂宣四個兄弟，一起來台，顯見兄弟有志一同，希望在台灣能闖出一片天，畢竟「泉州人稠山谷瘠，雖欲就耕無地闢」，因傳聞「台灣錢淹腳目」、「台灣水清」，乃商議一起渡黑水溝來到島嶼台灣，試試運氣。

阿公來台時，不過二十歲出頭，約一八七七年（清光緒三年）左右，當時台灣的政治中心仍在府城台南，台北城尚未興築；北部盛極一時的艋舺，已從「一府二鹿三艋舺」的榮景，逐漸褪色，而被艋舺人驅趕逃到大稻埕的同安人，將他們的亡命之地，打造成台灣的「明日之星」。當時距台灣開港已有十餘年，「福爾摩沙茶」（烏龍茶）的生產銷售，給大稻埕帶來了一片榮景，締造不少商機和工作機會——阿公擇居此地，應是看準了這是他「開基台灣」的理想之地。

當時大稻埕茶行林立，外銷訂單接不完，缺工情形嚴重，阿公在人生地不熟的情況下，選擇到茶行做臨時工。有了工作之後，覺得長年居人籬下不是永計，於是省吃儉用存了些錢，租下建昌後街（今西寧北路八十六巷）巷口北邊第一間房子，起先販售飼鳥，給豪門家族當寵物；後改設「簸仔店」（雜貨店），掛起「莊源發」的招牌——「源發」二字，可能是阿公視之為他將在大稻埕「起家」，事業必發源於此而命名。

建昌後街和建昌街，相距不過幾公尺而已，阿公開設的簸仔店，主要客源以建昌街一帶的茶行、住戶為主，還有渡口（小碼頭）來往淡水河兩岸的人群，雖是做小生意，也儲蓄了不少銀兩。

一八九五年，台灣政權轉移，日本憑著和清廷簽訂的《馬關條約》接收台灣，那年阿公正是四十歲盛年。他害怕異民族統治，會將他辛苦了半生的儲蓄給沒收，而且台灣總督府又頒布台灣住民有二年選擇國籍的權利，不願做「在台的日本人，可以自由離去」。於是他下定決心，返回老家去。

離家近二十年的阿公，回到泉州故鄉，算是錦衣返鄉，親朋見他在台事業有成，好生羨慕。阿公回到老家之後，原本有不再離鄉背井的打算，將經商賺的錢在家鄉買了兩間房子——他在台並沒有置

產，卻在唐山有了房產（但這些「家產」，後來連所有權狀都不見了）。窮鄉僻壤的家鄉，除了再拿起鋤頭外，沒有什麼好生計，後來聽說日本接收後的台灣治安已經安定，阿公便決定再渡黑水溝來台。

阿公知道兩度來台，歸期無望，臨行前特地到宗祠抄錄了一份族譜，帶到台灣；他還想將祖宗牌位一起攜回供奉，但長輩不肯。泉州青陽莊氏的廿三世，此後，未曾內渡，而在台灣生根落葉，成了遷台開基祖。

與阿公同時來台的兄弟，大房垂平、三房垂教，兩家數口均在日據初期台灣黑死病（鼠疫）蔓延時，不幸先後感染而亡，遺孤由阿公撫養成人；四房垂宣離開台北，獨自到台中創業，開設漢藥鋪。

阿公從「唐山人」變成台灣人，有超過一甲子的時間在台打拚，他去唐山置產，卻沒有在台灣買房子，是件令人匪夷所思的事。他雖然做的是小生意，但有個窩，也不是難事，卻做了茶葉大亨陳天來的「永久房客」，不知為錦記茶行奉獻了多少房租。

來台數百年的漢人後代，以「有唐山公無唐山媽」自況自己的血緣，畢竟早年遷台的「單身漢」，多以原住民女子為婚，後代也就不會是「純漢族血統」。

「飼的較大天」，莊家香火「莊協發」必永久傳承。我坐在「公媽廳」祖先神主牌前，彼時正當退休之年。

我曾以「外籍新郎」來定義台灣開拓史早期渡台單打獨鬥的「羅漢腳」，他們篳路藍縷，以啟山林，娶了「台灣某」，從單身漢變成有家有眷的人，「唐山公」的身分，成了「台灣祖」；當然「唐山媽」的地位，能重新重視，也是好事一樁。

阿公結婚，並不是做「外籍新郎」，而是回泉州娶「唐山婆」，元配高鳳娘比他小十二歲，這位唐山老婆，回到老家後，竟不願再來台灣，阿公乃在台另娶林氏菜。二阿嬤早逝，阿公不願單身獨處，再與王氏綢結婚；他是三娶新郎。但在妻妾一室成俗的當代，他的另一半始終是一個人，林氏菜與王氏綢，先後往生，阿公將兩位「副妣」分別安葬在圓山萬年塔的下內埔。

阿公莊垂妙享有八十四高齡，當年算是高壽。一九三四年，他老人家八十大壽（台灣歲），辦了一場盛宴，而且還請戲班演劇三天，以為暖壽。

據阿母對阿公的描述：他固執又守舊，態度務實，厝邊隔壁有人冒犯他，老人家是得理不饒人的；他對家庭的細節要求嚴苛、十分挑剔，但對勤快、頂真做事的媳婦——我的阿母，從不囉嗦一句。

阿公對海產新鮮度有獨特的鑑定力。阿母對我們說過好幾次同樣的故事：有一次，一個小販挑著螃蟹叫賣，阿公對他強調所謂「現捉現賣」，很有意見，追問他：「什麼時候捉撈到的？」小販吹噓：「只不過一、二個鐘頭而已。」阿公很不以為然，指著螃蟹的眼睛和特殊部位，說出他的判斷——這簍螃蟹離水時間，已有不少時辰，不算新鮮，令小販啞口無言。阿公認為販賣海鮮新鮮與否，其實是次要的，更重要的是誠實是需要考驗的。還有一回，一位小販不覺自己理虧，一再硬拗螃蟹才捉到不久，阿公當然拆破謊言，罵他做生意不老實，小販竟然氣呼呼的說：「你買不起就算了，何必挑毛病。」惹得阿公同他大吵一架，並示意此後叫賣不要再到建昌街來，否則一定拿掃把趕他出去。

阿公身高應在一百六十公分左右，個子不高，雙眼有神，腦袋瓜的背面，還留著一長條不願剪的辮子，似有對日本人壓制「清國遺風」的一種無言抗議。

樹大分枝，兩家簸仔店

「樹大分枝，人大分家」。這句台灣俗諺告知我們，深入島嶼土地的根，絕對不會永遠只有一地。分枝散葉，宗族、親情仍是來自同源。

阿爸莊錫吉、阿母莊黃三都是阿公收養的養子、養女。「養的較大天。」這是阿母告誡我們需以「莊家後人」認宗，雖然沒有莊姓的血緣，但既冠了莊姓，應該圖報養育之恩。

伯父莊銘塗，是阿公的獨子，但他好吃懶做，令阿公大失所望。伯父只有一女，名下三房，並無己出，子嗣長男永炎是阿公四弟垂宣長子的三男過嗣；但莊永炎在太平洋戰爭期間，被徵調為台籍日本兵，不幸殉難於南洋，太太因而懷憂成瘋，是大時代造成的悲劇。次男永政，收

莊協發簸仔店的亭仔腳，
懸掛一排鳥籠，祖父創
業時也賣「鳥仔」。家
族有飼鳥的嗜好。

謝明錩以水彩所描繪的
老家，是在被列為市定
古蹟之前的樣貌，靈巧
的筆法，將鳥籠都描繪
出來，呈現了成長歲月
的痕跡。

活該如此

養自何家？我們沒人知道。而三男永傳，則是由我家的老五出嗣給伯父，他一生抱怨阿母將他過房，以致令他失學，因為伯父連孩子的學費都不想負擔。

阿公晚年時，將「莊源發」交給伯父，而且動產全數由他接收（因伯父是阿公的親生兒子，而阿爸是養子，所以分財產有大小眼）。「莊源發」商號，在伯父接手經營後，不僅每況愈下，太平洋戰爭期間島內物資嚴重匱乏，日本殖民政府採行物資配給制度，簸仔店更是經營不下去。

阿公深知他的骨肉是位扶不起的「不肖子」，所以七十五歲那年，選擇在離「莊源發」不過數十公尺處，屬茶葉鉅子陳天來的房產，租了一棟二層房子的一樓，另開第二家簸仔店，取名「莊協發」，交給阿爸經營。但阿爸得到的只是一個商號而已，既沒有存貨，還得月月付房租；所以，「莊協發」是從零啟行。

「莊源發」與「莊協發」兩家簸仔店，一在街頭，一在街尾，相距只有八間房子，不到四十公尺。會不會發生兄弟競爭？由於「客源」有別，各自相安開店，「莊源發」的客戶來自建昌後街；而「莊協發」的顧客則多住建昌街，各有服務對象，所以用「和氣生財」觀點，兩家兄弟商店是各做各的。阿爸也知道自己是養子的身分，雖然只是分得一個既無不動產、又沒有動產的「莊協發」，但他認命了，況且他有個賢內助——阿母扶持，這家雜貨店曾成了「港町」和後來更改街名成「貴德街」的重要地標。

阿公白手起家創設的「莊源發」，在伯父坐吃山空下，最後以「倒店」收場（他老人家地下有靈，必然扼腕嘆息）；至於「莊協發」則在父母的經營下，不僅育養了我們兄弟姊妹，產權還被我們買下，而今更成了市定古蹟，是台北市第一家被登錄為文化資產的「簳仔店」。

莊氏廿五世，以「永」字排行

身為「台灣人」，我常被問及來台第幾代？以泉州青陽莊氏祖譜，我雖屬廿五世，但是遷台只是第三代；有血緣的連家，已經失聯，所以，我真不知血脈中的血，到底滴流在台灣有多少的歲月。

阿公莊垂妙從原鄉抄錄的祖譜，記載最早溯源至公元一二一一年（宋寧宗嘉定四年）的莊古山公，他是莊氏一族定居泉州的開基祖，稱之「青陽始祖」。泉州莊家，尋根溯源，朱、莊、嚴三姓系出同血緣，一九七二年編的〈朱莊嚴氏大族譜〉，可將青陽莊家再溯至十一世的莊文盛公，時是八六四年（唐懿宗咸通五年），源遠流長。

泉州府同安、晉江之莊氏家族堂號為「錦繡」，與「青陽」系出同源。錦繡之名，由來有因，第十世莊夏公自河南南遷到惠安後，後世再遷居晉江；因家族有功於國，南宋寧宗特別御賜其故鄉「鬼笑山」為「錦繡山」，乃「錦繡」二字由來。

我們這一代以「永」排行，父輩為「銘」（但阿爸因係收養，所以名無「銘」字），下一代則以「樹」排行，此乃遵循族譜，以備世世代代衍延各地，仍可依名字認祖歸宗。

青陽莊氏族譜，名示本派自第廿一代起定有昭穆如下：

諱行：材杰垂銘永　樹動增鎮藩　林烝延鈺衍　本烈均錦源

字行：其孫克繩駿棠　蘭桂呈芳　乃祖聿啟鴻圖　元魁濟美

五字一句的諱行，每一個字的部首依序是「木火土金水」，有五行運行、生生不息之意。

大哥莊永德曾說，他擔任行政院諮議前曾在台灣省政府服務，因工作關係認識了民政廳長機要祕書莊垂慶、總務主任莊幼岳（銘瑄），彼此從姓名認親，辨別輩分，第十七世祖乃同一人。

我初涉文壇，稍有文名時，有人對我出身背景感到興趣，畢竟，我拿出不少可貴（絕非珍貴）史料來見證書寫。尹章義教授撰文，述及我的身世，竟說我是台南莊松林之後。這位前輩的文史文章，屢發表於文獻刊物，是我尊敬的台灣文史前輩。我說並無血緣關聯；何德何能，成了莊松林的兒子？尹教授將台北府城人，說成了台南府城人，顯然沒有從莊氏祖譜去做考證。

我一向認為認同土地比血緣來得重要，血濃於水，但水清於血；大家是唯一土地的生命共同體，生命脈動於鄉土之上，休戚相關，以血緣凝聚鄉情，用土地聚合熱情，斯所期念。

我的老家以「大稻埕千秋街店屋」之名，列為市定古蹟，是街史的見證，地點坐落在清代建昌街、日據時代的港町，即今貴德街。圖為李欽賢所畫的素描。

阿爸遠去 身教猶存

阿爸沒有留下有形資產，但傳給我們的是無形遺產。「脖子是硬的，腰桿是直的」——這是阿爸的身教，他的身影早已消逝，但風骨仍在我們身上。

阿爸僅活了四十七歲，他逝世那年，我才滿十歲；小學三年級，是不懂世事的小孩子。阿爸短壽，而且有病纏身多年，所以父子之間的互動少，我所能保留的記憶，實在不多，但是腦海中阿爸的身影，有些仍然顯明，一些畫面伴隨一生。有人說我「家學淵博」，必有阿爸真傳，我只能莞爾不答。真的，我未解阿爸的身分之前，真不知如何向人介紹自己的父親。

莊家養子，傳宗接代

阿爸是連姓的孩子，什麼狀況下過嗣給莊家，從沒有聽聞長輩說過，只是阿母曾提到，阿爸的連姓兄長曾找到莊家，想探視他的親弟弟。阿公知情後，很不高興，認為阿爸已是莊家的人，連家沒有必要來認親，所以兄弟並沒有見上面，阿爸常引為一生憾事。

阿爸在二十歲那年，第一次做了父親，阿公自然欣喜若狂——他的親生兒子，沒有為他生個孫子，雖也收養了兩個養子，但老人家總認為隔了肚皮。收養的阿爸給了他孫子，阿公感覺就不同了，可惜阿母的第一胎，不幸夭折，今年已古稀的阿公，失望不已。

阿公是個傳統守舊的人，他既決定根留台灣，所以視「傳宗接代」比他在台灣買房地產來得重要。因此一九二六年，阿爸的次男出生——也就是兄弟稱之為大哥的莊永德，阿公也視為親長孫，疼愛有加。據說，大哥在三歲前，都沒有吃過米食，而是喝母乳和牛乳以及補品，街坊鄰居都說大哥是「好命子」。大哥十二歲那年，阿公過世，阿爸已是三十二歲的壯年。

小時候，阿爸偶會帶我們四個年幼兄弟出遊，通常是

阿爸中年離世，和我相處的日子不長，但他的身影卻長存我心；他是台灣歷史狂飆年代的小人物，但他的身教，在我心中是「大人物」。

租一輛三輪車，座上擁著三個人，一個則是蹲在座前的腳踏台；由於超載，阿爸會多給些小費。記得，最常去的地方是艋舺龍山寺，除了吃一大盆剁骨鴨肉，阿爸還要我們從龍山寺龍門進口處不遠的一面功德碑上找阿公莊垂妙的名字——他曾捐錢給龍山寺修廟，被留名於此。

無產青年，入獄上報

阿爸仇日，從年少就養成，他拒絕改姓氏，不做「國語家庭」。當時殖民政府如火如荼推行「皇民化運動」，只要認同做「大和子民」，就有較優厚配給，但阿爸就是不吃這種「嗟來之食」。

我在《自立晚報》自立副刊撰寫「鄉土

演說を中止さるゝや
電燈を消して暴行した
不良青年五名檢擧
何れも札附の無賴漢

臺北大稻埕方面に居住する青年達が數名集り無產青年有志として數日前から連夜港町讀方社內で陋風打破講演會を開き毎夜不穩の言動あるので其都度中止解散を命ぜられて居たが依然改むる所なく八日夜も講演會を開き聽衆も數百人集つたが講演中相變らず不穩の言動があつた爲め係官は中止解散を命ぜんとするや何者かゞ場內の電燈を消すと共に辯士數名は群衆に交つて係官を包圍し胸倉を取つて突飛し黑暗に紛れ込んで了ふと同時再び電燈を點じたものがあつた爲め幸ひ大事に至らなかつた此騷ぎと共に群衆は[illegible]を打つて戶外に出で一時は非常な混雜を呈したが急報と共に附近を警戒中の警官多數が驅け付けたので漸く解散したが北署では暗中係官の公務を妨害した辯士を嚴探中大橋町二丁目百五十一番地黃高氏純粹方鄭混河(三[illegible])(一)港町三丁目一番地莊錫吉(二〇)永樂町市場內高貴仁寓入江開生(二三)永樂町二丁目十九番地鄭氏水河の三男翁澤生(二三)下奎府町一丁目二百五十番地洪潮宗(二五)の所爲と判明したので十日午前六時に前記五名は治安警察法違反、公務妨害の罪に依つて拘引狀を發せられ即時同署に拘留されたが翁澤生と洪潮宗は前年某校を[illegible]した曰く著きのものであると

1925-1-11 台日報

1925 年，阿爸莊錫吉參與住家附近的「港町文化講座」演講會時，被日警以違反治安警察法逮捕，下獄二十天，圖為一月十一日《台灣日日新報》以「不良青年五名檢擧」報導審判情形。

紀事——台灣歷史上的今天」時，由於必須查閱不少文史資料，特別買了一大套的《台灣民報》影印本，雖然之前，我已蒐羅數冊已成稀品的原本。有一天，竟然在《台灣民報》看到了有關阿爸的一則消息，那是一九二五年一月八日報導「港町文化講座」舉辦「台北有志青年」演講，日警前往監視，以言論過激、強迫聽眾解散，以致引起衝突，有位刑事認為他在推擁中被毆，阿爸又在旁喧嘩起哄，有助陣之疑，遂以「違反治安警察法」抓人法辦。

三天後（一月十一日），《台灣日日新報》以「不良青年五名檢舉」報導此事；二十八日十一時，台北地方法院刑事部開庭審理。一月二十八日，御用報紙《台灣日日新報》不再用「不良青年」字眼，而改為「無

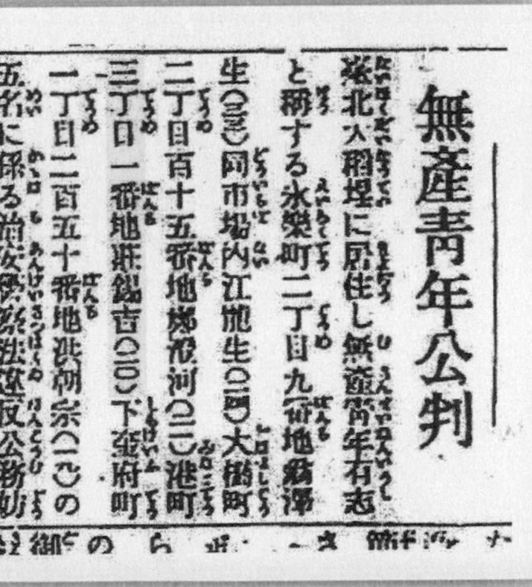

無產青年公判

臺北大稻埕に居住し無產青年有志と稱する永樂町二丁目九番地翁澤生(二三)同市堀内江肥生(二四)大樹町二丁目百十五番地楊添河(二三)港町三丁目一番地莊錫吉(二〇)下奎府町一丁目二百五十番地洪朝宗(二七)の五名に係る治安警察法違反公務妨害事件の公判は二十八日午前十一時から臺北地方法院刑事部下瀨判官係 林 檢察官 立會で開廷されたが事實の審理を爲し一時間休憩午後一時再開したが被告等の辯護は飯島蔡兩辯護士立ち犯行の當時文化講座に居合はせた北署の大町刑事と白倉辯護士方通譯某を參考人として喚はれたしと申請して午後二時閉廷した次回は二月四日であると

一月二十八日，《台灣日日新報》不再用「不良青年」字眼，而改為「無產青年」。黃色標示處，即莊錫吉姓名、住址與年紀。

產青年」。

阿爸上了報，被定位為「無產青年」，是日本殖民政府的加罪？還是報紙記者加之的「身分」？我並不清楚，根據此新聞，求證於阿母。但阿母一向不與我們兄弟言及阿爸在外的言行，不過她說阿爸被捕後，她心急如焚，擔心獄中的丈夫會被日警拷打，乃四處奔走救人——那時，阿母正懷第一次身孕，她必擔心第一個孩子出生時，幼囝仔的父親被囚於牢內。

阿爸坐牢後，民眾對日本警察無理羅織，群情憤慨，各方聲援受難者，阿母很快就得到奧援。太平町（今延平北路）執業的律師蔡式穀，也是台灣文化協會的幹部，挺身為阿爸辯護。阿爸終獲釋放，但也白坐了好幾天牢。

一個當代的「叛逆青年」，被日方以「無產青年」歸類，阿爸的認知是如何？不得而知；畢竟經營一家簸仔店，對於家境來說，還算小康，但是沒有恆產卻是事實。

一九二〇年代，台灣民族運動正熾，非武裝抗日在「台灣文化協會」諸先覺者領導下，風起雲湧，右派、左派各逞本事，卻一致對日抗爭。「台灣文化協會」設「港町文化講座」於我家鄰近，阿爸常瞞著阿公去聆聽先覺者蔣渭水、蔡式穀、王敏川等人的講演。阿母說，阿公限制阿爸參與政治，是因他老人家深知日本人欺壓台灣人是不擇手段的，正如當代對日本人統治恨之入骨的台灣人一般見識——參與抗日運動「我族不能無，我家不可有」。

五名「不良青年」之一的翁澤生（1903-1939），是阿爸「大稻埕公學校」的學長，阿爸被釋放後是回家接受阿公的痛斥；而當年年底，翁澤生卻回歸「祖國」接受中國社會主義理論大師瞿秋白的指導，成了「紅色青年」。瞿秋白是無產階級革命家、理論家、宣傳家，也是中國革命主要奠基人之一，更是中國共產黨早期領導人之一。澤生後來成為台灣共產黨的中堅人物，非無因也；阿爸和這位紅色學長各奔前途後，再無聯繫，否則日後命運，就難斷定了。

初中失學，不忘閱讀

阿公對阿爸的管教如何？後生晚輩並無聽聞，但他老人家連親生兒子（伯父）浪費成性都束手無策了，顯見對養子的阿爸有些期許，可惜他也是斷送阿爸前途的一位「頑固分子」。

阿爸念的小學是大稻埕公學校，也就是今天的台北市太平國民小學，這所位於「大橋頭」（台北大橋）東岸不遠南側的公學校，是所「名校」，日本天皇昭和未即位之前，曾以皇太子身分蒞台考察，匆忙行程中，特別安排參觀這所台灣學童就讀的學校。

阿爸小學的成績，據說不錯，但我們沒有看見任何一張成績單，他留下來的遺物，除了私塾所念的《千家詩》、《千字文》等線裝書外，只有一紙大稻埕公學校頒發的全勤獎狀，顯然他從不缺課。

日本殖民政府還未實施「日台共學制度」前，台北一中（今建國中學）、北一女中是專為日本人所設，台灣人僅能仰望校門，難以進入。「公學校」畢業的台灣籍學生，男生只能投考台北二中（今成功中學）、女生則選擇第三高女（今中山女中）——阿爸順利考取了「北二中」，是每一個台北學童所欽羡的中學。

但阿爸沒有完成北二中學業，而且念不到一個學年就退學了，並不是校方將他逐出校門，而是阿公要他休學。日後，也要他不必復學了，守著家業就好，他老人家說：「這樣，才不會被日本人教壞。」箇中原因，實在荒謬。阿公的固執、偏見，斷送了阿爸前途，只能守著雜貨店「莊協發」，過其不得志的一生。

劍道因是日本人的「國技」，當時是中學生的必修課，阿爸向阿公說，學校上健身課，他必須繳費買一枝木劍以學習劍擊。阿公聽了大怒：「我要你去讀冊，不是叫你去學校學相打！」阿公是「滿清遺民」，對下一代不學漢文而需讀日語，本就很有意見，一聽說要學劍道，他直覺是要台灣人學壞，將來砍砍殺殺，這還得了！因而阿爸只有一張小學文憑。

阿爸失學後，不忘閱讀，不時參加「民族運動」，即使做一個搖旗吶喊的「小卒仔」，他認為這是做台灣人的本分。

父親念的「大稻埕第一公學校」，就是太平公學校，這是他的全勤獎狀。他小學畢業後第三年即因參加文化協會活動，被日本警察視為「不良少年」、「無產青年」，其實他是年輕的「思想犯」。

脖子是硬的，腰桿是直的

「日本時代，做日本人監獄的政治犯；光復後，就可能坐中國人的牢。」這句話，不一定是斷言，但也有某些事實的例證。日據時代，楊逵參與農民運動，幾度入獄，甚而和新婚夫人葉陶在牢中「度蜜月」；楊逵被日本人拘捕數次，前後坐監的日子，屈指可數，但是光復後，因寫了一篇〈和平宣言〉，惹惱當局，被判刑十二年。其他如農民組合領導人簡吉，也有過日本人的牢獄之災，但是光復後，他因思想左傾，而被行刑於馬場町，血染鄉土。難怪有人說：蔣渭水如果不是四十歲英年早逝，壯志未酬，若活過光復，必然在二二八事件殉難，成了「消失的台灣菁英」。

阿爸在二十歲那年被日本人拘捕，禁錮二個月；政權移轉，一九四〇年代，他又被關了一次。阿爸只是一個「雜貨店頭家」，他不是政治運動的參與者，自然不該與先覺者例證做比較，不過畢竟他的遭遇，也是大時代小市民受辱受屈

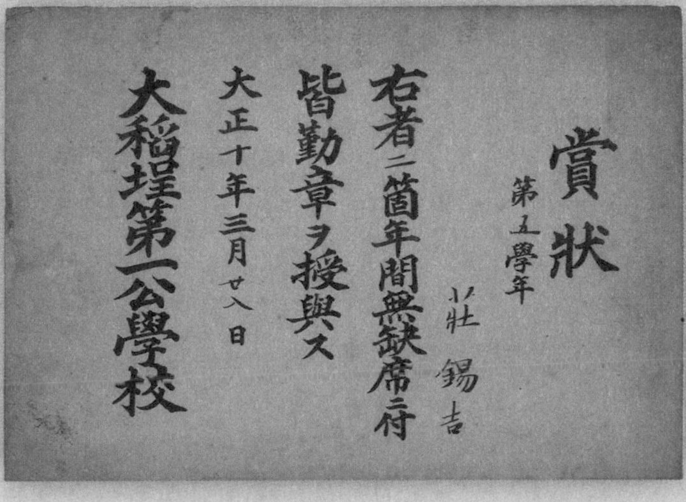
賞狀
第五學年
莊錫吉
右者二箇年間無缺席ニ付
皆勤章ヲ授與ス
大正十年三月廿八日
大稻埕第一公學校

的故事。

二二八事件後，一直到中華民國政府在一九四九年遷台，其間物價持續飛漲，民不聊生，「莊協發」籤仔店也面臨經營困難。今天賣出去的貨，明天要加倍的價格才能買進，甚至早晚的價格都有相當大的落差。三餐要吃的米飯，也因米價波動驚人，家家戶戶缺糧嚴重，從光復初的一台斤零點二圓，到一九四七年一月竟賣到八十圓，足足漲了四百倍，有錢也不一定買得到。

阿爸對政府的顢頇，甚為不滿，因為二二八事件陰影猶存，大家都不敢吭聲。阿爸覺得不「代言」不行，便跑到派出所張貼抗議字報：「不要讓百姓活不下去了，政府應該出手管控米價！」他的作為，顯然攖了政府的逆鱗，警察到家中抓人。阿爸第二次坐「政治牢」，是言論自由受損；他第一次入獄，乃集會自由受害。二個不同時代，先後的囹圄之災，日子不長，和坐穿黑牢的良心犯，確是不能相比。

個性耿直、不阿附，是阿爸處世吃虧的原因。台灣實施地方自治之初，區長不是官派，需要民選，候選人穿街過巷拜票，宣傳車開到我家，黃姓候選人下車向阿爸鞠躬懇求賜票，阿爸與他是舊識，仍不置可否。他走後，厝邊隔壁的鄰居對阿爸說：「你出來選，幹得必然比他好。」他們認為阿爸是「知書達禮」的人，可以出來參選；時下的選舉，角逐者大都是「阿貓阿狗」輩，阿爸應該當仁不讓。

我家哪有「銀彈」打選舉戰，但是阿爸是以「我的脖子是硬的、腰桿是直的」，來回應不適合拱手、彎身的競選必要手段。

尊稱「ㄕㄤ叔」，老師級人物

阿爸曾帶我們這些小孩子去六館仔（今南京西路底）港仔溝側的說書鋪聽「講古」，《東周列國志》、《七俠五義》、《彭公案》，他不是沒有讀過，而是欣賞說書人的手勢和聲調，其實更重要的是要我們早一日進入章回小說的內涵。曾聽長輩說，阿爸博學強記，人家曾與他打賭，背出《水滸傳》一百零八位好漢的名字，不得重複，阿爸以一口氣念下來近百人而獲勝。

「ㄕㄤ仔」、「ㄕㄤ伯」、「ㄕㄤ叔」，是大家對阿爸的稱呼，以致阿母被厝邊頭尾叫「ㄕㄤ嬸」。我迄今不知這個「ㄕㄤ」字是如何寫法，台中一家專出家譜的民間出版社，付梓的《莊氏族譜》記載阿爸名「銘獅」，號「錫吉」；但據我們所知，他從不用「銘獅」之名，而是以「莊錫吉」行世。我可以做如此說法，「ㄕㄤ」是「師」之意，「師仔」、「師叔」、「師伯」是對阿爸的敬辭，他讀過不少冊（書），是里居那些出賣勞力的苦力家庭所羨服的老師級人物。

小學三年級那年，導師出了一項作業，要同學第二天繳交一張大楷毛筆字，但我連握筆姿勢都不懂，第一次磨墨拿毛筆書寫，實在是戰戰兢兢。在收銀桌上（我家從沒有一張書桌）從入晚寫到深夜，揉了一堆紙，還是寫不出一張滿意的大楷。我開始打盹，突然被身後的一個巨影驚醒，回頭一望，阿爸站在身後，輕聲的問：「老師有沒有規定要寫什麼字？」我回答：「沒有。」阿爸說：「筆給我。」我看見阿爸清臞臉龐的病容，十分明顯——他臥病多時，難得起床。

阿爸振筆而書，寫下八個大字。收筆後，擱在硯台上，有氣無力的說：「照著臨摹，寫完後，趕快去睡，不然明天起不來了。」

「天地日月，山川草木」，阿爸書寫的這八個字，每一筆畫都有力道，拿開上面棉紙，墊在底下的報紙，都有透過的痕跡，字字可以辨識。

享壽四十七，燈火未熄

阿爸病情日重，鄰居陳醫師建議他到大醫院診療，原先他考慮到怕影響家庭生計，堅不答應，終在阿母勸說下，住進了台大醫院。那段日子，阿母每天必送二次餐盒到病房，都是走路去的，那是非得花三、四十分鐘的路程。

有天黃昏，阿母趕著去醫院，我堅持要跟著，因好幾天沒有看到阿爸了。阿母原先不答應，她知道院方有規定，入夜後不准十二歲以下孩童去醫院探視。

醫院大門已關上，側門的警衛對入院的人，逐一詢問，再予放行。當阿母被問到：「這位小朋友不是還小嗎？恐怕不行進入。」阿母一再央求，「他快十二歲了，而且不會吵鬧。」警衛對我的年紀產生懷疑，認為我一定是五年級以下的小學生，不可能讀過外國歷史，於是出題考我：「美國第一任總統是誰？」「拿破崙是哪個國家的皇帝？」兩個題目都難不倒我，「華盛頓」、「法蘭西」，這是我從課外讀物得到的知識。守衛不再多話，決定放行，只叮嚀阿母一句：「院內通道很多，不要讓小朋友亂跑，迷失了方向。」

見到病榻上熟睡的阿爸，眼眶都濕潤了，但是我不敢哭。阿爸醒過來後，看到我們母子二人，以無力的聲音問：「你們來多久了？怎麼不搖醒我？」阿爸指著床沿對我說：「你坐這裡，那張椅子給阿母坐。」

「你們兄弟在家裡，不要再吵吵鬧鬧了。」我們兄弟年紀相差不大，常為瑣事爭論不休，甚而吵起架來，阿爸的憂心其來有因——這句話，可能是阿爸對我們說的最後一句話。

阿爸病危前，他有自知之明，堅持要求出院。回家後，第二天晚上，他要二哥從床鋪扶他起來，二哥扶撐起他的身子，他的頭栽在二哥肩上，斷了氣，達到了他寧願在家裡過世的心願。

阿爸辭世，五年之後，二哥永昌也到天國去侍候他了。

莊協發簸仔店受此烏雲遮罩，但燈火未熄。

阿母教子　力行爲範

阿母是港町的傳奇，她一生經歷了港町的興衰，見證了大稻埕茶香由濃轉淡的歲月。街坊鄰居都視她為港町耆老、請益的對象。

阿爸過世時，阿母四十五歲，從此獨立撐起莊協發簸仔店的燈火，栽培她的子女完成學業，進入社會；最難得的是她買下了莊協發的房地產產權，從此，我們不必再向錦記茶行按月繳交房租。

一九六六年，阿母當選台北市模範母親，六十歲喜獲此殊榮，是她一生唯一的「得獎紀錄」。台北莊姓宗親會致贈的賀詞，題句「柏舟自失撫遺孤　閭里爭傳女丈夫」；台北市政府社會局對阿母的褒詞，做如此紀錄：

莊黃三女士，台北市人，五十九歲（註：實歲），幼時家境清貧，刻苦耐勞，結婚後，善待翁姑，十四年前喪夫，所遺子女八人，均由她親自教養，至於成立，現長三子台大畢業後就業，四五子服務空軍，六子、次女仍就讀中，長媳女師畢業，現任該區千秋里里長，服務桑梓，頗多貢獻，氏敦親睦鄰，一家雍穆，為閭里所欽敬。

莊家養女，原名黃三

阿母單名三，黃三是她的名字，依日本人的姓名傳統，戶籍名是「黃氏三」；嫁給阿爸後，冠了夫姓，成了「莊黃三」。阿母得名的原因是她在姊妹中，排序第三，她是么女，在重男輕女的年代，女性被取名為罔市、罔腰、罔惜、招弟……這些「菜市仔名」還真不少。生了女孩，養育她，是不得不的負擔，女人的宿命，在傳統社會的價值觀下，如同「雨夜花」。阿母以「三」為名，也顯見父母對她只是一個「排序」下出生的女嬰而已。

阿母有兩個姊姊，還有一個兄長和兩個弟弟。家中三個男性，老大是走江湖賣藝的，在一次表演吞劍工夫時，失手而致命；么弟張萬壽起初是布袋戲班的表演師傅，後來扶鸞，扮起道士來；二弟張萬火則不遊走江湖，以煮油湯為業，是一個人能辦十來桌酒席的總舖師，也曾是大稻埕著名的山水亭台菜館的大廚。

阿母出身窮困家庭，九歲被賣到莊家做養女。阿公花錢買她，是做「查某嫺」（下女），服侍初染痲瘋症的阿嬤；而不是做「童養媳」為螟蛉子的阿爸配對，做為將來「送做堆」的另一半。

當阿爸決定選擇娶阿母時，不知阿公的反應如何？他倆生前都三緘其口，做子女的我們無從知道，想必是他們常年相處一起，而且同是「養字輩」的人，同命相憐，日久生情，兩情相悅，自然發展。阿爸的選擇，完全正確，否則「莊協發」箃仔店的香火，難得相傳。

十七歲窈窕淑女之齡的阿母，就做了人妻，成為阿爸的「永遠另一半」，十八歲懷了第一胎，可惜

屹立不搖的大樹

李旼

模範母親莊黃三的素描

像一株挺立的大樹，歷經了五十年的風霜侵襲後，仍然堅強地站着，不但枝繁葉茂地開花，而且結了辛勤的果子。

莊黃三沒有受過教育，連一封信也看不懂，僅憑着無比的毅力和忍耐，她獨力支撐着在西寧北路八十六巷十六號的那家雜貨店，幾十年來就靠着那爿雜貨店，使她的孩子們都受了最好的教育，在附近的居民中，大家都知道這位和善而了不起的老太太，連唸國校的孩子，也整天圍着她叫「婆婆」。

五十年前，年才九歲的莊黃三，被她貧窮的家賣給莊家做養女，小小年紀就得每天侍候患了痲瘋病的養母，以後又做了童養媳，和莊家的養子結了婚，二種「養」的身份使得她在莊家更沒有地位，但她從沒有一句怨言，在無盡的忍耐歲月中，她學到了一個謙恭女人的美德。

以後，日子並沒有好轉，尤其是莊家分家以後。分家時，她和做養子的丈夫只分到了一個空房，這個空房在她的努力下變成了現在一個頗具規模的雜貨店，而這座房子使她一住五十年，直至去年，她才第一次離開家到南部去看看她的「世界」以外的世界。

莊黃三靠着一角一分的節省，支持着全

難，她仍然使孩子們的教育沒有中斷，她諄諄告戒孩子們，唸書是人生最重要的一件事，在困苦中長大的孩子，不可以在學校服輸。

命運之神却似乎一直和她爲難，不數年她那唯一能够幫忙維持家計的二兒子，竟然在廿九歲的英年死於車禍。喪夫復又失子，幾個小孩子都在唸小學，悲痛加上重擔，她只有忍耐。

凄苦的歲月畢竟顯出了光明。孩子們一個個長大成家，又都孝順，她才覺得，這人生不像想象中那麼黯淡。她的大孩子娶了媳婦，媳婦還做了千秋區的里長，這是因爲鄰人們一直要她老人家來做里長，在她年事已高的推辭下，才讓到兒媳婦的身上。二兒子喪身車禍，

了，畢業於臺大的五兒也結了婚，六兒、七兒在空軍服役，另外還有唸高中的二個最小的一男一女，加上八個活潑可愛的孫兒，這個大家庭和睦地住在一起，沒有一點芥蒂。

老太太的二位兒媳，更是把婆婆奉爲慈母，做里長的大媳婦一直記着一件事，她說，婆婆在十二月的寒天生下了她的丈夫，第二天就起床洗菜檢菜，寒冷的水和風凍得婆婆混身發抖，產後的虛弱使得她無法支持下去，終於猝然而倒。她時常講這件事給全家大小聽，每當老太太的久年風濕發作時，她的孩子們都知道，這是爲了生育他們，養育他們所得來的苦痛。

1966年母親當選台北市模範母親，《中央日報》所做的專欄訪問報導。

夭折了。當時像阿母這個年齡就做了母親的，是很普遍的現象。一九三三年發表的台語流行歌曲〈望春風〉：「十七八歲未出嫁，想著少年家……想欲郎君做尪婿，意愛在心內。」歌詞說的是十七、八歲的青春少女，將「出嫁」當作人生第一要務。阿母聽到老鄰居李臨秋所創作的〈望春風〉歌詞時，她已經二十六歲了——十七歲做新娘，以彼時的社會傳統觀點，不算「早婚」。

多產坐家，十二子女

阿母一共生了十二個子女，十男二女，可說是個「多產坐家」。我出生那年，阿母已三十六歲，我排行老八；最後一胎，生下小妹雲卿，已是超過四十歲的高齡產婦了。十二胎，全是由產婆來家裡接生，在那個年代的醫療環境下，生產可說是一種生命的賭注，阿母則是勇闖了十二個生死關。「契母」田嬸說阿母在坐月子的時候，還得下床洗衣服；當然，也有幾個鄰居會來幫阿母做月子，煮麻油雞給阿母補身子，但這些幫助還是有限的。

阿母雖屬舊時代的人，但觀念與時俱進。她培養子女，秉持的並不是希望下一代一定要「出人頭地」，而是要「不為人後」；文盲的她，要子女好好讀冊，她從不逼我們做功課，但深信每一個小孩都會很自愛。街坊鄰居對我們兄弟都能念好學校，十分羨慕，大哥、二哥念的是師大附中（大哥讀時是台北三中），後來都上了台灣大學；我和兩個弟弟三人考上建國中學初中部，都是第一志願。

阿爸失去了高學歷的機會，阿母因持家而沒有進過學校，但他們卻都認為栽培下一代，是應盡的責任。小孩子只要能念，借錢舉債都要讓子女教育費無缺，我們要買課外讀物，只要開口，也從沒有被拒絕過；我能長期購買《學友》、《東方少年》等兒童讀物，就是有一些微小零用錢外的「額外加給」。五男永傳因出嗣給大伯，而沒有升學，他常向阿母抱怨說，如果留在我家，就不致連初中都進不了。

阿爸的個性比較倔強，不容許子女犯錯，一惹得他生氣，「竹仔枝炒豬肉」（以竹條處罰）是免不了的。反觀阿母知道子女會自理自律，所以她是以「不管」為管，畢竟她一生勤儉樸實、善良和睦的典範，和做事頂真、力行不懈的精神，就是我們不踰矩、不妄為的學習榜樣。親朋好友、街坊鄰居能誇讚我們兄弟都是品學兼優，不是沒有原因。

最大憾事，二子早逝

阿母一生最大的憾事，是二哥永昌在二十九歲車禍身亡。二哥是兄弟中唯一學工的——台灣商工學校畢業，阿爸病逝後，成了阿母照顧「店務事」最得力的幫手，他知道靠著簽仔店，要讓一家大小過好日子很難，於是發揮所長，研究電鍍材料，長時間將家裡廚房大灶當作「煉丹爐」。雖然試驗過程並不順遂，搞得化學味道不時瀰漫，但二哥是個企圖心很強的人，他鍥而不捨，終於將電鍍材料「青棒」研發成功，還可以自行量產。他邀請吳姓友人合作販售，原想申請專利大量促銷，但因資金籌措不足和通路有限，不得不打消念頭，但是這項產品讓他賺了一些錢，家裡始有儲蓄。

二哥永昌當時是家中最重要的幫手，責任感促使他視買下「莊協發」的產權為奮鬥的目標。不幸他在二十九歲的英年，車禍過世，有志未酬；更遺憾的是，他為家庭所儲蓄的錢，被吳姓友人和親戚伍順鐵工廠給騙光倒盡。

阿母對二哥的英年早逝，十分悲慟，一度因「好人不得善終」，而懷疑神明的公信力。好幾年，她老人家只敬祖先，不拜神明，做為一個宗教信仰篤實的傳統女性，「怨天」是不平常的挑戰。平生敬天行善，老天爺竟然對她如此不公平，每天深夜，她驚醒過來就會痛哭。有段時日，我經常在母親的哭泣聲中驚醒，難以再安眠，白天上課時提不起精神來。終於，阿母在領悟到「天命不可違」下，重拾燃香祭拜，也去了廟宇許願，而且每月初二、十六吃起素齋。

二哥是日據時代的台灣商工學校畢業，也就是以後的開南商工，這所私立學校，出了不少名人校友，畢竟它是台灣第一所職業中學，校方在學校創校八十八週年和九十週年，二度邀請我為紀念特刊撰寫文章，我都欣然答應。我與開南商工並無關係，主要原因乃二哥是校友。

大哥永德，台大政治系畢業後不久，即進入台灣省政府工作，省主席吳國楨對這位既非國民黨又是台籍青年，並未重視。而後俞鴻鈞任內，則大不同，俞主席後來升任行政院院長，也將大哥拔擢到中央機關擔任行政院諮議，他擔任俞院長接見日本政要的部分翻譯工作。永德育有四女一男，公務員的收入，捉襟見肘在所難免，後來才轉入民營企業，擔任美國國民機器計算公司台灣代理商經理。

大嫂莊郭招治是阿母的得力助手，她畢業於台北女師專，原任小學老師，嫁給大哥後，辭去教職。除了相夫教子外，莊協發籤仔店的「店務」，她雖少參與，但「家務」卻不得不全神投入，畢竟大新婦（大媳婦）得幫婆婆分憂解勞，一家大小十來口的衣服換洗，在那個沒有洗衣機的年代，足以忙到深夜。

莊協發燈火，一手撐起

頂起莊家一片天的阿母，目不識丁，但並不影響她經營雜貨店，上百種物品，她控管得宜，每一個商品的定價、存貨要多少、向誰訂貨……，她都清楚得很。她不會記帳，籤仔店的客戶以厝邊頭尾的鄰居為主，所以賒帳是常事；有人下廚，缺了味精、少了醬油，就叫小孩來我家拿，但並不會將現金交給小孩，而是說：「去籤仔店拿，要他們先記個帳，日後再一起結。」我們小孩的

阿母是傳統時代的女性，擁有認命、知命、不服命的個性，她八十九歲的生命史，給了我認知生命的意義。與她同一天過農曆年生日的我，永懷母恩。

作業簿，沒寫完的部分，便成了店中帳簿。晚上，阿母便會將這家欠了什麼、那家拿了什麼，賒帳的數字，一五一十的要我們記下來。每天，都有十數筆的帳需要記下，如果忘了一筆，就虧大了！還好，阿母不會忘掉任何未來要收的帳，否則簸仔店早就關門了，畢竟每一筆交易都是蠅頭小利。

莊協發簸仔店是個傳統式的店鋪，正門兩側和西邊設有「店窗」，那是由一塊一塊的長木板所拼湊，每一個長木條都用油漆寫上編號，不照序拆裝，是很難逗攏的。每天開店營業，都要「拆店窗」，雖不算繁瑣，但也頗費時間——阿母裝組超過二萬多次，從不弄亂每個窗板序號。

店門一開，阿母就忙進忙出，還要關心子女上學是否吃過了早餐，中午的便當帶了沒有。小時候，一個永久鮮活的畫面不時浮於腦中——兩個薄衫短褲的小孩，一前一後拉著阿母的衣角，哭鬧的叫著：「肚子餓了，我們要吃飯。」她馬上安慰說：「等下就要煮飯了。」一邊她還忙著拍背上「揹巾」所包袱著剛醒過來、哭鬧著要吃東西的弟弟，而懷中還抱有出生滿月不久的女嬰。記憶中的這一幅「母愛圖」，我無從以彩筆將其繪出，但卻永遠烙印在沒有畫框的人生裡。

阿母的人緣極佳，三不五時都有左鄰右舍的人前來聊天，店門前亭仔腳兩側，或坐或站，少有虛位。田嬸、阿溪嬸、番薯仔嫂、魚丸嫂仔、洗衫田仔、鹹糜枝仔、肉丸高、賣麵和仔、大箍鄭仔……，大家都視阿母是「港町耆老」、請益的對象。有人認為「港町」的人，都是茶葉鉅子、白領階級，其實並不盡然。住在鄰近的，以普羅大眾為多，他們有的在永樂市場設攤做買賣；有的以流動攤車叫賣；也有做苦力（搬運工）的，這些人都是莊協發簽仔店的主顧——那些豪門的大亨，較少跟我們打交道。

迪化街、貴德街、西寧北路……，這些近代街名，對八十幾歲的阿母而言，她永遠陌生，她是以古早留下的記憶去稱呼這些街道：南街、中北街、建昌街、千秋街、六館街和港仔溝館（西寧北路未拓寬前）。時代在變、環境在變、潮流也在變，她卻還是守舊不變，生活如一、淡泊如昔。

千秋里里長，常年是大嫂被選任，每回都是高票當選，原因除了她的里民服務有口皆碑外，阿母的聲望也是催票的利器。當年里長改選，左鄰右舍都慫恿阿母出來競選，里民覺得舊里長與地方脫節，甚而諸多政令的宣導也未傳達，讓大家失去了不少權益。阿母對眾人的好意，一再辭謝，終於有人獻上妙策說：「您老人家既然說不識字，如何當里長，那就叫您的新婦（媳婦）出來好了，她當過小學老師，做里長，學歷足足有餘。」

於是，莊協發簽仔店順理成章成了「延平區千秋里里辦公室」，阿母退而求其次，當了鄰長。這個「官」職，她老人家一直做到八十九歲辭世那年為止。

阿母一生守護著莊協發，勤儉樸實、善良和睦，是莊家永遠的典範。

一家之主，任勞任怨

「厝內頭嘴一大堆」，全家生計完全仰賴簸仔店的營收，確是難事，一家之主的阿母，管理家務、照顧生意，從不抱怨、絕不叫苦。

全家十來口的三餐，全由阿母下廚料理，從早年的燒木炭「起」大灶到煤球、桶裝瓦斯，她煮出來的「手路菜」，家裡每一個人無不垂涎三尺。等家庭經濟轉為小康時，阿母買菜就更大方了，她因忙於家務，十來天難得去一趟永樂市場採買，一些小販都會自動挑上門，由她選購。阿母不會還價，嫌貴些就不買，她說：「自己也是做買賣的，跟人家討價還價，總會令人不舒服，何必費口舌呢。」一餐飯煮好上桌，需分三輪用餐，吃菜尾、剩菜的永遠是阿母。

節慶時，炊粿纏粽、應景米食，樣樣難不倒她。以前家門前的「亭仔腳」（騎樓）右側還有一架石磨，幾戶人家共同使用，不知歸屬誰所有，一年雖然難得使用幾回，但是節慶來臨時，每家輪流磨米漿，大大小小都熱中參與如此「全民運動」。如今「挨石磨」的場景，已成追憶。

阿母所做的肉粽、年糕、發粿、春捲，左鄰右舍都向她觀摹學習，每個人對她的手藝讚不絕口；田嬸更是不時請教她一些烹飪料理的事。阿母做料理，是「不按牌理出牌」的，她不識字，當然不會照著食譜做，所以完全是自己去嘗試、改進，而烹煮出不少佳餚。

我最懷念阿母的「手路菜」是竹筍炒肉絲、海鰻油飯和炒米粉，還有為早餐而做的瓜子碎肉；碗底的味素醬油，是我搵油條的湯汁。阿母「遠行」後，這些懷舊的美味，再也無從於舌尖上品味了。

一輩子勞碌，晚年本來可享清福，但她對每一個孫子都很關懷，顧子飼孫，成了她一生的志業。難得出門的阿母，當然也少有機會出遠門，她生平第一次坐飛機是和七男永昭到花蓮提親；過了八十歲，始去了一趟香港。為了照顧一家大小，她連離家僅三、四分鐘的永樂市場都很少去——除了拜拜需要，非得去買雞鴨不可。

地位穩固，開始尋根

阿母由「養女」升格為「新婦」，她在莊家的地位穩固後，便開始尋根；她不像阿爸一樣，與自己的親生父母失聯，反而和黃家還有藕斷絲連的關係。外公早逝，我們沒有一點記憶；但外嬤在世時，阿母有了「獨立人格」後，會帶我們去探視她，而且還不時接濟她，生活貧困、纏小腳、足不出戶的外嬤，心內所繫的，是三女的探視。

外嬤住在三重埔（今新北市三重區），阿母不時會帶點零用錢給她老人家；她睡前有喝幾杯燒酒的習慣，因此為外嬤送酒，成了阿母的工作。由於忙於家務，阿母無法經常自己前往，因此會囑咐我們小孩子帶去。我多次手提半打太白酒（雙手各帶三瓶），從大稻埕越過台北大橋走到三重埔，路途不算遠，不過半打酒的重量，也夠令還是學童的我們氣喘吁吁了。

每年近元宵節時，外嬤會親手做「鼓仔燈」（手提燈籠）送給我們，她的手藝不錯，從劈竹、編製到糊紙，不假他人，七十來歲仍雙手靈活；製作的提燈，以「豆仔燈」、「關刀燈」為主。有一年，她做了一個大型「地球燈」，讓人印象深刻，那是可以滾的三層轉動紙燈球；內層可點蠟燭，外二層會轉動，內層燭光晃動，卻不熄滅。這盞「地球燈」，是我一生僅見，可惜外嬤的好手藝，沒有傳承下來。

每次，提著沉重的六瓶太白酒，走進淡水河對岸三重埔外嬤家，對著老人家，常有不知所措的現象，對話不多，畢竟，外嬤與我們有「代溝」。我僅記得外嬤這句話說了不少次：「恁老母足友孝我，恁大家大漢了後，一定愛好好友孝恁老母。」（你的母親很孝順我，希望你們將來也要好好孝順你們的母親！）

兒時歲月所記一二

一九四二年（昭和十七年）四月三日，我出生在大稻埕港町。我的童年歲月，一直到初中時，家境連小康都談不上，只能說比「窮困」稍好一些而已——畢竟是「無片瓦之家」，而且三餐少有魚肉。

「小時候」，是一個既疏遠卻又親切的名詞，在人生回憶中，有其重要性，也有其不必談論之處。正如梁啟超在〈我之為童子時〉，一開筆即寫出：

我所愛之童子乎！汝若不知我為誰，問汝先生及汝父兄，或能告汝，汝欲聽我為童子時之故事乎？我大半忘記，所記一二，請以語汝。

至於我的童年生活，可說很單薄；如說「乏善可陳」，也確是實情——但自己卻又常喜好回味「大時代」下的兒時苦澀歲月。

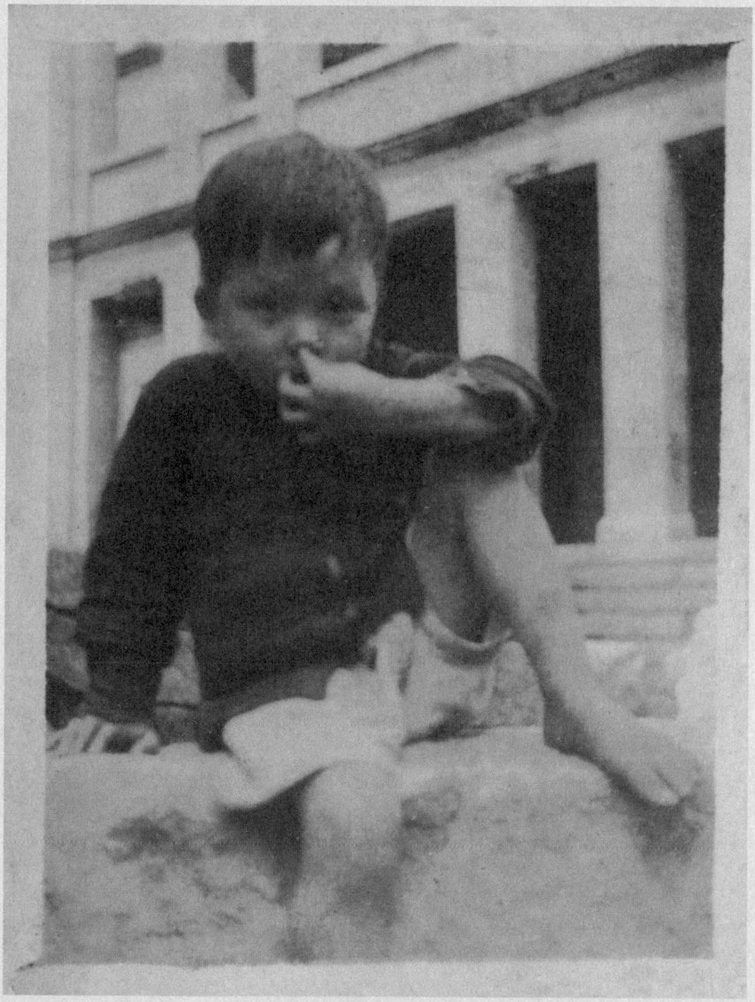

我生平的第一張照片，當時還未進入小學，童稚表情，留下此可笑身影——這是大哥永德用借來的相機幫我拍攝，當年有照相機的人很罕見。

排行老八，人稱老四

一九四二年（昭和十七年，民國三十一年）四月三日，我出生在大稻埕港町，是阿母的第八胎孩兒，但是家人稱呼卻是「老四」——從第八成了第四，是有緣故的。因為長男永發、老三永盛、老六永興夭折，老五永傳過繼給大伯，第六胎是長女秀卿，所以兄弟排次因而重整；老二永德成了老大、老四永昌成了老二、老七永昭居老三、我躍居老四、第五永泰、老么永旭，最後是小妹雲卿。

食指浩繁，一家人靠著經營雜貨維持生計，我的童年，自然堪以貧困形容。

二哥永昌後來不幸於二十九歲車禍身亡，略懂命理的老大永德以姓名學推論說永昌早逝，和永發、永盛、永興三位「無緣兄弟」一樣，是因名字取得太旺，發、盛、興、昌；加予「永」的久長期求，天所不容也。

我出生於已被捲進戰火下的台灣，彼時日軍在華南、南洋的侵略戰爭，敗象已露，我出生的前兩天，台灣總督府正式實施「陸軍特別志願兵制」，將台灣青年大量投入戰場。四歲那年，日本宣布無條件投降，於是我有三年七個月的「日本時代」，生為日本籍的台灣人——那時的烽火歲月、生活點滴，我都是日後從長輩口中才得知。殖民當局為了支援前線，徵收金屬物質、實施配給制度，每個家庭要維持起碼限度的溫飽都很難。

我一歲時，因戰時衛生條件不良，全島發生「天狗熱」（登革熱），疫情嚴重，還好全家無事。二歲時接受種痘，這是日本政府對我做的唯一「社會福利」，彼時烽火連天，有此醫療照顧，算是難得。天花（痘瘡）在日據初期施虐全台，行種牛痘預防天花，是殖民政府推行的衛生政策。

我目前收藏有關自己的證物，即是由台北市尹（市長）藤村寬太所發的「第一期種痘濟證」——依官方規定，假如警察要查看這份證件，卻拿不出來的話，必須重罰十圓。

有人好奇地問我：「怎麼可

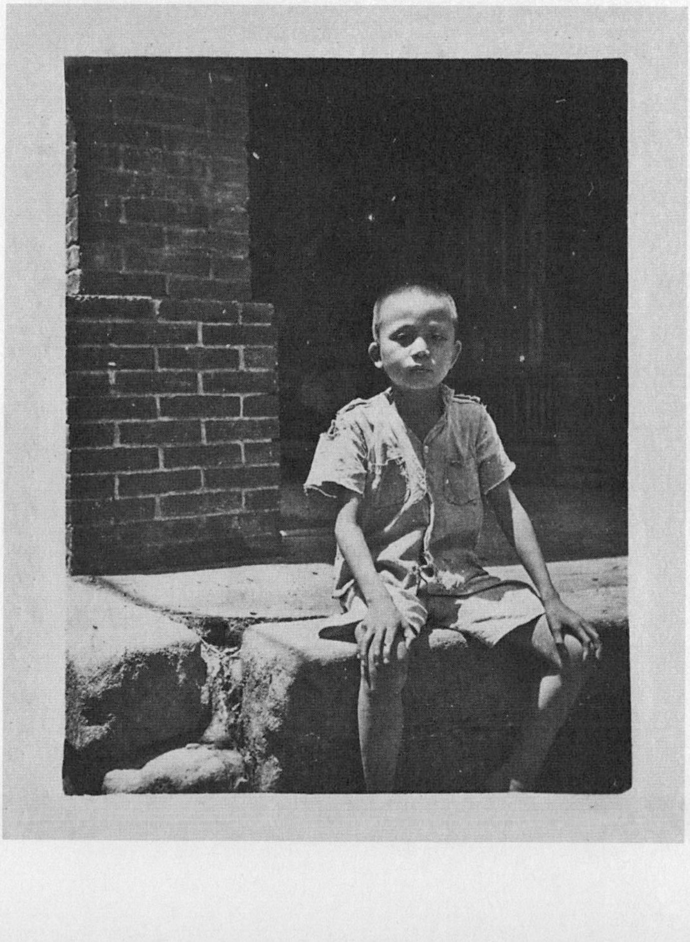

這一張，是我小學時坐在台灣農林公司（昔三井精製茶廠）前所拍的照片——衣服上破了許多大洞，貧困的童年歲月不堪回首。

能將年紀那麼小時的證明文件保存完好至今？是否父母幫你存留下來？」我只得笑著回話：「我們兄弟姊妹，就剩下這麼一張。」記得我是在小學時，從抽屜中發現這張自己成長的紀錄，而自行將它夾在書中，不然，可能就被當廢棄物清掉了。

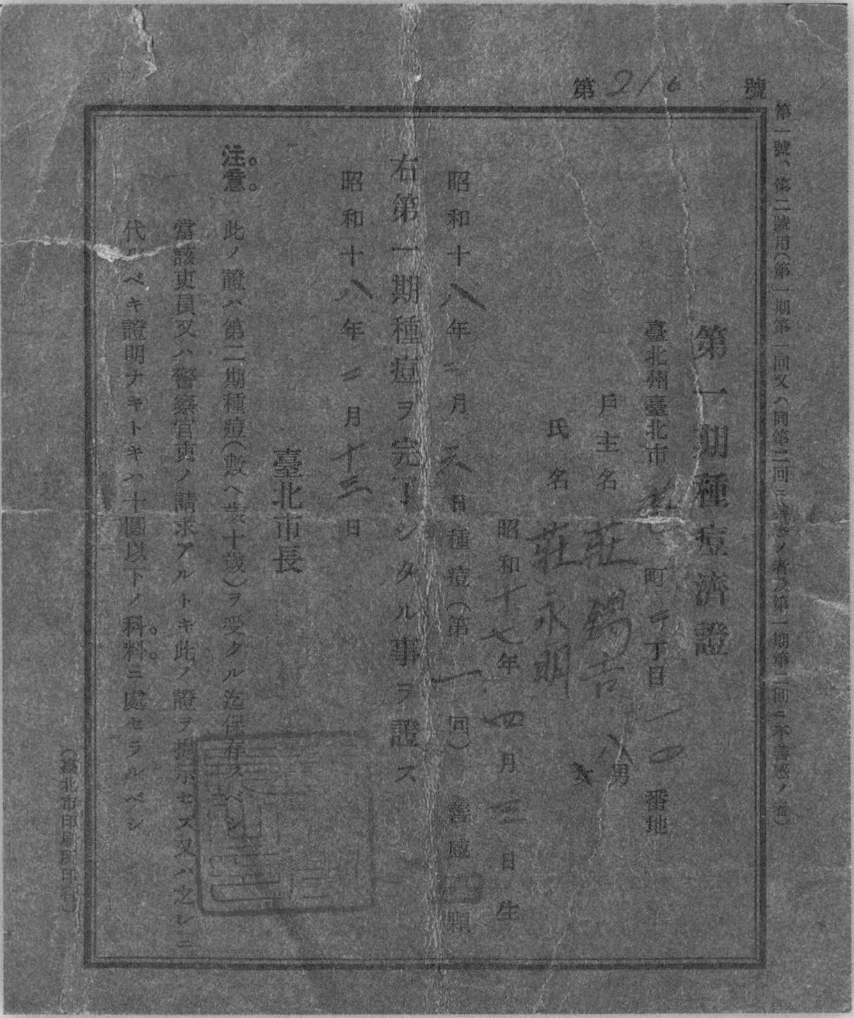
第216號

第一號、第二號用（第一期第一回又ハ同第二回ニ善感ノ者又ハ第一期第二回ニ不善感ノ者）

第一期種痘濟證

臺北州臺北市　町一丁目一〇番地

戶主名　莊錫吉　男

氏名　莊永明

昭和十七年四月三日生

昭和十八年一月六日種痘（第一回）善感　顆

右第一期種痘ヲ完了シタル事ヲ證ス

昭和十八年二月十二日

臺北市長

注意。此ノ證ハ第二期種痘（數ヘ歲十歲）ヲ受クル迄保存スベシ

當該吏員又ハ警察官吏ノ請求アルトキ此ノ證ヲ提示セズ又ハ之レニ代ルベキ證明ナキトキハ十圓以下ノ科料ニ處セラルベシ。

（臺北市印刷所印行）

歹育飼，認鄰居做「契父」

不安定的時代，戰火中出生的小孩，營養自然不良，父母為我體弱多病「活不下來」而憂心不已。依台灣傳統習俗，「歹育飼」（難以養育）的孩子，需以「契子」身分，才能躲過劫數，有的是求神明「收養」，拜請城隍爺或土地公等神明收做契子，以求保佑；有的則請親戚或鄰居做「契父」，避開邪魔糾纏。身弱多病的我，由阿母央求隔壁鄰居開洗衣店的謝溪田，收為「契子」。

我和田叔、田嬸來往不多，僅只是以「契子」身分，每年過年被謝家邀去做客，而且必給我一個紅包賀歲；我入伍前，每一年必然會出席正月二日謝家晚餐，象徵我是謝家的一份子。後來，我覺得吃那頓晚餐，很不自在，就藉故不去了。

田叔、田嬸過世時，謝家的訃聞，也都將我列為家族一份子，以「義子」名義列名。

田叔被街坊鄰居稱為「洗衫田仔」，這是因他從事的行業而得名。記憶中，我從來沒有跟他交談過一句話；田嬸則不僅關心我，也幫我阿母照料不少家務事。阿母多產，生了一堆子女，又需要照顧家裡的生意，天天忙得不可開交，

我二歲時的種痘證書。戰火熾烈下，台灣總督府對公共衛生政策，不敢放鬆，當年的台北市市長為藤村寬太，而今卻沒有人知曉他。

甚至坐月子都得下床洗衣，田嬸和租住樓上的麗英嬸都會分身幫阿母的忙。田嬸記憶力驚人，我們兄弟姊妹的農曆生日，阿母無法記得的，問她就清楚。

「分食」是台灣敦親睦鄰的優良傳統習俗，「好東西與人共享」的觀念，使「分食」成為感情交融的媒介。

夏天，阿母煮了一鍋綠豆湯，冰涼後，吃了可以消暑降火，她總不忘要我們端一大碗送給田家分享；每逢祖先「做忌」，不論是「生日忌」或「死亡忌」，阿母必添加幾道「盛饌」祭拜，拜完後，用大碗公盛著滿滿米粉炒，再將白斬雞、雞卷、五花肉等鋪在上頭，送到謝家。田嬸收下後，也會將我家的大碗公改盛滿滿的白米回贈，還不忘囑咐我要跟阿母說聲「多謝」。謝家也不遑多讓，禮數往來是必然的，我家也會收到田嬸親手做的好菜；阿母也不忘歸還容器時，裝滿白米。

「分食」這種習俗，今日蕩然無存。現在的公寓大樓，對門的人都不相往來，更不要說樓頂樓下住何許人了。有句選舉口號「阿母招阿爸，樓頂招樓下」，一起去投給某某候選人，實在有夠諷刺。吃人一口，還人一斗；有一口之恩，一粒米飯之情，不能以「一斗」回報，總需「意思」一回報吧！

童年歲月，時代記憶

童年歲月，經過美機轟炸、光復、二二八等歷史事件，某些時代場景大都是靠父老的言談，始能保留微小印象。等到中央政府遷台時，我已進了國民小學，開始懂事，因此日後讀史，才有「時代見證人」的感覺。

二二八事件發生時，我才六歲，不懂世事，但某些場景印象，記憶猶存。大哥永德、二哥永昌因曾在空軍松山機場當臨時雇員，被視為「中國兵」，而險些成了「台灣人」追打的對象。大哥擁有一把日本軍刀，那是他的台北二中（今成功高中）日本老師被遣送返日時，贈送給他的紀念品；日據時代，教師都領有佩刀，表示尊嚴與權力。由於清鄉行動展開時，「家藏武器一律視為圖謀不軌」，是犯死罪的，大哥深怕惹事，將佩刀暗藏在面對李春生紀念教堂前庭的大榕樹下，不料鄰近有位小朋友大嘴巴，不斷地嚷叫：「教堂有人埋東西！」迫使大哥不得不連夜挖出，而後丟入淡水河中。

我家樓上的承租戶是一位空軍軍官王恆德，他是外省籍，好一段期間，恐招惹麻煩而足不出戶，他的妻舅帶了兩個友人，躲在我家屋頂上的小平台，自囚了好幾天。沒人想知道避難的原因，大家的心情低迷得很，阿爸一句話也不吭，他知道這是窩藏「人犯」，被當局查獲，是「知匪不報」，大罪難免；但是患難與共，自然予以庇護。

{94}
{94}
臺灣銀行券
壹圓

臺灣銀行券
壹圓

大日本
昭和十七年

出生當年（昭和十七年），台灣發行的鋁製硬幣粗糙得很；但紙幣竟然「本土化」，正面是台灣神社（今圓山飯店所在地），背面則是帝國南端的鵝鑾鼻燈塔。

我家住於港町中段，南端也就是街尾的文山茶行，負責人王添燈為二二八事件關鍵人物之一——他當時是省參議員，被推舉擔任「二二八事件處理委員會」宣傳組長，這位諤諤直言的民意代表，最後慘遭不測。王添燈被追拿時，港町進駐了不少阿兵哥，每人都荷槍實彈，穿梭街頭巷尾，我們兄弟被父母警告不得哭鬧，店鋪自然關門閂戶。王添燈被捕後，據說是被憲兵第四團給淋灑汽油，縱火焚身而死。

清鄉行動中，台北大橋處決了不少人，大哥偷偷跑去看。他回來說，淡水河水都染紅了。

小學上學途中，我不是走河堤，就是迪化街和延平北路擇一而行，印象中位於延平北路和南京西路口，偶會見到有人指著法主公廟附近說：「就是這裡啦！」話剛說完，見後方有人靠近，馬上鳥獸散——所謂「這裡」，當然說的是二二八事件的原爆點，緝查私煙的發生地點。

這些二二八事件「小故事」，在我成長過程中，偶爾會被提及。

七歲那年，阿爸帶我參觀台灣光復三週年的台灣省博覽會，至今記憶仍然鮮活，那次是坐著三輪車進城，去「城內」看熱鬧。我第一次進了「台灣最高的建築物」介壽館，這座日據時期的台灣總督府，曾被轟炸而毀損部分，經修復後做為蔣介石六十大壽的紀念建築物，乃有「介壽館」之名。當時到底上了第幾層樓，我印象有限，不過對於會場上「森林館」所展示的林業成果，我興趣十足——電動的登山小火車模型，載著成捆如鉛筆粗的樣本木材，在軌道上來往繞著飛奔，小模型有高山、隧道、森林、澗谷，十分壯觀，還會發出「嗚—嗚—」的聲響，這種「電動玩具」，在我幼小心靈，絕對是了不得的科技作品。

八歲，中央政府遷台。前一年我進去參觀的介壽館，變身為中華民國總統府，連行政院也擠進了這棟大樓——因為現今位於中山北路和忠孝西路口的行政院大廈，已先被台灣行政長官公署進駐，後改稱台灣省政府，它原來是日據時代的「台北市政府」。

公共衛生品質惡劣的年代，正是台灣經濟貧困的時期。我們家一如大多數台灣人的家庭，沒有浴室設備；一桶水擦身，就算洗了一趟澡，一個星期能去一次公共浴池沖熱水澡，是一種難得的享受。貴德街有家「清水池」公共浴池，離我家只要一分鐘就可以走到，但是，花錢洗澡是額外的負擔，去清水池路途顯得遙遠。

國小生活，點滴回憶

在那個青黃不接的年代，不僅官署嚴重不足，連學校的教室也不夠。從大陸撤退來台的軍民，號稱「百萬」，一個小台灣要容納大中國不甘接受共產黨統治的「愛國志士」，必然是以小容大的沉重負擔，甚至還要扛起「反攻大陸、解放同胞」的以小搏大的神聖使命——被壓得喘不過氣來，理所當然。

國民學校的男生頭生頑癬、女生髮有頭蝨，是那個年代普遍的現象。記得班上超過八成的窮兵黷武的日本政府，發行大量公債，向台灣同胞舉債，但是卻沒有歸還本息——這張是我出生那年的報國公債。

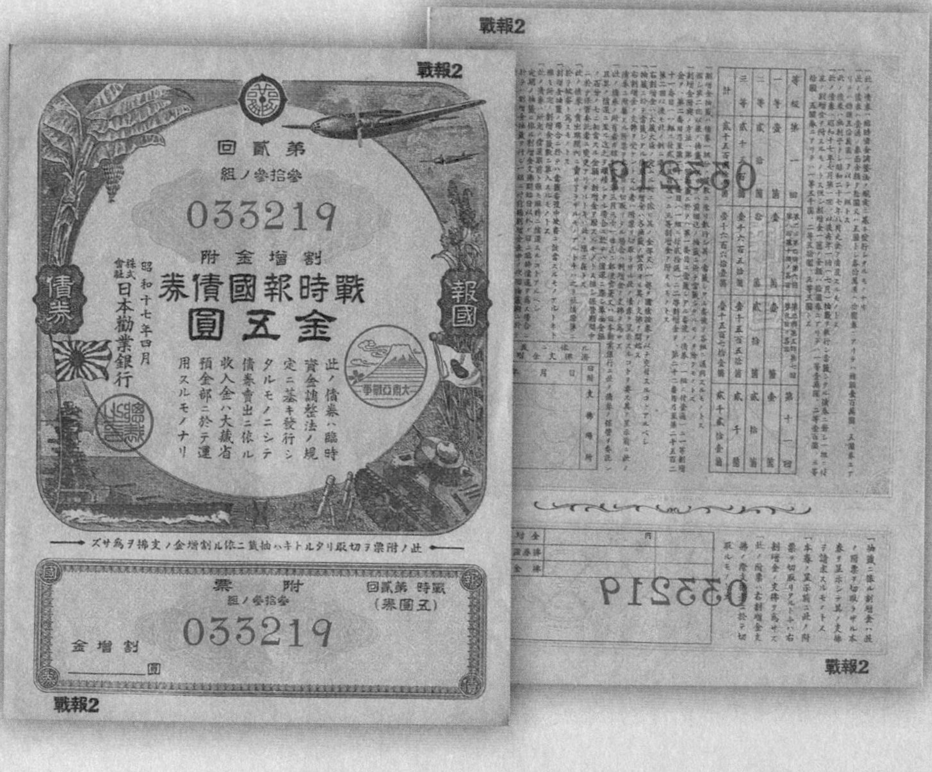

我出生於昭和十七年，也就是日本紀元二千六百零二年，掀起戰爭的日閥，打到此時，已是強弩之末，生活物資條件日差。出生那年的同年同月，日本發行戰時報國債券，向台灣同胞斂財，支援前線。

同學有砂眼，聯合國世界衛生組織為了幫助學童雙眼不致嚴重到失明，援助眼藥膏。不過每個班級分配有限，往往一條眼藥膏，排隊一個挨一個，接受老師撥開眼皮、擠出黃澄澄藥膏往眼睛一抹——一條眼藥膏點了全班同學，今日視之，不可思議。

手帕、衛生紙、口罩，是學校晨間檢查必要受檢的三樣東西，比課本、作業來得重要，忘了其中一項，就得挨打手心。

體罰，是家常便飯，輕重而已；集體處罰，絕不希罕，「操場跑十圈」、「百公尺跑道來往青蛙跳」……，一人犯錯，大家受災。班上有好幾個頑劣份子，時常出事，家長到學校來，不是交代老師處罰要「準節」（有分寸），而是要求放手修理、嚴厲體罰，如此，孩子才會怕、才能聽話。

我被老師打手心，不是沒有，但非因頑皮，而是考卷發下來，以打幾下來補足達到滿分；考了九十五分，五個手心處罰是少不得的。「教不嚴，師之惰」，鍾老師如此嚴厲，大概是以我們這幾個「好學生」，做為激勵其他同學的方法——他們考了七、八十分，一個手心也不必被打。

惡補，是必然的。下課回到家已是六點，七點就得趕到「六館街」（今南京西路底）進行補習，地點是台北仁濟醫院院長張暮年的家，他的么兒張忠雄是我們的同班同學。補習，是課外的進修，自然要繳額外費用，數字多少，我不知道，因為我是免費的——鍾老師不好意思向我要，我是清寒學生。

太平永樂，對望較勁

課外補習，是競爭激烈的升學主義造就的現象，我們學校如此，其他學校也不遑多讓，各校多在比考上「三中」——建中、成功、附中三所名校的人數多寡，以爭取校譽。

大稻埕的學校不少，延平北路近大橋頭的太平國小和永樂國小，隔著延平北路對望，兩校原為一體。一八九八年，「大稻埕公學校」創立；一九〇九年因開闢「太平通」（今延平北路），校地分東、西畔校區；一九二二年，改稱「太平公學校」；西畔校區於一九三〇年撥予新成立的「永樂公學校」。永樂國小的學生以迪化街子弟為多；而太平國小接納的學生大多數是延平北路的小孩。

太平、永樂，早年結怨頗深，應是受到野球（棒球）比賽和升學競爭的緣故。在一九六八年紅葉少棒隊擊敗日本和歌山隊受矚目之前，台北市國民學校的小學少棒比賽，已是全民運動，瘋「野球」行之有年。記得小學「永樂野球隊」勇奪冠軍遊街時，商家都會放鞭炮慶祝，我們也會高唱應援歌：「啦啦啦啦，凱旋歸；永樂、永樂，我們永樂……。」

我的母校永樂國小，校徽是一對鳳凰環抱「永」字，所以被稱為「兩隻鳥」，以前味全食品公司的商標模仿永樂校徽，後來日本設計師大智浩才將其改為代表五種味覺的五圓體。太平原是「和尚學校」，全校男生；而前稱大稻埕女子公學校的蓬萊國民學校，則專收女生，是大稻埕所謂「太平公，蓬萊媽」的緣由。我的母校則男女皆收，陰陽調和。

太平、永樂，兩校紛爭校譽，學生互搶風頭，難免成了「世仇」，兩校學生雖然不幹架，但對嗆互諷常有所聞——太平學生對著永樂同學叫著：「太平一枝槍，永樂漏屎症。」永樂學生也忍不住氣，對太平同學叫罵道：「永樂一隻鳥，太平死了了。」我的家庭成員，各有母校為太平、永樂，因認知都是系出同源的「大稻埕公學校」，所以從不爭論太平好或是永樂佳。

阿爸莊錫吉是「大稻埕公學校」的畢業生；大哥永德念的時候已是「太平公學校」；二哥以下，我們分發的都是「永樂國小」。

太平和永樂在升初中的升學競爭中，考進省中的人數各有勝負；我畢業的那一屆，考進省立初中的人數贏了太平，鄉里傳為佳話。

太平國小比中華民國建國歷史還要早上十四年，歷史悠久，傑出校友不少，「台灣第一位雕塑家」黃土水就是讓該校引以為傲的畢業生，其他如民進黨第一任黨主席江鵬堅等也是太平的學生；和我相識的作家東方白、謝里法（也是畫家、美術史研究者）、林文義都是太平校友。

我是永樂國小畢業的，常以玩笑口吻說，永樂沒有太平那麼多的傑出校友，但有兩位傑出老師，值得一提，一是創作〈造飛機〉兒歌的音樂老師吳開芽；另一位是畫出大嬸婆、阿三哥等漫畫人物的美術老師劉興欽。小學的繪畫課很沒趣，美術老師將蠟果和瓶子放置於一塊花布上，擺在講桌，要我們先勾勒輪廓，再上蠟筆或水彩加色，幾堂課畫完老師打分數後，再調整蠟果、水瓶的位置，換了張紙繼續畫，從不講構圖、光影、色彩……等課題。五、六年級後，繪畫課就被導師「借」走了，改上跟升學有關的「本科」．畢竟聯招是不考副科的，所以我對美術老師一點印象都沒有，倒是低年級的劉興欽老師，經常有同學談論他，彼時在報紙、雜誌都可以看到他發表的漫畫——起初，他不用本名，而是用「象鼻子」做筆名。

六年的永樂國小生活，記憶還是有限，「吾校永樂，立在稻江……」這首校歌，一甲子後，我仍然可以整首唱出，沒有失憶，能如大師梁啟超所言，「所記一二」，頗感欣慰。

美援挹注，苦中作樂

解救水深火熱的大陸同胞，此等神聖使命，從小就被培養；反共之餘，親美也成了「基本教材」。美國第七艦隊協防台灣，讓台灣得以苟安，不懼對岸威者，開始「十年生聚、十年教育」的建設，「中美合作」的產品比比皆是；一個淨重二十二公斤的美援麵粉袋，比一個淨重一百公斤的砂糖麻布袋，來得更為重要，麵粉袋可以廢物利用做內衣、內褲，一條內褲不僅有淨重的標示，有的還有「中美」、「合作」字樣，分留於臀部兩旁，沒有人認為不雅，畢竟多數人皆是如此穿著。

大量美援挹注，童年歲月也感受到一些澤潤。「美國貨」就是一等貨色，即便是二手貨、二流品，只要能享用到，身價就不同了。

吃不好、穿不暖的日子，小時候是不會有感覺的，而今才有那種日子究竟是怎麼熬、如何忍的回想。烙印心中的童年歲月，沒有惆悵於心，畢竟每個記憶是苦中有樂，澀裡有甘。

「生活品味高，生活品質低。」會成為我的口頭禪，是因童年苦澀日子，沒有在記憶的軌跡中放空，「吃苦若吃補」的犧牲享受使我活得自在、過得自如，正因為我走過台灣脫胎換骨的年代，和台灣一起打拚，跟台灣一起成長！

童年歌聲 喚醒記憶

我是「戰時子民」，又是「光復兒女」，再來是「反共抗俄」的幼苗，身為大時代的小卒子，必有些歷史場景和時代現象的見證。藉著歌聲，仍然可以拼湊出一幅屬於自己的「童話故事」！

〈兒時歲月，所記一二〉，仍有餘緒，深夜夢迴，點點滴滴的小時候影像，仍會呈顯。童年夢，失落於現實，被輾成零片零塊；但記憶中的碎片，藉著兒時歌聲，偶爾也會入夢來！

我「五音不全」，但歌喉還可以，比較自得的是學歌很快，而且不容易忘詞，所以不需要歌本。

我會唱的歌不少，一九三〇年代較風行的老歌，似乎可以不看歌本就可以唱。當年高職、初中、小學音樂課本，只要老師教唱過的，我都記得住，也買了《世界名曲一〇一》這類的書學習，〈珍重再見〉、〈我的太陽〉、〈散塔露西亞〉等是常哼唱的世界名曲；中國民歌、大江南北的小調，也學了不少，但我還是對台語歌謠，情有獨鍾。

我還沒有上初中，就會唱〈義勇軍行進曲〉，但不知是中華人民共和國國歌——那時，中共還未建國。光復之初，台灣就有人在傳唱此歌，我不記得是從誰那裡學會的，但記得有一次，我隨口哼了：「起來！不願做奴隸的人民……。」家人隨即瞪著眼睛、叱罵著要我停嘴，囑咐以後不能再唱。

吳師開芽，音樂啟蒙

音樂老師吳開芽，是我小學印象最深刻的老師之一。

吳開芽老師中等身材，有些肥胖、性情溫和，但教唱時，每個音必要求得精準，否則會要我們一再重唱。他唯一的缺點，是每節課總會花上十來分鐘傳教，他是個很虔誠的基督教徒，而我們同學除了「茶葉之父」李春生的後代李傳然是「禮拜家庭」外，同學們家裡都是拿香拜拜的佛道信徒，所以對於老師的宣教，並沒有入耳。

吳開芽老師是永樂國小校歌的作曲者，「吾校永樂，立在稻江……吾校永樂，良好學風，大家親愛，歡喜用心，表現出來，志氣高昂，身體堅強，生活樂康，這是我們可愛的永樂學堂。」小學畢業後，這首校歌仍記憶猶新。

音樂課、美術課被學校視為副科，往往改上主科的國、數課，也就是說為了升學，副科經常被挪用。但是，吳開芽老師堅持音樂課非上不可，他視教唱就是不可旁貸的責任，所以婉拒主科老師借課。他雖然每週僅有二堂課，不像朝夕相處（白天上課、晚上補習）的鍾導師相處時間長，但他教唱的幾首歌，如〈台北市民歌〉、〈台灣光復紀念歌〉、〈孔子頌〉、〈搖籃歌〉等，數十年來，我都可以整首唱出。

也許拜吳老師之賜，我學會不少歌，也因此愛唱歌。

〈台北市民歌〉，放學合唱曲

〈台北市民歌〉是吳開芽老師教唱的所有歌曲中，令我印象最為深刻的一首。每天下課舉行降旗典禮之後，大家必得合唱〈台北市民歌〉，才可以背書包放學——我可能是出生於一九四〇年代，至今還會唱〈台北市民歌〉的少數人之一。

在台北故事館開幕時，我應陳國慈總監的邀請，為到場貴賓之一，致詞時，我以歌代話，唱了〈台北市民歌〉，林懷民當場鼓掌大聲喊「安可」，迫得我再唱一遍；馬英九當時為台北市長，他說好感動，台北市竟然有此代表歌曲。第二天，市長要祕書室打電話給我，希望我在電話這端唱，他要錄音。不過當下我婉絕了，我說，因拍子唱不準，記譜之後，如有訛誤，豈不成了話題？但不知當時的馬市長對我的不予配合，做何感想？

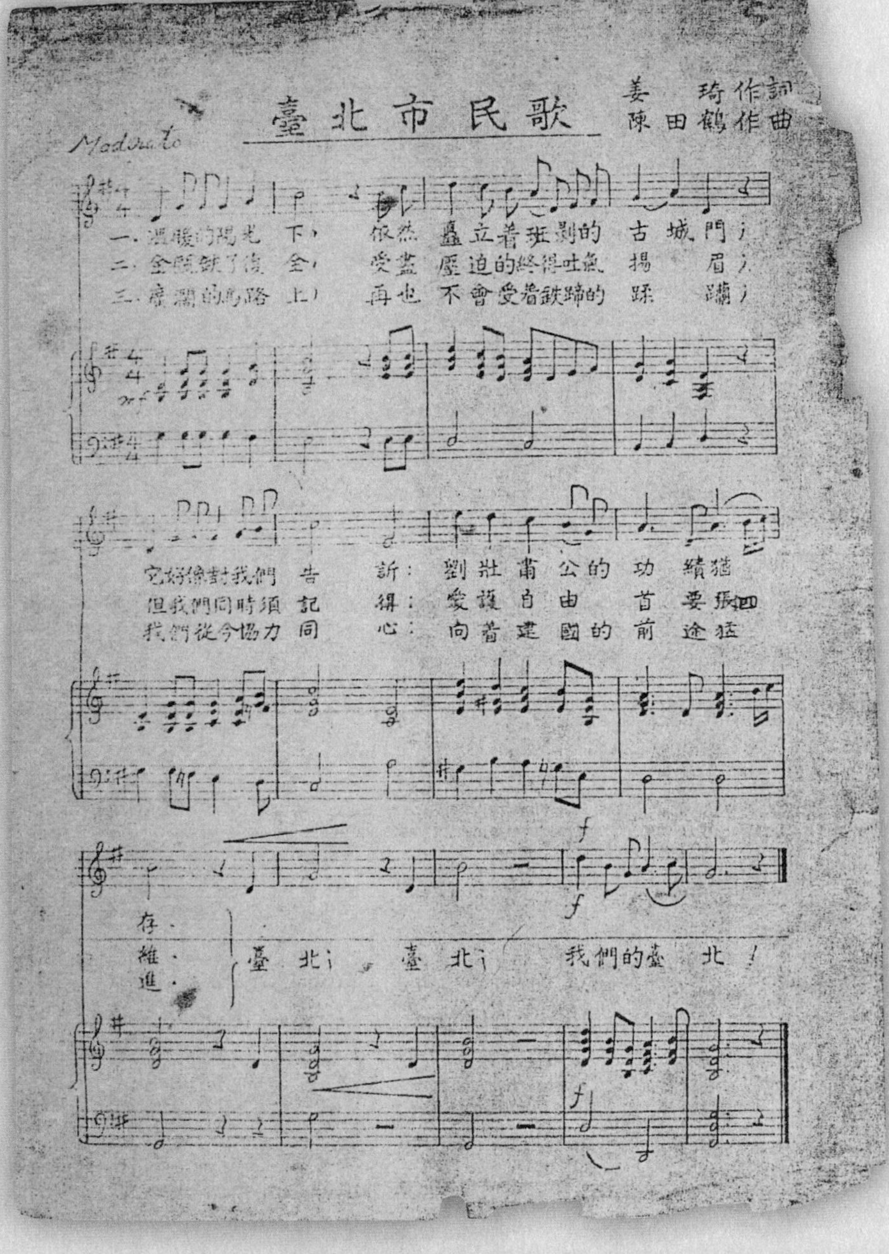

由姜琦作詞、陳田鶴作曲的〈台北市民歌〉。

（一）

溫暖的陽光下，

依然矗立著斑剝的古城門，

它好像對我們告訴，

劉壯肅公的功績猶存，

臺北，臺北，我們的臺北。

（二）

金甌覆了又全，

受盡壓迫的終得吐氣揚眉，

但我們同時須記得，

愛護自由首要張四維，

臺北，臺北，我們的臺北。

當年，我們學唱的〈台北市民歌〉，僅有這兩段歌詞。但是畢業後，學弟們僅能唱第一段歌詞，據說，第二段歌詞的「受盡壓迫的終得吐氣揚眉」，原意雖然說的是：台灣人受日本五十年殖民統治，終得「光復」，但是卻被解讀與中華人民共和國國歌〈義勇軍進行曲〉的「起來！不願做奴隸的人們」，有異曲同意之嫌，一九四八年被迫遷都台北的中華民國政府當然禁唱這段歌詞。

一九四六年，由台北市教育局所公布姜琦作詞、陳田鶴作曲的〈台北市民歌〉，原先還有第三段歌詞，但吳開芽老師教我們時，這一段早已被「封口」了，我後來才找到這段失落的歌詞：

（三）

廣闊的馬路上，

再也不會受鐵蹄的蹂躪，

我們從今協力同心，

向著建國的前途猛進，

臺北，臺北，我們的臺北。

〈台北市民歌〉作詞人姜琦即是當時的教育局長，公布此歌時，還有所聲明：

……市民不可無歌，昔日日本占領時代之台北市的市民歌，應行廢止，特重新製訂一首，經長官暨市長核閱，認為可用，為慎重起見，仍將此歌詞錄送台灣廣播電台通告，……徵求意見，儘於三月卅一日以前逕函告台北市教育局，俾便修改，再行公布之。

二二八事件後的清鄉，造成不少逃避被追殺的台灣人亡命島外，他們不滿當政者的高壓，

「吾校永樂，立在稻江……」永樂國小的校歌，而今我記憶猶新。當年是男生女生共校，不像太平收男生、蓬萊收女生，而有「太平公、蓬萊媽」之俗語。

進行「台獨運動」，難怪「向著建國的前途猛進」會成了敏感的詞句。

政府遷台，反共傳唱

中央政府遷台後，努力推動反共抗俄教育，而且「從根扎起」，吳開芽老師自然安排好幾首當紅的反共歌曲，教導我們傳唱。

〈反攻復國歌〉，簡單易學，幾乎人人朗朗上口：

反攻、反攻，反攻大陸去，反共、反共，反攻大陸去；大陸是我們的國土，大陸是我們的疆域……

還有一首〈領袖歌〉我們也都能拉開嗓門高唱：

大哉中華，代出賢能，歷經變亂，均能復興，蔣公中正，今日救星，我們跟他前進！前進！復興！復興！

小孩子不懂得這些歌曲的「微言大義」，幼小心靈也不知道蔣介石信誓旦旦的「一年準備，二年反攻，三年掃蕩，五年成功」的「進度表」有何意義。總之，大人唱，我們也跟著合。

〈保衛大台灣〉這首歌曲，吳老師第一年教唱時，歌詞是：

保衛大台灣，保衛大台灣，保衛民族復興的基地，保衛人民至善的樂園，萬眾一心，全體動員，節約增產，支援前線，打倒蘇聯強盜，消滅共匪漢奸；我們已經無處後退，只有勇敢向前，我們已經無處後退，只有勇敢向前。

但是第二年，吳老師說：「歌詞已經改了，大家要遵照唱新的歌詞。」老師也沒有說明理由。被更動的是最後兩句重複的歌詞：「我們已經無處後退，只有勇敢向前。」改成「我們已經準備好了，只有勇敢向上。」我想必是「無處後退」有再退一步就無葬身之處的顧慮；更動成「準備好了，只有勇敢向上」，有整軍待發的氣勢，歌詞由逆轉勝，更加積極。只是身為學童的我們，實在不清楚大人們為什麼要玩這些文字遊戲。

更令我們匪夷所思的是後來〈保衛大台灣〉被消音了，不再有人傳唱，原因是「保衛大台灣」，竟被改唱成「包圍打台灣」，不知是有人為「統戰」，惡意改唱，還是無意開玩笑。只能說「保衛大台灣」和「包圍打台灣」，語音太像了。

兒童版愛國歌曲

〈造飛機〉是吳開芽遺世作品，我們小朋友戲稱為「兒童版空軍軍歌」；而海軍軍歌是「白浪滔滔，我不怕！」的〈捕魚歌〉；至於被大家名為陸軍軍歌的，就是〈哥哥爸爸真偉大〉。

〈哥哥爸爸真偉大〉這首當年被徵選為愛國歌曲的兒歌，是小朋友唱得最多的「校園名歌」，似乎每所學校、每位學童，無時不唱。

哥哥爸爸真偉大，名譽照我家，為國去打仗，當兵笑哈哈；走吧！走吧！哥哥、爸爸，家事不用你牽掛，只要我長大，只要我長大。

長大當兵，成了唯一的志願，這是多麼荒謬的洗腦，但是在那個「偉大時代」的號召下，我們都認為拿槍桿子是一種責無旁貸的神聖使命。

據說，蔣緯國將軍曾講過一個笑話，他說〈哥哥爸爸真偉大〉這首歌，只有他唱才適格，因為他的爸爸、哥哥都是中華民國總統。此笑話，有些冷——那個年代，阿兵哥待遇是菲薄的，鼓勵從軍，就是要國人學習吃苦耐勞。

我出生的年代，正值日本殖民政府如火如荼推動「時局歌曲」的時候，〈台灣軍進行曲〉、〈太平洋進行曲〉、〈軍夫之妻〉、〈榮譽的軍夫〉等肅殺歌聲盈耳，我正咿啞學語，免除了被逼迫唱這些戰歌。但進了小學後，逐年學習到不少反共抗俄的愛國歌曲；不論戰前、戰後，這些日語、北京話的歌曲，都被視為國語歌曲、愛國歌曲。「兩國一制」的一語獨大語言政策，台灣人只能在不同時代唱不同的歌曲——我自然是唱反共歌曲成長的一代。

每首歌都有一個時代，我聽，而後去欣賞；我唱，而後去共鳴；然後我寫，是為了你讀，更期盼大家一起了解台灣歌謠內涵意義，明白歌謠故事，可以和時代一起高歌！

建中學生 走路有風

永樂國小畢業，我僥倖入榜建國中學初中部，是我家的大事，也可說是「貴德街之光」，但高中聯招卻落榜——建中的畢業生沒進榜單，是令人不解的事。

我念小學時，海峽兩岸分治，台灣喊「反攻大陸」，大陸叫「血洗台灣」，課堂上經常安排「安全教學」，防空的教育比其他防災的訓練來得頻繁。

防空教育更甚防災演習

有次花蓮大地震，謠傳巨大餘震會在台

北發生，學校宣導防震須知，也只是一時，但防空知識卻是經常性訓練。

三不五時，空襲警報聲大作，讓人習以為常，疏散的標準作業，只是要我們躲在牆角而已。有時，夜晚拉起了刺耳的緊急警報聲，此時黯黝天空，出現了一道道的探照燈，在搜尋「不明飛機」，光芒交錯，照亮天空。在孩童的眼中，那只是一場「秀」；但是在那個海峽雙方敵視的緊張年代裡，何嘗不是劍拔弩張的一幕。

小學畢業考試當天，試題還沒有做一半，突然警報響起，老師不叫我們收考卷，而是要大家趕快離開教室，整隊到「風雨操場」（即大禮堂）躲空襲。過了好一陣子，老師才說沒事了，原來只是虛驚一場，據說那架「不明飛機」，並非共匪派來的，我們中斷的畢業考也考不成了，乾脆提早放學回家。

第二天，畢業考重考，發下來的考卷，竟然是昨天沒有答完的那一張，如此「洩題」現象，大概只有這種「戰亂時代」才會發生吧！

防空設備，是政府整軍經武的另一種「軍事行為」。淡水河的露天歌廳被取締後，堤防外側砌築了一道與河堤平行的磚造防空牆，說是要安置躲空襲的老百姓使用，但完工後不久，一場颱風卻將紅磚牆全數吹垮，還好沒有鬧出人命。設想，真的躲進去避空襲，安全可靠嗎？

1950年代，空襲警報訓練是家常便飯，連小學畢業考也因此中斷，考了二次，圖為那個年代的防空洞使用證。

入榜建國中學初中部

小時，身體不佳，可能是我不好動的主因。文靜的個性，親友鄰居都公認我是「乖囝仔」；我是乖，但並不乖巧。

在小學班上五十幾個同學裡，我的成績大概可擠進前五、六名，再往前的順位，我沒有那個能力，不像班長王義雄是「文武全才」的天才兒童，體育、體能樣樣優秀，功課更是強項；老師解不開的數學難題，都得由他破題。我倆私交不錯，他台大畢業後留美，我們偶有書信來往，只是後來他都沒回我的信，不知是否因白色恐怖年代，有些書信要受檢查的關係？

初中聯合招生，省立中學的錄取比例是檢視一所國民小學校譽的標準，大稻埕的太平、永樂、日新、建成、蓬萊等國民學校，升學競爭十分激烈，每個學校考上初中名校的人數多寡，就是代表學校辦學的好壞。我們永樂國小一向很難拚得過對街的太平國小。

直到我們這一屆，終於揚眉吐氣，取得了勝利——省立中學榜上有名的，在大稻埕居冠。我僥倖入榜建國中學初中部，是我家的大事，也是「港町」的佳事，可說是「貴德街之光」。我的兩位兄長都是附中（大哥念時是「三中」），而我則首開先例，進了建中，也就是日本時代的「一中」。

考取建中，我們班上就有四位，成功（二中）也有一位，附中有二位，成績不錯，鍾導師高興不已，他說放榜當天，在建國中學的錄取名單中，看到第一個同學名字是我時，就安心不已，

因為可以進榜的人，必然是他所預期的。

鍾老師以我家經濟狀況不佳，從沒有收過我的補習費，二哥永昌認為我有此成績，應該對老師表達一點敬意，於是送了一件白色襯衫充當謝禮，鍾導師也欣然笑納。

一紙通知，「分校」就讀

建國中學在民國四、五十年代，是台灣北部年輕學子都想擠進的窄門，建中學生是走路有風的。十分遺憾，做為名校學生的我卻是「劣等生」，功課趕不上同學。由於師長都認為我們是「優等生」，對我們十分放任，因此大家全憑「各顯本事」。

升學競爭是激烈的，但也有從旁門進入的。班上有兩位同學在學期中突然出現，一位是某黃姓外交官兒子，一位是羅姓空軍上將兒子，都一度成了我們的同學。這兩位「天之驕子」，每天都有老媽子接送上、下課，好像他們都長不大。

初一時，突然接到學校一紙通知，要我們幾個同學「轉學」，不需再到南海路校區上課了。政府為了防空安全，計畫疏散市區人口，要求建中、成功、附中、北一女、北二女所謂「五省中」，在台北郊區如汐止、新店、三重、新莊等外縣市設立「聯合分校」，硬性規定每個學校撥出部分學生往「分校」就讀。我接獲導師通知，必須轉校，一時不知所措。

當時，只有13路公共汽車可以到學校，這條路線是由北門走崁頂，車次不多，建中是在植物園站下車。13路每班次都是裝得滿滿的，「擠沙丁魚」就是那時的形容；沙丁魚罐頭雖不是「貴族魚品」，但還是一般家庭難得買來佐餐的食物。早期公共汽車僅有一個上車門，配有一位車掌小姐負責撕票和剪票作業。原先車掌小姐是在進入車門右方的位置，負責驗票後吹哨子，通知司機開車；後來規定車掌小姐必得每站下車收票，所以車子如沙丁魚罐頭般時，車掌小姐上車就成了麻煩事——那時，她的「擠功」是十分重要的，否則車子就動不了。

由於搭公車是一件苦差事，擠不上車，就得等下一班，成了上課遲到的警訊。於是我選擇徒步上學，從延平北路穿越縱貫鐵路平交道，進入北門，再從重慶南路走向南海路，上、下課花了不少時間。在交通不便的年代，去分校就讀，上學就得搭火車；想乘公路局，一天沒幾班車，況且車資也是一種負擔。家人很不平，明明是考上第一志願，卻要被迫轉校，因此大哥永德陪我到校找教務主任理論，終得留在南海路校區。

建國中學對面就是植物園，原先僅有建功神社（今國立教育資料館）、商品陳列館（今國立歷史博物館）和為興建公會堂（中山堂）移來的部分布政使司衙門三棟建築，當年的教育部長張其昀為了規畫「南海學園」，不僅將以建功神社做為辦公場所的國語日報遷走，改建為國立中央圖書館（後遷中山南路新址），也將允做省林務局宿舍的日本時代商品陳列館，改建成「國立歷史博物館」，又在主建築兩側增闢「國家畫廊」。後來，國立藝術館、科學館、獻堂館陸

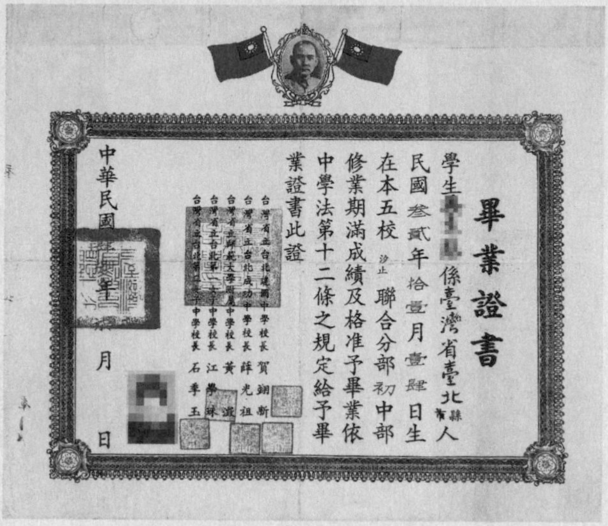

畢業證書

學生[redacted]係臺灣省臺北縣人
民國參貳年拾壹月壹肆日生
在本五校 汐止 聯合分部 初中部
修業期滿成績及格准予畢業依
中學法第十二條之規定給予畢
業證書此證

台灣省立台北建國中學校長 賀翊新
台灣省立台北成功中學校長 薛光祖
台灣省立師範大學附屬中學校長 黃澂
台灣省立台北第一女子中學校長 江學珠
台灣省立台北第二女子中學校長 石季玉

中華民國　年　月　日

五省中初中部的畢業證書，以五個校長具名，這是空前絕後的，也是那個戰備下的台灣所處「疏教」的見證。

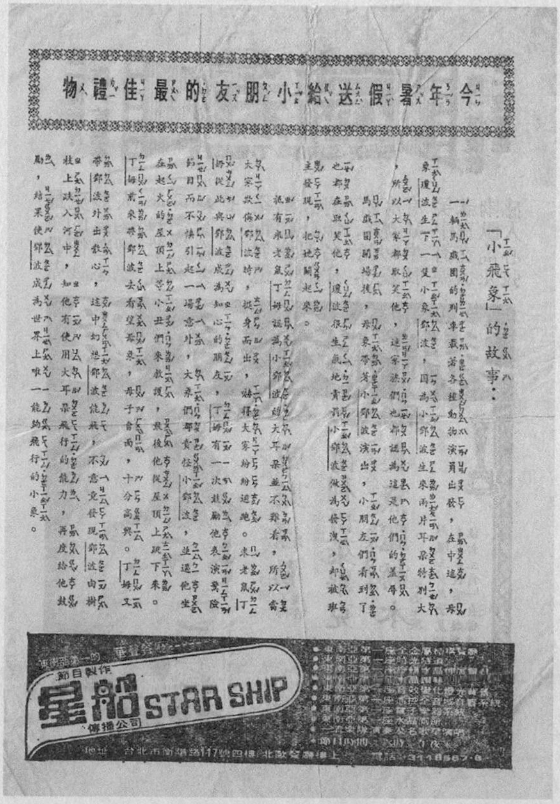

今年暑假送給小朋友的最佳禮物

「小飛象」的故事：

一輛馬戲團的列車載著各種動物演員出發，在途中，母象還波生下一隻小象鄧波，因為小鄧波生來兩片耳朵特別大，所以大家都取笑他，連[illegible]們也都認為這是他們的羞辱。馬戲團開場後，母象帶著小鄧波演出，小朋友們看到了也都在取笑他，還波很生氣地責罵小鄧波做為發洩，卻被主人發現，把她關起來。很有水老鼠丁姆認為小鄧波的大耳朵並不難看，所以當大家欺侮鄧波時，挺身而出，嚇得大家紛紛逃跑。老鼠丁姆從此與鄧波成為知心的朋友，丁姆有一次鼓勵他表演驚險節目，而不慎引起一場意外，大象們都責怪小鄧波，並逼他坐在起火的屋頂上等小丑們來救援，救援他從屋頂上跳下來。丁姆常來帶鄧波去看望母象，母子會面，十分高興。丁姆又帶鄧波外出散心，途中幻想鄧波能飛，不意竟發現鄧波由樹枝上跌入河中，知道他有使用大耳朵飛行的能力，再度給他鼓勵，結果使鄧波成為世界上唯一能夠飛行的小象。

華特狄斯耐的電影，是我從小的最愛──白雪公主、仙履奇緣、小飛俠、幻想曲，我沒有一部失去眼福；《小飛象》這部卡通影片，本事特別加上少有的注音符號。

續增建，我常諷以「植物園」變成了「築屋園」。

植物園在還沒有做為南海學園前，林相更多元、小徑遍布，童子軍課的野外追蹤，都安排於園內實地訓練。

美軍占用，兩班制上課

初中，也和小學一樣，教室都被駐軍占用；只不過小學時是國軍，初中時是美軍。

建國中學南海路南側的整排一層樓新建教室，本為我們新生所使用，卻臨時被通知轉換教室，原來是美國中央情報局的某航空隊需租用，學校沒有理由拒絕，便「割地」讓出教室。教室不敷，造成我們不得不採「兩班制」上課，一週上午、一週下午，亦即每天的課程縮短為四個鐘頭，好久以後，才恢復全天上課。

早上四個鐘頭課上完之後，十二點放學，下午就是自由時間，同學們便相約去三重埔看二輪電影。淡水河對岸的二輪電影院，票價只有台北市的一半，而且有時一張票可觀賞二部電影，如此值回票價，當然是娛樂的首選。

一九五七年五月二十四日，發生「劉自然事件」，反美情緒高漲。一個槍殺中國人的美國大兵，竟然以「治外法權」判無罪，「弱國無外交」成了民族情緒的訴求。數學老師指使我們

我不僅好讀偉人傳記，也不放過欣賞傳記的電影，這部獲多項奧斯卡金像獎的影片《甘地》，我當然不缺席。

寫抗議書，摺成紙飛機，射向校園租借區美軍航空隊宿舍，表達抗議。

「動亂」（也許有人稱「暴動」）事件二二八發生時，我還小。但做為初中生，親睹「劉自然事件」——北門旁的美國大使館、中山堂前的美國新聞處都被搗毀；翻轎車、撕文件、毀東西等驚心動魄的場景，至今我依然記憶猶新。

我初中時成績不佳，以致高中聯招落榜。建中的畢業生沒進榜單，是令人不解的，一時心灰意懶，想放棄升學去找工作。鄰居鄭先生認為我有繪畫才能，介紹我去學「畫布樣」（花布紋圖），但終究不是我的興趣，一個禮拜就辭職了。

家庭經濟窘困，不容許我去念私立學校，只得選擇考高職。很僥倖的，被省立台北商業職業學校錄取了。

成長歲月，我如一株小草，缺乏足夠陽光，也無適當雨露，可以保持生命力，沒有枯萎，除了幸運，沒有其他原因。成功與失敗相互交集，沒有一方會永久沉淪，也沒有一方會持續提升，畢竟「大好大壞」是只有過於失志和過於得意才會發生的兩極現象。

台北商職 青澀年少

我放棄普通中學升學，選擇進職業學校，實非不得已，而且是「不得不」；進不了省立高中，省立高職只好成了我唯一的選項。

沒有學士學位，終究是我一生憾事。進入職場前接受「職前訓練」，雖然是高職課程的學習重點，但是班上有不少同學，他們幾乎放棄了學校安排的課程，而每晚去上補習班，往「大學之路」邁進——台北市平陽街的建國、志成補習班，成了首選，有

人後來因此考進了台大、政大、大同工學院（今大同大學）。

而我入學台北商職，就做了「就業是我完成學業後想走的唯一之路」的心理準備。

窈窕淑女，君子好逑

我們那一屆，共錄取八班：本校六班、三重分校兩班。台北市濟南路六班以忠、孝、仁、愛、信、義為班名，分校是和、平。本校是四班男生、兩班女生，信、義班女生教室在「四樓」；忠班至愛班的男生則在臨濟南路的「木造樓」上課，隔著大操場，壁壘分明。校方規定是「不相往來」，但是校長室、教務處、訓導處都在木造樓，女生「洽公」也必得到男生的禁地來。

初中生都是童子軍，除穿著卡其制服外，都需戴帽。先前是戴童子軍的大盤帽，以鐵絲撐住圓外框，但擠公車時，相互碰觸容易變形，後來才改為船形帽；對折再對折，即可放進褲袋，方便多了，而且不像大盤帽難洗難收。高中、高職的每一個學生，在反共教育下，都具備了「青年反共救國團」團員的身分，帽子成了「軍帽」。

高商時，為上學方便，我母親向合會貸款，以一年期分期，買了一輛腳踏車，使我上課免受擠公車之苦。

學校設置軍訓教官多人，從導師手中接管風紀，至於教官其他任務，我就不得而知了。總教官姓胡，對男女同學的管訓並不嚴苛，違反校規，在說情之下，通常是可以通融的。但不知是否他獨身的緣故，卻對男女交往盯得很嚴，被他知曉，處罰是免不了。據說，他常不動聲色的撕掉了不少同學間表達愛慕的情書。

我班是「愛班」，信、義兩班女生，成了班上同學評頭論足的對象。那一年，我們是「十七、八歲少年家」，而女生則是〈望春風〉歌詞所說的「十七、八歲未出嫁」的窈窕淑女。「窈窕淑女，君子好逑」。我可不是這個年齡層的「君子」，所以不屬於行動派的，班上好幾位同學每天談論女生，好像不是來上課的。念高職的男生，一般說來，家境都不算富裕；女生則有幾個富家女，某大家電製造商的掌上明珠、某名牌腳踏車製造廠的千金、大稻埕「茶業之父」李春生的曾孫女……，都和我們同一屆，自然成了話題人物。

同學喜歡給女生封外號，有一位校服燙得褶痕鮮明的女生，走路姿態有如貴婦，她的「背影」特別吸睛，因為胸罩的束帶十分顯眼，一般女生不會有此「配備」，所以被叫「一板仔」——那是上尉軍官位階的俗稱，這位女生後來做了「班長夫人」，成了我班大嫂。還有位女同學在高三時，報名參加中國小姐選拔，全校驚動；她雖然落榜，但畢業後嫁入豪門，成了一級上將的媳婦——很奇怪的，我們都不將此事視為話題。

同學們書包裡裝的課外讀物，不少是武俠小說，也有人偷看黃色小說，但畢竟是少數。我是「古意囝仔」，一向不讀武俠、不看色情讀物，連偵探小說也沒興趣。記得胡適博士好像也勸人不要看這些書刊，我想這位文學大師的意思是不做「閱讀的浪費」。父親遺留幾本線裝的《三國演義》、《東周列國誌》、《水滸傳》，曾是我手不釋卷的「古籍」，可惜我珍藏的這些「上海版」線裝章回小說，在一次洪水中給毀損了。

畫圖能手，不是學商的料

「讀商」，百分之百不是我的興趣，簿記、會計、統計……對我而言，每堂課都是「鴨仔聽雷」。況且高商的學生，有不少是「初商」（初級商職）再進階的，他們的基礎夠，和我們這些一般初中考進來的，自然程度有所差異。但老師並不因材施教，而是一視同仁——光是珠算課，我們是初學，才懂得撥算盤珠子；他們初商時已練得二級以上檢定合格了。

我不是學商的材料，雖然自己是籤仔店的孩子，但是平常交易的買賣實務和課業無關，因此商業課程都是在及格邊緣。商職的淘汰是

高職的教育，成為我謀生的本事。做了二十幾年的財務會計工作，沒想到，大家知道我的，卻是「搖筆桿」而不是「撥算盤」的。

很嚴格的，不像初中少數科目不及格還可以「隨班附讀」。一科「紅字」，必須補考；再考不到六十分，就得留級。我們班上原有五十六位同學，但有十人慘遭淘汰，畢業時只剩下四十六人。

每逢節日慶典，學校會製作大型海報，放置校門前添加「喜氣」，有時還得報名參加校際壁報競賽。戴姓教學組長將繪製壁報的重責大任，全部交給愛班負責，王光弘、許秀一和我，是校方認定的「畫圖能手」，因而接下不少做壁報的任務。

大型壁報的製作，必得費時一週左右，我對上商業課程興趣缺缺，更重要的是「聽不懂」，所以常利用上課時間，要教學組給予公假，溜出教室做壁報去

也。每年十月份，節日特多，雙十節、光復節、總統華誕、校慶，都得有壁報應景，所以光輝的十月，我的缺課特多，但因照常上、下課，在公假掩護下，我還是全勤。

初中，我選擇徒步上學；高中時，便吵著阿母給我買一部腳踏車代步。那時三哥永昭有一輛很拉風的英式腳踏車，雖是二手貨，但保養得很好，他又把座墊調整得高高的，騎起來很拉風。阿母對我的要求，頗有難色，因為家庭的經濟狀況不容許買新車，但她以我畢竟考上公立商職，省了不少註冊費，決定向合會貸款，分十二期付款，買了一部霸王牌腳踏車給我代步。有了交通工具，午休期間，我大都騎車回家吃午餐——不帶飯盒，為的是省蒸便當的費用。

《北商青年》，發表謎語小品

台北商職三年，導師都是周文煒；他原先在台灣大學擔任教官，來到北商後，教經濟學。周導師出身「十萬青年十萬軍」，是投筆從戎的忠黨愛國知識分子，原先獨身，對我們照顧有加，他也站在黨國立場，灌輸我們忠貞思想，找了好幾位班上同學，勸說他們加入中國國民黨，以報效國家。很奇怪的是他沒有游說我入黨，大概認為我不是「活動分子」，非他們想培養的黨務系統的料子。我一生堅持「無黨無派、自由思想」，應該是周文煒導師有先見之明，放棄吸收我參加政治活動。

台北商職（高商部）畢業的高三愛全班四十六位同學簽名，奔躍的猛獅是我所繪。

我在班上的作文成績不錯，每次被國文老師挑選為佳作，學校校刊《北商青年》，少不得跟我約稿。其實，我年少並沒有爬格子的志趣，而是喜歡畫畫，我第一次發表的創作是圖而不是文。初中時，我以「數字畫」投稿《台灣新生報》兒童副刊，拿了生平第一次稿費，記不得是多少錢，但那是我一整年的零用錢，領了這筆意外之財，全數去換了一套「平等新約紀念郵票」。

我在《北商青年》發表的作品不多，那個時候忙著看電影、聽音樂（古典、流行都不放過），占了課餘大部分時間，沒有餘力再揮筆弄文。我在《北商青年》發表過一篇〈猜謎語〉，全數的謎底都是師長的姓名，這篇「小品」，曾引起老師和部分女同學的話題，有人還問我是不是自己寫的。教務主任的名字是：顧凌雲，我以「飛將軍之憶」作謎題；廣告畫老師叫：盛亞洲，出的謎題是「東方繁榮」……。那時，我未以校長吳仕漢作題，是因恐有觸犯一校之尊的嫌疑，否則我是想用「孫權在漢室當官」做題的。

吳仕漢校長是台北商職的「永遠校長」，在位甚長，在台北市中等中學裡，和當時的建中校長賀翊新、北一女校長江學珠，可以說是教育

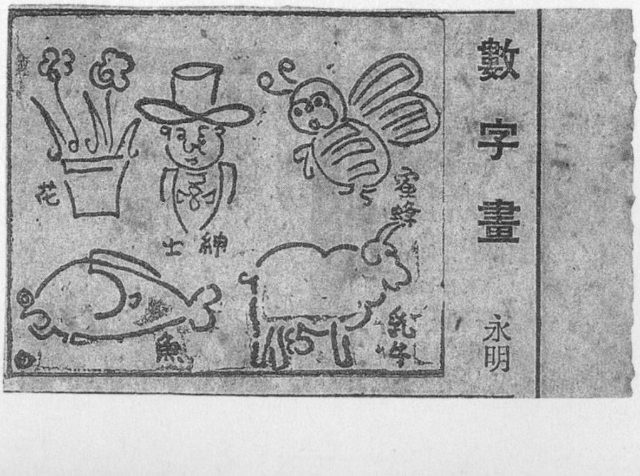

初中時，我以「數字畫」投稿於《台灣新生報》兒童副刊，這是我領到第一筆稿費的不成熟作品。

界的不倒翁，長年在校「執政」，自然和各有其「背景」有關，當然，他們辦學的口碑也都不錯。吳仕漢校長據說抗戰期間，擔任過廬山市市長，少年得志，這個「抗日聖地」，是蔣委員長高調以「和平未到最後關頭，絕不放棄和平；犧牲未到最後關頭，絕不輕言犧牲」宣示全面抗戰之處，就是吳校長在政教界的崛起之地。

驪歌響起，升學就業兩茫茫

高中聯招落榜後，高職聯招接著登場，我只得再去闖關。學商，是不得已的選擇，我只是想混個文憑，走入職場，賺錢為家庭分憂解勞。阿爸早逝，阿母獨撐家庭生計，千辛萬苦；能夠幫阿母分挑重擔的二哥永昌，又因車禍喪命，因此我放棄念大學，就是不想成為家庭的負擔。

由於高一、高二暑假打工所賺得的錢比較多，學校推薦我們幾個同學到「大陸救災總會」做臨時工，整理美援的救濟品——那是成堆的二手衣，必得做分類處理，區分大小、男女、老幼和衣褲，而後一包一包的捆紮，工作不算艱重，但是整天困在雜亂的衣堆中，也不是好差事。領了難得的工資，對一位學生而言，是頗為興奮的事。

「卒業頭路無半項」，這是一九四八年問世的流行歌曲〈燒肉粽〉的一句歌詞，正是當時僧多粥少的就業市場現象。周文煒導師在我的畢業紀念冊上，以一首創作新詞訓勉我，還用毛筆字工整的書寫：「幾載絃歌在北商，轉眼時光，畢業匆忙，升學就業兩茫茫……。」

沒有一張「退伍令」，想謀得一個職缺，談何容易。職業學校是謀職訓練，而非就業保證，女同學還有銀行業的選擇，甚而去民營公司做會計；男同學不想升學，就得等「兵單」。征召令通常是畢業二、三年後才會獲得通知，入伍還得耐心「排隊」等待，一心想賺錢的我，找一份工作是一種奢望。

驪歌響起，「我們北商兄弟姊妹，天涯幸相聚……。」走出校門，巧遇國文老師李文霖，他的兒子就是後來的駐美「大使級」人物李大維。李老師平日對我關愛有加，同學給他起個綽號叫「牛魔王」，但不知和平易待人、沒有「師長之尊」的他有何關聯性。記得有同學開他玩笑，在黑板上貼了一張書寫「牛魔王」三個大字的白報紙，李老師進教室時，看了並不動氣，只說：「哪位同學在惡作劇，能夠出來自首嗎？」笑咪咪地動手撕下白報紙，而後他狂笑了起來，白報紙底下的幾個粉筆字是：「大膽！誰要你撕下來！」

李老師臨別在校門口對我講的這句話，令我印象深刻。他說：「永明啊！沉住氣去應考，念大學時，我給你介紹女朋友。」他也在金陵女中兼課，他所說的女同學，不是北商，而是金陵。天知道，我是沒有報考當年的大專聯合招生的。

我服役前的工作薪資袋，不是低微月薪的證明，而是當年那個「行政院經濟動員計畫委員會」的背後歷史故事。

待役期間，工作貼補家用

畢業當年，有一次稅務特考，財政單位徵求一批稅務基層人員，政府機構沒有須服完兵役的限制，所以對等待當兵的高職生來說這是一個很好的機會。但是，我落榜了，畢竟我的商業課程到畢業時還一知半解。

「有沒有當兵？」是那個年代找工作被徵職公司、廠商所詢問的第一句話。找不到工作，又沒有學校讀，待在家裡等「兵單」（征召令）的日子實在難熬。少數人通過大專聯招，成了

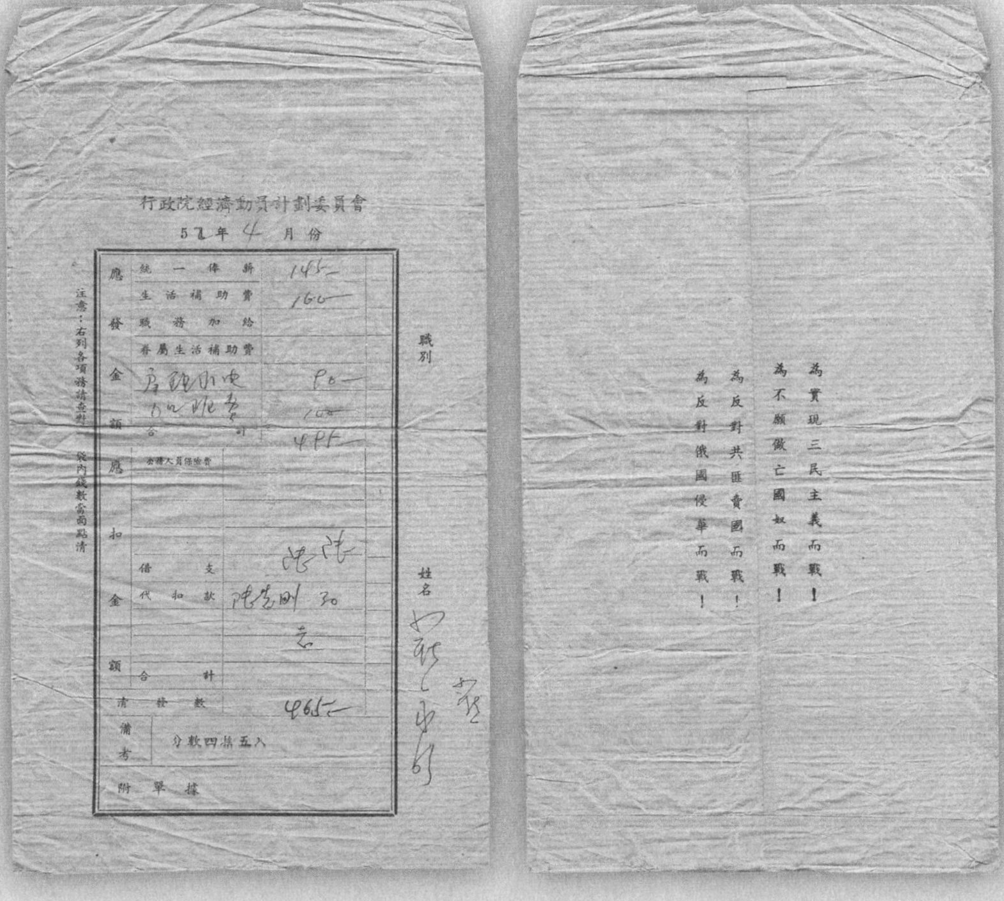

大學生，多數人則像我一樣成了無業遊民。

還好，兩年的待役期間，有了兩次工作機會，賺了些微薄收入，我還把薪水的半數，交給了阿母。

我先在聯勤總部帳務組做簡易記帳工作，每月工資不到壹百元，而後，轉到行政院經濟動員計畫委員會做雜役，兼任文書工作，幫委員抄稿，每月待遇四百六十元。委員除了從各部會借調一些「菁英」外，不少是副院長王雲五的高足，全是他在政治大學博士班的指導學生，記得擔任台灣商務印書館總經理的徐有守、考選部部長傅宗懋、香港大學教授金耀基等人，都是這個被批評為非體制機構的成員。

出入行政院打工期間，見了不少「官威」，也稍懂些官場文化，日後，我見官不驚、遇將不怕，乃因少不更事的時候，就「看透了」！我的工作單位是「財力組」，他們研議的「財力動員方案」，不少是我謄稿的。

我抽到的籤是空軍，役期三年，心想以後的一千多個日子，離家滋味如何承受，不無茫然。青澀年少，人生規畫，談何容易？築夢成真，多為理想，但時代環境才是後面看不見的手，被指引向何方，身不由己。我不是沒有理想性和創造力，只是做為壯闊海洋中的小舟，隨風逐流是不得不的選擇。

《羅馬假期》的兩位男、女主角風靡當代青春年少的男女學生；導演威廉惠勒，曾來台灣迪化街拍攝《聖保羅砲艇》，我還親自目睹過。

《魂斷藍橋》不僅以純情故事感動人，主題曲〈驪歌〉也扣人心弦，電影本事廣告也特別將中文歌詞印上。

當兵三年 一年軍裝

我抽中服空軍役，一心期望早進職場，但非得等三年不可，自然不無懊惱。所幸分發部隊後的「軍人生活」，是每週工作一天，放假六天。

「退伍以後，才算轉大人。」這句話是時代氛圍下所創造出一句符合社會背景的名言！傳統舊社會「做十六歲」的禮俗，是以十六歲為「轉大人」的起步，可言徒具形式，畢竟成家立業非得等到服完兵役之後，才能「走進社會」。

抽中三年空軍役

服兵役是國民應盡的義務，政府為「反共抗俄」神聖使命，對宣傳

服役時，分發至空軍通信學校受氣象觀測士訓練時所拍攝的相片，此後，我便很少再打領帶了。

「當兵」不遺餘力，口號、標語一大堆，只是不對軍種不同、役期有別，這種「不平等」現象做說明解釋——反正規定如此，徵集令到手，役男信守，即沒差錯。

大專生一畢業，即取得上成功嶺的入門券，也就是較輕易取得「任官」的資格——服軍官役；而高中以下學歷，只能做士兵，從「三等兵」起跳，頂多做個士官。

軍中數饅頭的日子，海、空軍是三年，陸軍是二年；國民義務還有盡責的年限不同，不知役政單位的決策是如何訂定出來的？有人說海、空軍比較閒，但是海軍陸戰隊、空軍高砲部隊，其實操起來，比陸軍還要陸軍。

年輕人的生涯規畫，必受服役年限所影響。當陸軍的阿兵哥，二年後就可「轉大人」；而下「海」、上「空」的海空軍弟兄，就得多數三百六十多個饅頭，升學、創業非得多等一年，才得起步。我抽中服空軍役，入伍前夕特地去理了光頭，因為聽說軍中理髮動作粗糙，剃刀其鈍無比，電動理髮刀在頭上，是連推帶拔的。

生平買的第一隻手錶，是為當兵的需要，因怕軍中的作息應付失誤；我行動並不俐落，怕趕不上上級規定的進度，如果需要提前準備，非得對時不可。很遺憾，雖是個廉價手錶，但也花了我半年儲蓄，沒想到當個大頭兵不到一個月就壞了——兩個月的新兵訓練，害得我不時向隊友頻問時間。

我是空軍一四七梯次，徵召的是台北與桃竹苗地區的役男，台北市大都具有高中、高職學歷；而桃竹苗的客籍役男則以初中、小學畢業為多，新兵訓練中心在雲林虎尾。台灣開發史的閩、客爭鬥，血跡斑斑，沒想到，新兵訓練時，這種族群心結仍在。訓練期間，相忍為安；結訓分發，他們居然在火車上打群架，被捉進憲兵隊。我們因被分發到機械學校、通信學校再受專業訓練，所以離開新兵訓練中心稍晚，沒有趕上那趟「戰鬥列車」。閩、客新兵打架的消息傳來，我們被集合在操場聽訓好久，彷彿也參與了那次的打架。

岡山通信學校，培訓氣象觀測士

我被分發到空軍通信學校，接受氣象訓練，培養分發到部隊擔任氣象觀測士。分發的標準，是根據結訓前的一次性向測驗，我們幾個準氣象士，據說是智商考得都不錯。

空軍通信學校位在岡山，環境很好，在此看見校園種了不少的棗子樹，果實掉落滿地——這是「台北囝仔」難得一見的鄉野情景。專業課程除了氣象學、氣象儀器認識、星象學外，自然少不得三民主義，其他人文課程則有哲學概論、中外史地。沒有參加大專聯考的我有如再度升學，接受專科學校教育。通信學校的教官學識都不錯，而且和藹可親，不像新兵訓練中心的軍官，一副高傲威嚴的樣子。

空軍充員，我們一四七梯次是第二次空軍招收氣象觀測士；第一次則是一四三梯次，總人數不超出三十幾位。我總算在軍中學會了「一技之長」，以前看雲，總是以遐想的心情觀賞；

但以觀測的角度，我分辨得出積雲、卷雲、積層雲、積雨雲等不同雲狀，目測雲層高度，也有了準則。還有一件令我高興的事，我懂得從浩瀚星空中自北斗七星找出北極星，之前我只將夜空中一閃一閃的天體，都視為星星。

在空軍通信學校的半年，每天出操僅一、二小時，其他都是在教室上課，不像新兵訓練，早也操、晚也操，常常累得四肢無力。

訓練中心的內務檢查，是最令我懼怕的事，棉被都要求疊成豆腐塊一樣有稜有角。班長臨檢時，判定不及格，一次警告；第二次就罰雙手將棉被頂在頭上，站一個鐘頭。我處理生活細節一向笨手笨腳，根本無法在短時間內將棉被摺成豆腐狀，因而有一次被記警告的紀錄，只好花一包長壽煙的代價，請隊友幫忙摺。日後，就不敢再動它了，將棉被一直「供奉」著，只蓋墊被，雖然天氣很冷，也只好忍耐了。「虎尾中心」和「岡山通校」，全是軍中生涯，但日子過得卻是天壤之別。

抽中上上籤，松山機場上下班

結業後，分發單位是觀測站和機場，我很幸運的，中了「上上籤」，分發到空軍氣象聯隊十二分隊——松山機場。入伍在南部僅僅二百多天，吃不到三百粒饅頭，分發後，竟然不用再搭軍中的伙食了。

我到台北松山軍用機場報到後，事務官知道我是台北人，就說：「你不用搭伙了，伙食費可以換折現，和薪餉一起發放。」我知道今後不用在軍中睡覺了，可以「上下班」，當兵如此好命，真天命也。

十二分隊編制的氣象觀測士共有七位：二位士官長，一個姓沈、一個姓竇，都是「老芋仔」，資深的老空軍；二位上士卻是「番薯仔」的老空軍，一個姓王、一個姓張，兩人原是從事天候觀測的「台籍日本兵」，光復時，因當時政府缺乏氣象專業人員，勸導這兩位台灣人繼續留在中國軍方服務，二人才由日本兵變成中國兵。另外還有一位外省士官，剩下的兩個缺，就是我和一同從空軍通校受訓結業的李明毅，所以共事的同僚籍貫是三位外省士官、四位本省士官。

氣象觀測士的任務是測報天氣和畫氣象圖。松山軍用機場的氣象工作很單純，下雨時每小時測報一次雨量外，正常作業是一天繪製兩張氣象圖。我繪製氣象圖的功力不錯，又快又好，是由收報機蒐集亞洲地區各氣象站的天氣資料，將風向、風速、雲量、溫度、濕度等資料繪在氣象圖上有代碼的各個地方，再由氣象官做分析，串接高、低壓線，判別對台灣的影響。那個時代，沒有衛星觀測，只能以「土法煉鋼」將各地的氣象資料匯集，每個測候所各有其國際代號，從電報上的訊息，我們即可知道亞洲各地的天氣狀況。

早上和深夜各畫一張的天氣圖，工作量不大，一張氣象圖幾十分鐘即可繪製完成。分隊值班的氣象觀測士兵有七位，每月安排一次值班表，每週由一個人做二十四小時的值班；也就是每一個氣象觀測士，一週只做一天工作，其他時間各奔東西。如果不是隊上因上級單位校閱或政令宣導開會以及聚餐，我們是難得聚在一起的。

每週工作一天，放假六天，這是我分發部隊後的「軍人生活」。我不用再數饅頭，吃大鍋飯，而是將伙食費換了現鈔和月俸一起入袋，我以下士起薪，收入幾與入伍前當聯勤臨時雇員薪資相若；軍方約雇人員，每週僅休息週末半天和週日，而有了軍職，竟然每週六天「星期天」，亦即一個禮拜僅需值班二十四小時，兩者的收入對比真是差很大！

服役期間，假日特多，我在家幫忙照料雜貨店，街坊鄰居都會好奇的問：「你不是在當兵嗎？」

軍中的福利，我也一樣不缺，勞軍電影是週週看，偶爾也會去中南部探訪隊友。台灣每個軍用機場都有我們這些服役的氣象觀測士，所以接受他們照料是必然的。每次出外旅行，分隊長都說，搭飛機可以免費，何必買火車優待的軍警票？因此南下都申請軍機的搭乘機位，台灣各機場我都到過，連澎湖馬公

反共抗俄年代，總統訓詞，軍官人手一冊，須接受定期與不定期督考，並檢查訓詞研讀使用情形。

也不例外。

參加空軍政士選拔

我分發在台北松山機場上班，並不表示不會調動，空軍氣象聯隊明文規定，外島服役一年後，回台灣即可選擇自己所希望的分隊，所以每一個人，都有得「金馬獎」的機會。畢竟待完金門、馬祖戰地後，如果有人選擇調松山機場，那就得有人和他互調。我能在松山服役到退伍，算是異數，其實箇中有原因。

我曾被分隊推舉參加空軍氣象聯隊士官兵組政治測驗，竟然獲得第二名，於是得代表聯隊參加空軍「政士」考試，據說，錄取後將成為國軍「政治戰士」楷模，會備受「關愛」的。其實，我初試時並無準備，而是將考三民主義寫申論題的本事再度發揮，沒想到獲得高分，得到了「十二分隊之光」的榮耀，而得以再次出征，代表聯隊參加空軍政士的選拔。

「政治戰士」是什麼名堂？我實在不懂，後來我被告知：如果在空軍總部甄試中，再次入圍，得徵調做一系列的「政治課程」訓練，將來「另有所用」；還說，可能會被勸說「留營」，做軍中楷模。

服役後，等著退伍，是我時刻想的事，心想如果繼續留在軍中，那同職業軍人何異？我本就不是當兵的料子。

那場空軍總部的筆試，我印象深刻，是劉分隊長親自開吉普車送我去仁愛路考場，主考官還是空軍總司令徐煥昇上將，他在發考卷之前，不忘叮嚀兩句，要大家發揮所能，為空軍爭光——我面對考題，手中的筆直抖，根本無心好好作答。當然，我落榜了，但是因奉命參加這次政士甄試，我躲過了被調往金門的人事派令。

三年役期，我實際當「百姓」比做軍人的時間還長，穿著軍裝總計不到一整年，但因軍職在身，我也無法去找正職工作。

松山機場當兵期間，最令我懷念的一位是上士文書官、兩位外省二等兵，日後，我聽說三人一起被迫除役，送往退除役官兵輔導單位所設的養老單位「等死」。他們都將年屆六十，是被「拉伕」離家背妻來台的，張姓文書官寫得一手好書法，各種字體都行，每天以筆墨抒懷。另兩位老芋仔二等兵，都不認得幾個大字，一位是浙南人，說的是帶有口音的閩南話，喜歡同我用家鄉話談天；另一位則常以酒解愁，不幸他又好賭，伙食券當賭資，不時沒餐可用，但他就不向人借貸，寧可餓肚子。他們同我談起家鄉情、家庭事，令我唏噓不已。

退役後好幾個月，我收到了空軍氣象聯隊的一紙新的人事派令，被晉升為「中士」，可惜我再沒有機會領到「升官」的薪資了。

無黨無派　有守有為

我一生「無黨無派、自由思想」，清白一身，想想自己畢竟不是做「黨工」的材料，怪不得校方、軍方都沒有老師、長官找我加入他們的革命政黨。

雖然我在松山軍用機場服役值班的日子不多，但也目睹、接觸過不少一般老百姓難得見到的場面。

軍中人才濟濟

我繪製氣象圖所根據的資料，是收報機傳來的東半球各地測候所氣象電報，因之收報機需二十四小時運作，不能故障，所以必須時常維護。周伯乃是保養、修理第十二氣象分隊的電報士，彼時常可在文藝雜誌、報紙讀到他寫的近代西方文學研究的文章。我對周上士一進氣象室脫下船形帽、不發一語的檢視發報機的情形，仍有印象，可惜對西洋文學了解不深，沒有同他交談過這方面的知識——軍中人才濟濟，只是未被彰顯而已。

隊上的氣象官英文能力都不錯，有兩位經常在值班工作之餘，就攤開稿紙，翻譯科技書籍，將譯稿投給中國石油公司創辦的《拾穗》雜誌，賺得稿酬貼補家中生活費。每次聽他們領取稿費時的興奮，我也興起「有為者，亦若是」的願望。

還有一位氣象官，投資一家位在永和的外銷聖誕燈泡工廠，訂單在旺季時，他工作經常心不在焉。有一次，我和他一同值班，進了氣象室跟他打招呼時，他竟然當場刮起我來，說我沒軍紀、沒跟他敬禮。竇士官長在一旁偷笑，他笑的不是我沒軍中禮儀，而是他在乎那刻板的需以軍禮代替民間習慣——我們分隊是「不分官兵，融合一起」的。

這位氣象官後來生意失敗，欠了一些債務，竟然投奔大陸，回歸祖國。由於是犯了國家大忌，消息被封鎖，據說他「榮歸」家鄉時，中共舉辦了盛大的「棄暗投明」歡迎會。那個年代，海峽這一岸高喊「反攻大陸」，那一邊窮嚷「解放台灣」，雙方都鼓勵對方「叛國」。

我方以幾百兩黃金鼓勵共方飛行員駕蘇式米格機投誠，這些反共義士的歸來，報紙媒體均大肆報導，整個報紙版面，都是他們的拜會行程，宣揚了好幾個星期。但是從台灣叛逃，回歸大陸的親共官兵，消息自然封鎖；氣象官投奔大陸，已是負債累累，他必沒有什麼「伴手禮」，可能連盤纏都短缺，但那方大肆渲染，有國民黨軍官逃離「水深火熱」的台灣，投入祖國懷抱，是沒什麼好意外的。

慣見送往迎來

在值班時，迎來送往的大場面我遇見過好幾回，當時台灣還是聯合國會員國，而且以「反共堡壘」廣為世人所知，邦交國不少；反共國家的元首、國王為敦睦邦交造訪台灣，時有所聞，前總統蔣中正必得親自到松山軍用機場迎賓，隆重的儀式場景，我目睹過好幾次。

印象最深刻的是，一次值大夜班時，突然來了鄰邦元首，要求觀看氣象圖。他話不多，看了我繪製的最新氣象圖後，點頭笑笑就走開了，那個人留有一撮小鬍鬚，當時常在報章的世界新聞版面出現鏡頭，所以我知道是何方神聖。幾年後，他成了「亡國之將」，逃往美國，他就是我們所稱「南越」——越南共和國的總理阮高祺；他是空軍出身，據說那次訪華，是親自開飛機的。

韓戰和越戰，是我們學生時代所熟知的亞洲地區兩場美軍介入很深的「混戰」，北韓和北越是中共的「同夥人」，也就是說「我們共同的敵人」。初見這位台灣盟友的南越最高統帥，而且和他面對面接觸，覺得他一點架子也沒有，不像多數台灣的將官，威風凜凜，不可一世。由於台灣媒體將南越形容為自由國家，他必是「民主先生」，但在越南人民心目中可是奪權的軍頭。

嚴遵軍方要求

一九六三年十一月二十二日，美國總統甘迺迪被暗殺身亡，這件天大地大的消息，正在接受新兵訓練的我們，竟然一無所知。幾天後，教育班長在一次操練結束後，他認為大家出操認真，沒讓他操心，於是圍成一圈一起聊天，他才告知我們這項消息，還斷言說：「世界會大亂。」

訓練中心是封閉的地方，國內外大事都沒法知道。夜晚，去福利社消費，才能耳聞一些。上級長官對新兵的處罰方式很多，有一種「不痛不癢」的方式，就是扣留信件不發。通常在每天出操結束後，班長就會拿一大疊信函，逐封叫名，每一位接到親友信件的人，如獲一大賞賜。如果有天，班長繃著臉說：「今天大家表現太差了，排長挑了你們不少缺點，還訓了我一頓。」然後揚起拿著一堆信函的手說：「今天不發信了。」就是給新兵一個小懲戒。

資訊控管下，軍方的某些「要求」，我們真的不知其所以然。

在虎尾訓練中心將結業的前幾天，半夜突然吹起集合令，大家在睡眼惺忪下，匆忙整裝集合，班長話沒多說，只是要求在餐前出早操的時候，將一切裝備整理完成，每一個人的衣、褲、毯等都要寫上自己的姓名、兵籍號碼，還特別叮嚀血型務必要寫清楚，如果抽檢時缺了任何一項，就等著受處罰！解散後，大家回寢室，不敢稍待，忙著打理上級交辦的事項；沒有筆的，哀求他人趕快借他。這一場「風暴」，到底所為何事，之後都沒有給一個答案，謎霧一團，因為當天晨操照常，荷著槍，運動場跑了十圈，還高喊口號、唱軍歌；進了餐廳，一如往常，餐桌上一樣是饅頭、豆漿、稀飯、四盒小菜，不久前的裝備整理和特別強調：血型要寫清楚，不能辨識不清，所為何來，也沒再說。此後「數饅頭」的日子仍然依舊，我們當然也不再、更不必追問了。

據說，那一場「夜間風暴」事出有因。上級下了緊急命令，要求新兵等待分發，可能的任務，是投入越南戰場，天啊！真是匪夷所思，兩個月的新兵訓練都沒結束，就得出國打仗，而且是到其他國家呢！當然這是沒有證實的傳聞，真相如何，也無從得知。不過，中華民國政府想真兵實彈投入越戰，似有可能，美國詹森總統將越戰「升級」，雖是以後的事，但中華民國政府奧援南越，有跡可尋——回想此一「風暴事件」，令我不寒而慄！

不藍不綠，沒有色彩

「入黨」，是中華民國國民黨遷台執政時期，壯大聲勢的手法，各階層的黨員，也成了控制、掌理、吸收各地方派系的方法。為延續「中華民國」政權，在台灣必要維持治權，因此，遵守法統、維持「萬年國會」，自是希求永遠執政的不二政策。

不少青年在求學、服役的時候，被教官、導師、政工人員勸導入黨，案例不少。彼時，中

台灣還是聯合國會員國的年代，「反共」國家的元首、國王時常訪台，圖為1960年越南總統吳廷琰訪台紀念郵戳。

國國民黨之外，還有民社黨、青年黨，但是大家心知肚明，所謂「入黨」，就是參加國民黨，它是唯一的革命政黨；有一紙黨證，在軍中、政界，甚至民間，必會「吃香喝辣」得多了。

我一生「無黨無派、自由思想」，高商三年、軍中三年，都沒有老師、長官找我加入他們的革命政黨。我的三民主義成績不錯，高商時學業成績在九十五分以上；服役時，也參加過國軍政士特考，這些表現，必然是「入黨」的優秀條件，只是我從未被徵詢，同學、同志不少人被勸說利誘入黨，繳交黨費，成了「革命青年」，但是我可能被視為「不是料」，因為黨務人員看穿了我絕不會是一個好黨工，吸收我入黨，不可能添增他們組織的力量，對於此不可離的庸才，不要也罷！迄今，我不藍不綠，沒有色彩，自己也覺得是一樁好事。

記得學校同學、軍中同志告訴我：「加入國民黨，將來找工作就容易多了。」其實，日後在求取職業的甄試中，我這位「非黨員」，求職時沒有人問過我的政黨取向，只是在僧多粥少的現實社會，找一份職業，確實是非常不容易的事。

退伍求職無半項

待業期間，每天攤開報紙，不是看國際大事、國內新聞，而是盯著廣告版的求職徵才欄。我開始後悔沒有一張大專文憑，大公司行號求才的條件大都是需要高學歷。高職的「小職員」缺，似乎很少有，現場技術員只需小學畢業，但並不是我想找的工作。

退伍那年，我已經二十六歲了，積極謀職，沒有以「成家立業」做為規畫目標，只是企求有個工作，每月有份固定薪水，能替阿母分憂解勞，減少家庭負擔。萬萬沒想到，事與願違，投寄的履歷表大都石沉大海，即使有應試機會，也被以資格不符、條件不對謝絕，更令我懊悔的是這句話：「你回去等候通知。」因為這是婉拒的意思。

光復初期，經濟蕭條，是以「卒業（畢業）頭路（職業）無半項」，而我所處的環境是「退伍頭路無半項」的窘狀。

我沒有「央三託四」找關係，也不求他人寫「十行書」（推薦函），說句實話，畢竟自己沒有靠山，只賴以「有守有為」的人生態度，去猛敲職場之門了。

上班求職一個工作

不請假、不遲到、不早退，是我做為上班族的「三不原則」，因此我保有二十五年在台灣通信工業公司上班全勤的紀錄。

老先覺說：「有心做牛，不驚無犁可拖。」意思是說，職缺總是為有心人敞開大門。但是，我退伍之後，想勇闖職場之門，好一陣子卻是投石無門。

有心做牛，無犁可拖

台灣在一九七〇年代正處於經濟轉型的階段，「陣痛」現象必然發生，事與願違比比皆是，人力市場來源，以「女工」（女性作業員）為主；事務工作，尤其是會計，也是以女性優先。高不成、低不就，我的遭遇在人浮於事下，竟是「有心做牛，無犁可拖」。

一封一封的求職信，內附履歷表、自傳，三不五時的投入郵筒，卻少有人回應，箇中原因，想必是資方的人事單位，收到成堆的應徵信函，根本不會去閱讀他們所要求的那份求職者的自傳——畢竟我相信自己書寫的自傳，應有水準，至少也該有面試的機會，但是大多音信全無。

自傳，我寫了無數份；每一份都是以稿紙，一個字、一個字的書寫，我沒有定稿，而是每寫一份，全是重新起筆。近二千字的自傳，內容雖然大同小異，但是為著去「感動」資方的人事單位，我都會一次比一次的加入「新意」，心想他們應該會給與我機會吧！心中的如意算盤，撥不動應徵公司的心意，我想，他們僅是將履歷表做個參考而已，看的就是有沒有工作經驗。

我的青壯時期，正是台灣還處於「開發中國家」的階段，因此我成了為台灣「拚經濟」的小子。

皇天不負有心人，工作終於有了眉目，而且「福有雙至」；近百天後，我有了兩個工作權的選擇。

某大食品公司的財務經理，想必詳讀了我的自傳，沒有要我去甄試，他便親自到我家做「家庭訪問」。那天，我剛好外出，沒有見到這位資方代表。阿母轉述，他表示公司決定錄用我，希望我能夠及早上班，誠意十足，這種「禮賢下屬」的做法，確實令人感動。只是我已完成了另一家公司的報到手續，我是一個不會「毀約」的人。

一個工作，會計事務員

我參加台灣通信工業公司應徵事務員的筆試，獲得了最高分，考試項目是會計和珠算，一共錄用六人。我的會計成績竟然有八十分，這是預料不及的事。想不到我在考前以臨時抱佛腳的準備，竟然被我猜中了四題——其中一題，答不上來的是最新的稅務名詞解釋「藍色申報」，由於是財政機關推出不久的「誠實申報」措施，自是我們這些商場菜鳥聽所未聞，所以應試者沒有一個人可以答出。

台灣通信工業公司是中日合資的企業，當時適逢中方股權轉讓，由聲寶賣給了大同，箇中交易，我們無從知道。大同買下了百分之五十一的股權，和日本電氣株式會社合資生產通信設備，瓜分了當時台灣電信設施幾近二分之一的市場。

我進入台灣通信時，員工總共三百餘人，已不算是當年政府所輔導的中、小企業，但也不算是大規模的公司。我們這一批新進的事務員，經過兩個月的試用，只有我被留在公司擔任會計工作，其他人則被分派到中和工廠從事生產管理作業。

我們六位高商畢業生，公司核定的月薪是壹仟元，而有一位利用關係進公司的大學生，他的月薪竟是壹仟捌佰元，相差甚大——這是大同公司「學歷有別」的用人原則。

大同公司依學歷將大專生定位為「職員」，領取月薪；而高職以下的員工定位為「事務員」、「技術員」，一律以日薪計酬。亦即職員請假有薪；事務員、技術員不上工，沒有收入。

台灣通信工業公司由於是大同的子公司，而且是初併的投資公司，所以人事制度依前「聲寶時代」，我們雖是高職生，仍被以「職員」任用，可支月俸。之後，再招募的高職人員，依總公司規定，一律是「工人」，做一天工，領一天薪水——我算是幸運兒，一進大同關係企業，沒有大專文憑，就有「職員」身分。

勞力密集年代，加班是常事

一九七〇年代正是台灣電信事業快速成長的時期，電話機從撥號轉盤的四號型，更新為按鍵的六〇〇型，交換機也從磁石共電式更換成縱橫式自動交換機。從前，安裝一部電話，是一件不容易的事，電信公司門號有限，一般家庭申請一個門號，需要排上好幾個月，而且需要繳交上萬元的保證金。

公司做的是「公家生意」，訂單可觀。不數年，台灣通信工業公司即由數百人員工，躍升到四千人的大工廠，其間，設備一直添增，廠房一再擴充，工廠也購得了原廠房後的一大片農地，申請改地目為工業用地。由於是大同公司的子公司，總公司自然將管理權伸進手來，擁有百分之四十九的日方股份，僅做供應材料和提供技術而已，但投資報酬率都很高。

大同公司標榜的是「民族工業」，以愛用國貨訴求消費者，並取得了政府的輔導和獎勵，但畢竟自行開發的技術有限，不少是仰賴外人的技術指導和部分物料的供給——通信器材如此，家電產品亦是。政府以「提升自製率」來鼓勵產業升級，大同和相關企業，當然也亦步亦趨的追求開發，以爭取「獎勵投資條例」的免稅、減稅規定。我身為會計人員，也依法向稅務單位爭取到不少獎勵投資的優惠，讓公司獲得不少好處。

工商業的快速進步，通信設備也跟著快速成長，公司在政府庇護之下，業績當然亮麗。在那個勞力密集的年代，每一個員工自然不能享有「三八制」工時，不僅加班是常事，每晚繼續工作二、三小時是普遍現象，也就是說一天的工作時數長達十小時。

大同關係企業也和當時的各大公司一樣，精簡人數是經營不二法則，大力創導「大小月制」，每一、三週為「大月」，不可以休假，全廠一律上工；二、四週屬「小月」才是休假日，所以「度小月」成了期盼的日子。工作天是週一至週六，每週上工六天，僅有星期天，日曆是紅色休假日，彼時沒有週休二日的「好孔」（好處），週末當然不是「小禮拜」，所以每個月的休假僅有兩天而已。加以大同強調「工業報國」，努力生產自是要務，固定假日除國慶日、蔣公誕辰會放假外，多數的國定假日，一律照常加班；加班對公司自是利多，只給底薪為酬，職務加給免談，所以加班一天的所得，只是正常薪資的三分之一而已，難怪在「合算」的情形下，硬性加班成了正常規定。

現在的一年假期，通常有一百二十天以上，而我在身為上班族的年代，一年的假期通常只有三十天左右、年假三天、婚假三天，政府規定依年資多少應給的特別休假天數，也一律凍結不准申請，而是折合加班給付。

所以，台灣通信設備快速轉型的年代——正是我進入職場，戰戰兢兢的那段期間。

二十五年不請假、不遲到、不早退

我保有二十五年的全勤紀錄，全公司僅有工技部賴火旺經理和我有此傲人成績。但我的紀錄保持比較難得，因為我住在台北，加之上下班的車程，必得多耗兩個半鐘頭；而賴經理則住公司所在地。

二十五年不請假、不遲到、不早退，並非說我從不生病，而是為了全勤也必得拖病上班。公司也不給颱風假，記得葛樂禮颱風襲台那年，風勢趨緩後，仍造成台北地區大淹水，我坐著「門扇板」（木頭門板），被人搖到迪化街口，才涉水去打上班卡——那天，根本無班可上，而是和警衛一起清除汙泥。

我的「犧牲奉獻」，正是為台灣邁進「已開發國家」，盡一份綿力。

上班族的第二十六年，我不再做乖乖牌了。對公司諸多不合理的要求，以及對勞方不友善的措施，我開始有了反抗行動——遞請假單做無言的抗議。最後，終以「好聚好散」的態度，向公司請辭。

我是無預警下退休的，根本無人生規畫，只因忍不下這口氣。最後的上班日，竟是辦公桌上，被放了一張人事令，將我調到一個沒有單位的地方，調職的公文上說我的新職務是擔任董事長兒子的特別助理，這位公子哥兒在念大學時，暑假還跟我實習，現在竟要我去服侍他，這明明是一種不友善的處置。

有人是「一年換二十四個頭家」，我是二十六年一個工作。我還不到五十五歲就退休，公司是給了微不足道的退休金，但連員工應有的勞保都沒有，因為公司解釋說：我們是職員，不是現場工人，所以屬勞心者，而非勞力者。如此說詞，逃避政府的勞工保險政策，也虧這種大企業主能自行規範。老一輩說：「頭家量，薪勞福（老闆有度量，員工才有福氣）。」而我的頭家竟是小氣財神，《勞動基準法》還未實施前，資方對勞方是予取予求的。

不如意的「薪勞」生涯，做為一個大同公司的所謂「事務員」，我的待遇還算可以，和在國民中學教書的同學稍可平比。省吃儉用下，結婚、購屋、育子，總算「人生大事」在這段時間完成。

上班族生涯最遺憾的是我從沒有出國旅行，我好讀遊記，對世界各地的名勝古蹟，雖不能如數家珍，但一望圖片，即知何處風光；有人出國拍了不少照片，竟不知是在何處留下倩影，需要我來解讀。眼見許多朋友、同事眉飛色舞的談起國外旅遊心得，好生羨慕，上班時期為了「全勤獎」，我不得不捨棄上班以外的安排。

我能夠飛離台灣，見識國外的好山好水、佳景風情，已是五十六歲以後的事了。其間，我的太太已遊歷了十幾個國家，而女兒也都去過日本、歐洲，是時，常自我解嘲說：「我與台灣同在！」

當家做主　置產受挫

我在三十四歲那年，獨立門戶，成了戶籍上的「家長」。之後，我當家做主，組成一家四口小家庭，我、太太、二個女兒，擔當起輕責小任。

之前，我是莊協發簕仔店的一員。一九七五年，我購買了一間二十四坪的三樓公寓，以「三十而立」來說，是遲了幾年。

孔老夫子所言「三十而立」，應是他「十五而志於學」後，學業猛進，十五年之後，已能自律、自制和自重——而我還是難以自立，只是自購房產而已。

兄弟姊妹長大後，小小的簕仔店有容不下「厝

內頭嘴」的現象，「分家」是必然的趨勢；三哥永昭是第一個遷出的。阿母守著莊協發簸仔店，不僅將子女一個一個拉拔長大，還給她每一個媳婦做「月內」（做月子），煮麻油雞、幫嬰兒洗澡等，樣樣不缺，甚至日後還幫忙照顧成長中的孫子們。

我有兩個女兒，因感念阿母「店務事」和「家務事」兩頭燒，而且孫子輩的孩子成群，於是託請岳母照顧孩子——一方面妻子家住大龍峒，離大稻埕並不遠；另一方面太太在民權國中教書，每天兩頭跑，手牽老大、懷抱老二，日日「回娘家」，所以兩個女兒在莊協發簸仔店的時間，沒有比在外嬤家多。不過，阿母對我兩個女兒的關愛與關心，仍然未減，我僅是盡了人子之責，盡量為阿嬤分憂解勞。

我搬離莊協發簸仔店那天，一箱一箱的書搬上了小貨車，阿母在店門口看著我的「財產」上了車，紅著眼眶，欲言又止。她老人家知道雛鳥總有翅膀豐滿展翼的一天，但是她深信所撫育過的鳥兒是不會一去不回來，何況是飛不遠的。沒錯，親情是永遠不會有距離的！

第一次置產受騙

我第一次購屋，選擇在士林後港里，從大稻埕淡水河東岸，遷至支流基隆河的東岸，搭乘250公共汽車，約需二十分鐘車程。

二女兒結婚時，我以「大家長」身分和全家人合影。

上班族，一生難得一次置產。想不到，我被騙了，那是建商精心設計的圈套。

「孔雀新城」建案推出時，廣告打得十分成功，這片位於後港里的農地，還有一大片的竹林。協盈建設公司設在中山北路與錦州街口，宣稱五層樓公寓是與地主合建的，但起造人卻只是工地的工頭——他是建商的人頭，也是跟購戶簽約的代表人，所以「出事」後，他遁逃無蹤。協盈建築公司擺爛，購戶沒輒，我們乃自行找地主溝通，而地主稱自已也是受害人。

交了簽約金，動土時再繳第一期款；地基完成，二期款再奉送，此後工地無人，一再催促，建商說周轉有困難，要求大家將後幾期款提前繳納。我們已經「頭剃了，不洗不行」，期待早日完工下，全額交清，只是我們被騙怕了，要求成立「自理委員會」，監工督建。最後房屋終於完工了，但因建商與地主之間財務糾纏不清，地主不願將房地產權狀交出分割，而且建商推出的申請設計圖，又自行多次變更，因此申請不到使用執照。

廣告單上美輪美奐的「孔雀新城」，竟然成了違章建築，所有的儲蓄都已投入，不遷入居住也不行，於是接了臨時水電，搬進了這棟「有實無名」四層樓公寓的C棟三樓。

水電的接線、接管，將「孔雀新城」整個社區如罩上蜘蛛網，危險性極高，有人請民意代表向主管機關陳情，要求給予合法水電，但都不得准許。所以，數年期間，我住此違建，每天是惶惶悚悚度日，深怕電線走火、水源裂管。

後港「孔雀新城」的歲月，是我當「家長」任內首遭逆境，有難以言狀的精神壓力。我從無做投資的打算，只為了成家，就受了詐騙集團設計的圈套，只好認了。

居陋巷二度受挫

第二次遷居打算，必然是日日夜夜想追求的事，但因儲蓄都投入「違章建築」，自是心有餘而力不足。

不過，人不等機會，機會有時會自然臨頭。有一天，走到大龍峒孔廟萬仞宮牆外側，在路燈上看到了一個看板，對街巷內有剛完工的建屋出售——買預約屋上了當，成屋自然成了我選擇的理想。從哈密街轉入酒泉街巷內的「喜來福華廈」，竟然有滯銷現象。當年，大龍峒在台北市而言，

大龍峒孔子廟的萬仞宮牆，還未闢成庫倫街前的一片小塘之景。

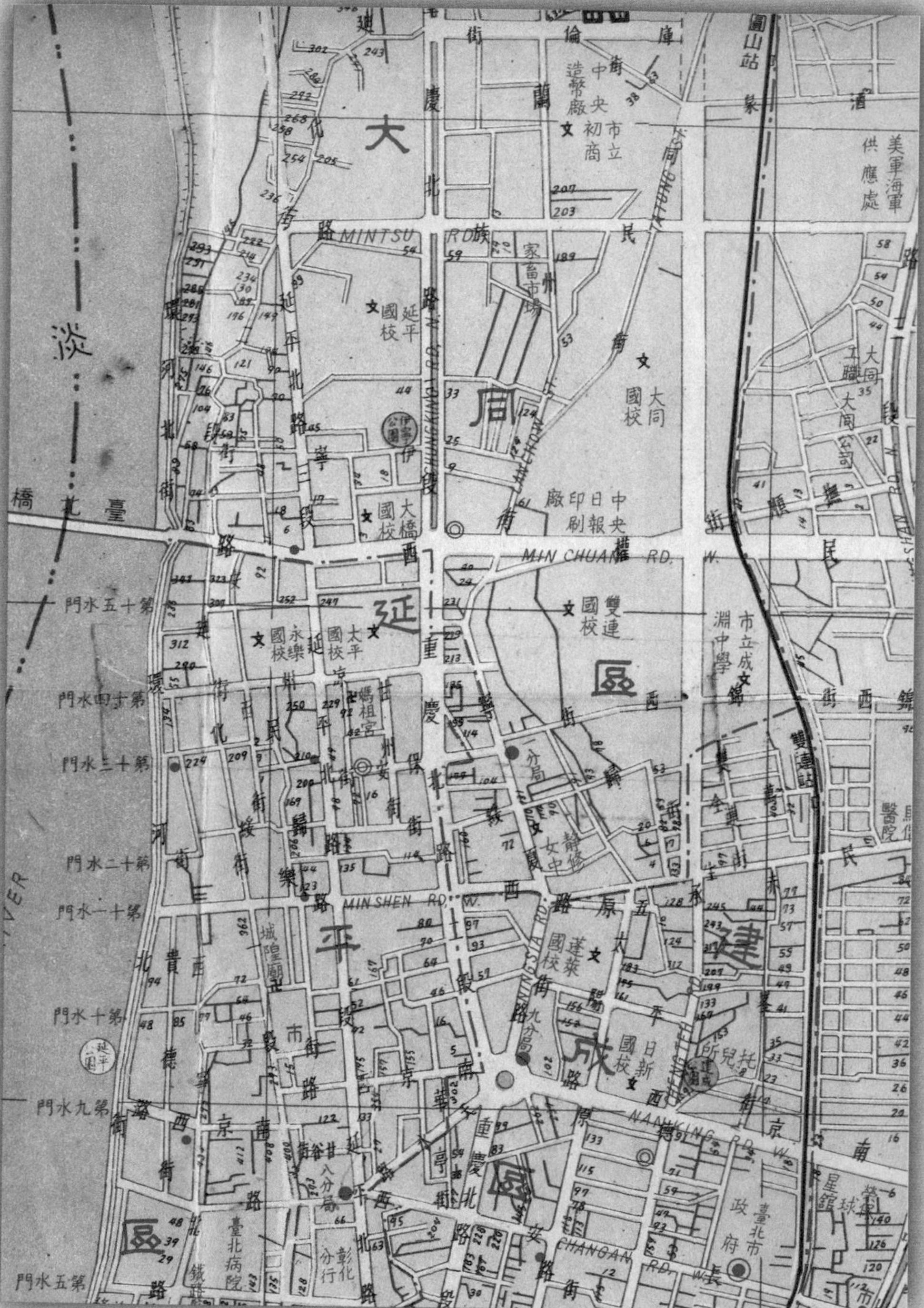
淡水河
臺北橋
大同區
延平區
建成區
MINTSU RD.
MIN CHUAN RD. W.
MIN SHEN RD. W.
NANKING RD. W.
CHANGAN RD. W.
圓山站
雙連站
中央造幣廠
市立初商
美軍海軍供應處
家畜市場
延平國校
大同國校
大同公司
中央日報印刷廠
大橋國校
雙連國校
市立成淵中學
太平國校
永樂國校
媽祖宮
一分局
靜修女中
城隍廟
蓬萊國校
九分局
日新國校
托兒所
八分局
臺北市政府
臺北病院
彰化分行
第十五水門
第十四水門
第十三水門
第十二水門
第十一水門
第十水門
第九水門
第五水門

是較大稻埕衰敗得更快的老社區，雖然有孔廟、保安宮等名勝古蹟，但是擺脫不了日據時代的「豬屠口」（屠宰場）和一九六〇年代「海口人」（流浪到台北的南部濱海地區生活困苦的人）密集的「斯文社區」（我曾說是「最不斯文的斯文里」），給人落後、髒亂、吵雜的印象，而且台灣省政府推展「小康家庭」，以「客廳即工廠」希求全民做加工業，來刺激台灣經濟成長，這些「地下工廠」在大龍峒的密度又高，居住環境令人不安心，所以大同區的建案，在那個時代是不吃香的。

彼時，圓山一號公園（今日圓山花博公園）還是一片眷村和空軍大鵬劇校的地方，台北建設公司選擇離一百公尺跨街的中央造幣廠遷移後留下的土地，推出「喜來福華廈」建案，以「福地」做為行銷廣告，強調原地是製造錢幣的「生財之處」。建案的名字取「喜來福」，算是一種合宜合適的創意。

喜來福華廈是當年大龍峒地區的亮點，鄰近稀有的七層樓電梯建築，雖然靠酒泉街較近，但是建商卻取得了承德路六一六巷的地址。承德路是與重慶北路平行的南北向大道，北端就是台北車站，初闢時承德路是沒有分段的，日後戶籍才被改成「三段二〇八巷」。

承德路六一六巷原是道路預定地，但是建商竟然將之裝置成前庭花園，使喜來福華廈顯得更加氣派。我和家人前往看屋，自然心動，而且建商強調低頭期款，餘

1967年台北市大同區、延平區地圖。圖上的孔廟與酒泉街中央造幣廠一帶，位於正上方。造幣廠遷出後（1976年遷至桃園龜山），建商在此興建七層樓電梯華夏，為我第二度遷居的家，居住至今。

額可代辦銀行分期付款——但是詳細計算，實非自己能力所能負擔。

兩個女兒在看屋後，當晚聯名寫了字條給我——希望搬家，說她們很喜歡喜來福華廈，而且離學校也近，可免除從士林後港搭公車上學的麻煩。的確，大龍國小只要走過酒泉街，經過孔廟就到了，路程不過五、六分鐘。

公司同事楊聯明、李福坤知道我的困難，二話不說，表示願無息借款給我。標會後，湊足了頭期款，於是我下定決心換屋，以擺脫違章建築的孔雀新城歲月。

當分期付款開始繳納時，我才知道建商代辦的銀行貸款，期限僅有五年，非收入所能負擔，而且利率也偏高——每月繳交的，就是月薪的半數。如此下來，再怎麼壓縮支出，也會見絀。

我的高商同學王政亮，是大稻埕大千百貨公司的總經理，他知道我的窘困後，即時匯了錢，將我原有五年期房貸一次還清，再幫我另向第一銀行貸十五年期，而且利率低了近百分之二的優惠房貸，讓我此後生活紓壓。

我學商，做會計謀生，竟然不會精打細算，而且一再在「投資案」上吃了悶虧，二度受挫，夫復何言。住進了喜來福華廈之後，台北建設因受不了資金壓力，餘屋以八折求售，我等於是多付了十幾萬元購置目前的住家。

更令人不平的是，不久後市政府欲開闢二〇八巷預定道路，剷除喜來福華廈前的庭園樹木、推平花圃，還要我們繳交「工程受益費」，但建商卻避而不顧。

原以為是遷進了靜巷，想不到幻夢破碎，況且承德路分段後，車子流量愈來愈多，喧嘩車聲，不絕於耳；更糟糕的是，上空竟然是飛機起降松山機場的航道，不時呼嘯而過的飛機聲，更是使生活品質大受影響。記得二女兒樹嵐準備大專聯考時，入夜念書，不時被飛越上空的飛機聲干擾，她每聽一次就畫「一」統計，一個晚上，畫下了不少個「正」字。

日後，習以為常。有人住在鐵道旁，對奔馳火車吵雜之聲，還不是聽若無聞。

我一度懷想起住違章建築的那段日子，從住家走十來分鐘，跨過吊橋，進入士林老街，慈誠宮即入眼簾。尤其是初遷入時，孔雀新城因係農地改建，還保有一小片竹林，打開後陽台，綠意青翠可觀，也因住戶不多，而有「鄉居生活」之感。有一次樓梯口，還飛進了一隻閃閃發光的火金姑（螢火蟲），我趕忙叫女兒前來觀賞，嘖嘖稱奇。

而今，住「陋巷」，不改其樂，是因自己追求的是生活「品味」，而不是生活「品質」。

坐困書城　書齋書災

藏書是雅事，坐擁書城，應是令人羨慕的事；但是對我而言，書齋實為書災，因為坐困其中，不時會發生「山崩」現象。

班雅明在〈開箱整理我的藏書〉一文寫著：「一本書的真正自由，就是藏書家將之上了他的書架。」班雅明因希特勒當權而流亡法國，以致藏書不能與他一起投奔自由，而遭受「囚禁」。納粹統治下，他的藏書是不能見光的。

我絕不是藏書家，只是「收存書籍」而已，因此我擁有的書，上得了書架的有限，絕大部分都堆在桌上（不是書桌，我

沒有過一張書桌）、茶几，甚至餐桌上、下也堆放書籍、雜誌、剪報。二女兒樹嵐念北一女時，她的同學來到我家，驚呼：「走進了光華商場的舊書街！」

書堆「走山」為禍

「貧者因書而富，富者因書而貴。」王安石這句話不是勸人擁書，而是要人讀書。我自省未能因書富貴，應該是不怎麼會讀書。

我常戲言，家裡的書堆會走山——這是我堆書時，不會做「倉儲管理」，常常任意堆放，以致發生頭重腳輕的現象；厚、薄不一的書，一層一層的放上去，所以三不五時，「山崩」的現象就會出現，因此「造山運動」也就成了我經常必要的活動。

書侵占了空間，二十幾坪的居家環境，完全在書堆的攻城掠地下逐漸退縮，左鄰右舍都將陽台敲掉，改成了室內，唯獨我家堅持陽台的存在。原因無他，我需要保有一個可以舒展身體、種花蒔草的空間。

室內走道，在書堆得寸進尺侵犯下，行走通道愈來愈困難；側身而過，形同走狹路、過吊橋。

不少開本較大的精裝書，厚重無比，不僅書皮都是硬紙板，且書角尖銳，以致

這座書櫃，是我家最整齊的地方，生活在群書之中，甘苦自受，常民史學是我投入的工作。

成了有如刀刃般的利器，我和家人一不小心跨越，常被割傷。由於傷痕輕微，一直不以為意，視之為跌了一跤而已。女兒長大出嫁後，有一次告訴我，她大腿上的跡痕，是書角所留，我才猛然省覺家人對於我的寬容——不以藏書亂堆是埋下危機加以抱怨，這是我永遠的愧疚。

書災為禍，最誇張的一次是進不了大門。有一天，孩子上課，我和太太外出，黃昏時分回家，鑰匙竟打不開大門，原先以為是門鎖出了問題，但開鎖轉動的聲音，一如往常，回想午後天搖地動的地震，知道是「山崩了」！我家大門通道，一旁是整個牆面的書櫃，而另一邊則堆滿了比較不常用的書籍，地震造成了「走山」，書堆傾倒，有如銅牆鐵壁似的，將大門給

堵住了。我和太太用力猛推，好不容易，撞開了一條縫隙，於是伸手進去，將能勾到的書，一本一本的往裡甩，總算將「障礙物」給排除了一些，終於可以破門而入。這一場書災所造成的書禍，回想起來，不寒而慄，要是當天有人在家，不是要埋入書堆嗎？

我會有那麼多的書本、雜誌，這種「不良習慣」，成之有因。從開始在文壇闖出名號，各方邀稿不斷，寫作的主題愈拉愈廣，當時，我還是一個「朝六晚六」的上班族，而且假日不多，一個月難得有兩天的「自由身」，自然不容許我進圖書館找資料——不要說當年沒有電腦，我也排斥網路資訊，因此不得不擁書自重，免去圖書館。因而不間斷地花錢買書，況且還有一些單位贈書、好友讀者送書，皆照單全收，我又一向對書不離不棄，在有增無減之下，以致書堆如山，造成書禍，咎由自取。

不少人質疑我：「何苦堆那麼多書？」我只能無奈回答：「這些書，都是賺錢的工具；一如總舖師（廚師）需要菜刀，木匠需要墨斗、刨刀，土水師（泥水匠）需要鏝刀一樣，手邊必然需要儲備寫作的工具。」有時我會誇口：「喜來福社區百戶住家，連學生的課本、教科書加總起來，沒有我家的多。」

「書中自有黃金屋」，在我的書堆中，找不到「有價的東西」，我想做的是創造無價的「文創」。

藏書在私，與書為伴

網路資訊發達年代，參考資料容易搜尋，而我卻是「雲端」外之人，要花時間跑圖書館，從書目索引找引用書目，對我而言似乎是不可能的事——也就是說「我不去圖書館」。但還是需要補充說明：台灣各大小圖書館我去過無數次，但不是去做「作業」，而是去演講、開會。意思是，我寫作的工具，一定要放在家裡，唾手可得；藏書在私，而不是借書於公。

不去圖書館工作，這種「舊習慣」的養成，改之不易，所以藏書的癡好，是當年做一個「朝六晚六」，甚至八、九點才下班的我的唯一選擇。一有假日，整個身子都癱了，只想紓解壓力，與書為伴是唯一良方，以致此後「不良習慣」上身，只得用買書來補充養分了。

田野調查和拜訪耆老，是我買書之外，不得不做的「正常作業」，還好這些不算是一種負擔，而是我在忙中偷閒下持續進行的「補強」功課。人助、天助，使我順遂進行。

有些學界的人承認我著作不少，但以「輕、薄、短、小」形容我的著作，不具學術價值。轉知此事後，我真想登門請示，並說聲：「謝謝指教！」

我沒有撰寫學術論文的能力和能耐，學養不足自是最大的原因——不是學院出身，也未接受學術訓練，完完全全是「土師仔」。但我不以沒有學位為憾事，文史研究上，我務實、存真、仰善、顯美的求好精神，永存心中。

處女作《台灣第一》付梓時，台灣研究還是「險學」，史料被遮遮掩掩，尋覓「第一手」資料，何其難事！耆老有時會因「不能說」，而「不願講」，不時還長吁短嘆的說：「以後，汝著會知也。」表示史料終有重見天日的一天。他們對我的期許，更加深了我深入「歹書攤仔」（二手書攤），踏破鐵鞋、翻東找西之念，畢竟皇天不負苦心人，不時也會有意外的收穫。譬如耆老那時避而不談的二二八事件，我在初中時，就買到了《台灣事變真相與內幕》（建設書店，一九四七年四月出版）、《台灣月刊》第六期（二二八事變圖照專輯，編輯人：沈雲龍，一九四七年四月出版）等書刊。

一九四六年九月出版的蕭友山《台灣解放運動の回顧》這本禁書，讓我首見台灣文化協會會旗和台灣民眾黨黨旗。因為書的封面，就印著這兩面禁忌年代「見不得」的旗幟，一上一下，書的扉頁有一段「獻詞」：

惡政、橫暴，迫害下犧牲的革命志士英靈牌位

《台灣解放運動の回顧》出版於二二八事件爆發前的五個月，以致封面的兩面旗幟，還能公諸於世，日後可就不能了。尤其是台灣文化協會會旗，更是令人看了心驚膽跳，顯然那面會旗，絕不會是一九二一年十月成立揭櫫「謀台灣文化之向上」的台灣文化協會所制定的；文協後來左右分裂，竟演變成台灣共產黨的外圍組織，以致公布的會旗，竟是左上角的星星中有鐮刀加斧頭的共黨標誌。家人看到我這個初中生竟然收藏這種足以在白色恐怖年代被入罪的禁書，

一再叮嚀我不能「曝光」。

稀品珍藏，不勝枚舉

其實，我開始有藏書的興趣，不在「政治史」，而是人文方面的出版品，對日據末期一些有插畫的書，更是喜歡，如《民俗台灣》雜誌，以及價格不低的《華麗島》、《台灣繪本》、《台灣少女》等，都被我蒐集到。

說句實話，我的藏書沒有什麼「珍品」，只能說是「稀品」，畢竟財力有限，不得不適可而止。偶爾，遇上了「珍本」求售，雖然愛不釋手，也只能望書興嘆後，捨之而去。

然而，對於工具性套書，我就不惜重金，在資金可以調配的情況下，還是決定買了。當然有幾套叢書，是免費得到的：如官方出版品的《重修台灣省通誌》、《台北市志》；遠流王榮文贈送了一套《中國歷史演義全集》、遠景沈登恩贈予一套《諾貝爾文學獎全集》等；其他如《西洋全史》、《大美百科全書》、《世界博物館》、日本版的《西洋美術全集》……都成了家中的銅牆鐵壁。

雜誌、報刊，我也不輕忽，手中有全套《文星》雜誌、《戶外》雜誌，李敖的《烏鴉評論》、《千秋評論》、《萬歲評論》，甚至《求是報》沒缺一本一期。晚近，某些出版公司付梓的百本叢書，

我是上市就買，後來書店倒了，都成了折扣書和五十元一本的「紙張書」了，我因而花了不少

冤枉錢。

我難再列舉套書的收藏，不少已被我冰冷一旁，靜躺角落，一大堆一九八〇年代的黨外刊

物，《美麗島》、《台灣評論》、《自由時代》，成了不知擱置何處的負擔。

初中時，所收藏的《學友》、《新學友》、《東方少年》這些兒童讀物，很可惜在葛樂禮

颱風侵犯台北時，都泡水成了「水漬書」，而不得不拋棄。還好，五十年來我仍保存了百來本

的創刊號雜誌。

《漢聲小百科》、《中國童話》以及世界名著改寫的兒童讀物這些套書，我也在「愛書及女」

下，購買做為女兒的課外讀物。

總之，擁有多少套書，我只能輕描淡寫地說：「不勝枚舉。」

朋友借書，有去無回

我愛書，也可列為書癡族。拉克曼說：「一本好書是最好的朋友，今日如此，永遠地也如

此。」很可惜，我「好友」太多，也就不能永遠地照顧它。不離不棄，是我對書的態度，然而，

仍然會有意外狀況出現，讓我對那些「離家出走」的書，不免在回想時有不捨的感覺。

記得「少年大」王昶雄的書房，貼有一紙，上書：「朋友借書，老虎借豬。」他的齒醫診所治療室也有一紙寫著：「病可療，俗難醫。」勸告求診的人，不要廢話太多。我認為「少年大」的這兩句警語，應該和他筆下的〈阮若打開心內的門窗〉歌詞一樣，被人傳誦才對。

王昶雄一向說他是齒科醫師，而不是牙科醫生；他看的是人的齒，而非動物的牙——原因無他，他非「獸醫」。「少年大」寫得一手清晰、流暢的散文，是「由日轉中」語文轉換成功的作家之一，文章常引經據典，乃因藏書甚豐。每當他向我提及架上的書不翼而飛的懊惱心情時，我自己體會頗深，因為我有些藏書，也在「老虎借豬」下，被生吞活嚥了。

書是不可能自己離家出走的，除非將它視為遺棄物，何況我視書如命；可是書被借走，從而消失的機率卻甚高。有人可能認為書非錢財，不必有借有還，欠人一本書，必不像背負一筆債，那麼來得有壓力。但是，如果以「書非財」的想法，借了不還，我就不敢苟同了——因為書是有價的，而非無價。

藏書被「老虎」叼走了不少，我和「少年大」王昶雄一樣，心同此理，朋友借書，有去無回的心理建設需要先有，否則日後獨自後悔，就來不及了。

書災不是來自與書為禍，而是自己喜歡的書有去無回，再不見蹤影；或者是一本完整美好的書，「離家出走」後，不知受何虐待，再回身旁時已體無完膚、支離破碎了。

《台灣繪本》、《國立公園寫真帖》這兩本日文書，曾被借走流浪了一年多，後來才迷途歸返，不幸竟然成了「四分五裂」的慘狀，好不痛心。因為借書人拿去影印、翻拍，拆解支離，又不回復原狀，如說他們不知對書憐香惜玉，也未必見得，據我了解，都是「愛書人」，可惜卻成了我的「害書人」。

光復後，台灣省文化協進會發行《台灣文化》雜誌，那是政權移轉後，青黃不接年代的一本文獻性極高的綜合性文藝雜誌。想擁有全套，確是難事，而且圖書館少有典藏；尤以「魯迅專號」，更是難得，因為魯迅成了反共抗俄時代的禁忌人物，彼時台灣作家對這位「平民文學家」充滿景仰，只因共產黨將之捧為「革命文人」，而被中華民國政府歸為「左派分子」，導致他的作品《阿Q正傳》等系列作品被查禁。有心人為讓《台灣文化》得以重見天日，決定影印全套，但是獨缺第一卷第二期「魯

雜誌創刊號為我收藏的主題之一，圖為1941年5月創刊的《台灣文學》季刊封面，為日本時代台灣新文學作家張文環創辦。

迅逝世十週年特集」，適巧我存有「孤本」，免費提供，共襄盛舉。這本禁書，此後沒有物歸原主，影印本發行後，他們將原本捐給了中央研究院。

藏書浩劫，大海石沉

藏書最嚴重的一次浩劫，源於一九八一年前後的台灣文壇一場「諾貝爾文學獎全集熱戰」。首先投入戰場的是一家名不見經傳的出版社「九五文化事業有限公司」，由陳中雄媒介做「文化投資」，由「台北畫派」畫家黃華成設計文宣，據說投資人相信每一戶有鋼琴的家庭，必然會購買一套諾貝爾文學獎全集中文版的市場調查。

九五文化斗膽下注，乃因一九八〇年遠流出版社出版精裝全套三十一冊，定價九千元的《中國歷史演義全集》銷售長紅的引誘。套書策畫、編輯、付梓前即打廣告收預約訂金，而後再分期收款，因此往往廣告上報，預約款就紛紛進帳。彼時，正因政府大力推廣「以書櫥代替酒櫃」的文化宣傳，而打動了不少人買套書當裝飾品，以示風雅的風氣。

「諾貝爾基金會贊助，瑞典學院編纂」是九五的廣告詞，然而才開始做行銷規畫，就碰上了勁敵，有「出版界小巨人」之稱的沈登恩主持的遠景出版事業公司，以陳映真擔任主編，加入戰局。雙方強攻市場，互打廣告戰，後又有第三家想分一杯羹，結果造成三敗俱傷。記得王榮文檢討這場商戰，曾說：「諾貝爾在台灣水土不服。」也種下了遠景由盛轉衰的主因。

我從初中時，即對諾貝爾獎的訊息感到興趣，陸續收藏了相關資料，有關諾貝爾文學獎得主的作品，看到即買；每年得主公布的各大報都剪存成冊。九五知道我的癡好，找上門向我借，結果將這一系列的收藏囊捲而去，一本不留。不僅十來年的剪報不放過，還將一大本我央三託四由日本買回的世界大百科書系的文學卷，也一併沒入，原因是內有豐富的圖片可供作全集插圖使用。

九五的全集，沒出幾冊，就倒閉了，而我所有的諾貝爾獎得主專集的書刊、郵票、剪報，全部石沉大海，這是我藏書生涯的一場劫數。

有借有還，不限財物，「文化財」也務要如此，否則如我半輩子，困身書海中，過著「品質低」的生活，何苦來哉？

收藏嗜好　不可救藥

我擁有不少令人稱奇的收藏品——如明信片、火柴盒、撲克牌、郵票等。但這些「雜貨店級」的東西，在所謂自詡為「收藏家」的人眼中卻是雜碎。

收藏，對我而言是不可承擔之重，沒有財力、沒有空間，更沒有善待收藏品保存的必備條件；分類、分級、防潮、防蟲，不是我不為也，而是不能也。

我絕不是藏書家，也不夠資格做一般人心目中的「收藏家」。我會被認為是「收藏家」，甚而有人定位為「台灣文史收藏家」，是對我的抬舉，因為他們沒有真正了解我藏品的量和質，而僅從著作中所刊載的圖片，捕風追影的說：「莊永明的收藏品可觀。」

「博、大、精、深」是收藏家必要的眼光，我沒有一樣具備。記得有一個晚上，打開電視，正好播出李敖主持的節目，看到他拿了一份報紙，指著新聞上的一張照片——那是穿著夏季汗衫、手拿著一張古文契的人，說：「這個人是莊永明，他堪稱台灣史料的五大收藏家之一。」

接著侃侃而談史料在史學研究上的重要性，還說他自己擁有蓋五個手掌印的「番仔契」，是難得一見的珍品。並列舉五大台灣史料收藏家，分別是劉峰松、尹章義、莊永明、林漢章、李敖。

大師的定論是如何判斷的，我不得而知，不過他從未「見識」過我的收藏，卻是千真萬確的。講求有幾分證據、說幾分話的大師，如何界定我的「地位」，相信李敖自有看法，他會如此推舉我，必然也是注意到我的著作；也從舊書店老闆口中，得知我是出入舊貨店的常客。

購藏史料，做為解讀

有人將我歸類為「只能買雜貨店級」收藏品的人。這一點，我不僅接受，也欣然同意這些花大錢、買貴貨的「收藏家」的論評；人各有志、人各有好，我喜歡「雜貨店級」的收藏品，正因為我是開簸仔店出身的孩子。

我個人興趣多方，收藏廣泛，但是各有「主題」，而不是有物即收。我可以降低自己的生活品質，但絕不會損及自己的生活品味。由於家居空間狹小，僅能以「紙類」做為藏品大宗，至於器物、飾品還有瓶瓶罐罐，可以說是以「點到為止」列入考量。

「台灣史料」是我的收藏品之一；我買下史料，是做解讀，而非囤積。因此，我不做買賣，也就是只進不出；更不做交換，因為史料不是「以物易物」的貨色，不能以價格衡量而輕疏價值。

我僅有數張古契，微不足道，原先我想蒐購一個較完整系列，但並不簡單，而且非得投下重金不可。因為非能力所及，所以不得不放棄。

復刻輿圖，紙上漫遊

輿圖是歷史的地理教具，是我紙上時空漫遊的導航工具。各類古早航海地圖因價值不菲，自非我的收藏範圍，為解「望圖興嘆」之愁，對復刻版的輿圖，自然不願放過，尤其是日據初年的台灣輿圖，如能不損及當月的收支預算，我是會出手蒐購。一九三〇年代的鳥瞰圖，在還未「強市」時，當時是初中生的我已在牯嶺街舊書肆有所斬獲了，「新竹州鳥瞰圖」我僅用五十元的零用錢就購得；後繼的鳥瞰圖，有花了一萬八千元才標得的。

手中收藏的鳥瞰圖曾編撰成《台灣鳥瞰圖》一書，由遠流出版公司出版印行，雖因成本較高，定價不低，非一般升斗小民捨得花錢珍藏，因此不算暢銷，但這本製作精美的長銷書仍銷售了萬餘冊，創造了數千萬產值。有人認為我的稿酬必然可觀，然而實際版稅並不若外界想像的那麼高，因為遠流的台灣館編輯製作團隊其實也投注了相當的心血與資源——我則是將這本書的收入又再全數投入購買日據時代的明信片。

風景明信片，保存街景舊貌

我不僅收藏日據時代的台灣風景明信片，連一九三〇年代前的世界各地風景明信片也不輕忽。我曾在蘇聯政權解體、東歐政體更替後，買了不少東西，彼時解體的共產國家，因社會、經濟不振造成民生凋蔽，流出了不少「百年明信片」，飄洋過海來台灣，畫面中古意盎然的建築、街景，都是十九世紀和二十世紀初年的實景影像，人文品味，躍然眼簾。由於價格便宜，我乘機買廉價貨，進貨達數百枚，不過這是台灣明信片外的「格外收藏」。

圓山中山橋（日據稱明治橋），支解成六百餘塊碎片前，不少文史工作者為追悼這座「台灣最優美的橋梁」從基隆河上消失，在搶救無功下，辦了一場「惜別會」。當時我借給中央研究院某單位一百餘張歐陸有橋梁的風景明信片，做為會場小型展覽——我的想法是喚起民眾對「美麗橋梁」的結構美學加以重視，因為那個年代的台灣橋梁全無設計美感，設計者多認為「橋梁是過河的公路」，而不知是「河流上的優雅建築體」。

我還買了兩本很特殊的明信片專題集子，都是百年明信片，相信是上一代收藏家的「遺集」，卻被子孫賣到跳蚤市場，輾轉流浪到台灣來。一本是「拿破崙專題」，一本是「日俄戰爭專題」；一為西方，一為東洋，當年一東一西的兩位收藏家，必有他們特殊的鑑賞品味，才會對「偉人」、「戰爭」有特別的觀點。每本專題中的每一張明信片，雖都歷經百年風霜，但仍保存相當美好，顯見其細心。每一次，我賞玩之餘，總會有告慰這兩位前輩的念頭——告知他倆安心，收藏品在我手中，一如百年前在他們身旁，我會好好保存。

台灣明信片的收藏，成了我出版《台北老街》、《台灣鳥瞰圖》等書的插圖，日據時代的台灣風景明信片有官片和民間出版，總共發行了多少枚，沒有一個明確的統計數字。無可否認，這些老明信片保存了街景舊貌、民俗風情，顯影了一九二〇、三〇年代的台灣原貌——我收藏多年，數量可觀。

在那個年代，不同年份、

這張台北尚未改稱「榮町」的老明信片，畫面所見馬匹駐足的位置為府前街，後方街衢為文武街，即現今衡陽路、重慶南路口往西門町方向；右邊三角窗處為府前街郵便局，現為星巴克咖啡。

不同機關、不同廠商所印製的明信片，畫面大多大同小異，是因當時的攝影師不多，因此街景、建築物、風景，所取景的角度差異有限。不過時間不同，留下的影像畫面，必有殊異，有人常僅就某座建築、某條街道、某地風景蒐集一張，但是我不做如是觀——因為一條街，在日移星換下，店家會有變更，建物外觀會有改換，街上的人群衣著、交通工具、商家看板必有變化。

例如我有一枚榮町（今衡陽路）明信片，街頭竟然有日本軍官騎馬上路，發行時間是明治年代或大正初年，彼時台灣總督府還在興建中，他上班地點的台灣總督府（布政使司衙門），舊址就在今日的中山堂。我另有一枚一九一九年還未落成的台灣總督府明信片，這棟「台灣第一高樓」被包裹在竹籬之中，證實這張明信片是近百年歷史的印刷品。

從撲克牌、硬幣、紙鈔看世界

同樣地到國外旅遊，我也會在報攤、書店或觀光紀念品專賣店，挑選風景明信片，以做為觀光紀念。由於左一張、右一張、上一張、下一張，都令我吸睛，即使明知畫面上的地方，並非所要觀賞的景點，但也不放過，每每成了旅行箱的負荷。直到有一年，我在日本九州看到了各式各樣的撲克牌，每張撲克牌大小約只有明信片的四分之一左右，可減少我的收藏空間，此後，我便開始專注於有風景圖案或地方特色的撲克牌蒐集。

近年來，台灣每一年都有幾場的「國際大展」，尤以藝術大師或各大世界級博物館的藏品為重點，我幾乎沒有遺漏過任何一次——無論是台北市立美術館、國立歷史博物館、國立故宮博物院。而在意猶未盡地走出展覽會館，進了販售店，我必購買一副為此次展覽專製的「文創產品」——撲克牌，留存紀念。

而今，累積的撲克牌數量不多，但也有二百多副。無聊時，從盒中一張一張抽出把玩，常常會被一個小小畫面，帶進了面對大師、面對歷史的沉思中。

至於出國旅遊，除了帶紀念品、土產品回來外，捨不得花的硬幣、紙鈔，也成了我的收藏品。畢竟出國的次數不多，觀光的國家有限，所以手中原本藏有的錢幣，數量就不多，但由於經常在郵幣市場閒逛，看到了花花綠綠的各國紙鈔，以及雕工精美的硬幣，忍不住以錢易錢，也用新台幣換得了數百張各國紙鈔和近千枚世界硬幣。從美金，了解美國的建國偉人；從法郎，看到拿破崙、德拉克窪、塞尚，甚至《小王子》作者的鈔票，等同翻開一本文史書籍。

火柴盒廣告吸睛

火柴盒是我諸多蒐集中最不值錢的藏品，學生時代就和同學一樣，向大人索求，大家競相比較數量，而不必花零用錢去換得。

台灣剛進入「電視年代」前後，蒐集火柴盒宛如全民興趣，那時沒有公仔、沒有亮麗卡片，比郵票大二、三倍的方寸之物，不僅圖案設計吸睛，而且能代表某個層次、某種階段、某類商家的共同記憶，難免成了收藏品。

「飯後一枝菸、賽過活神仙」，這句口語盛行於不知菸害的一九五〇年代。有一首陳達儒作詞、蘇桐作曲的〈煙酒歌〉，是描述勞動者的心聲故事，曾被雲門舞集用於舞台音樂，歌詞曰：「友兮（ㄚ）喂！錢著惜，食煙咱著來食香蕉。」香蕉不是水果，而是一種最廉價的「香蕉牌」菸品，主唱人蔡振南將「友ㄚ喂」，唱成了「友せ啊」——勞工朋友變成了「道上兄弟」，台語發音，不得不慎。

用火柴盒來打廣告，除了有菸癮的人很多之外，在當時還有「報禁」的年代裡，報紙是分版賣廣告的，分有北、南部版，縣、市版；台北市還分南、北區版，且收費還不低，因此廠商便自力救濟，贈送火柴盒來節省廣告支出。日後，因打火機興起加之戒菸風氣盛，才讓火柴盒從市場上逐漸消失。

成千累萬的火柴盒，不知哪個高手收藏最多？我個人即擁有近萬個，其實也是微不足道的數字。

火柴盒的故事很多，我曾跟美食旅遊作家韓良露說：「給我一張台北地圖，我可以用火柴盒貼出台北城市飲食的紀錄。」台北市尤以飯店、餐廳的火柴盒特多。我手中持有的火柴盒，以中華路西瓜大王最為人稱奇，這家水果行的所在地是當年的「地王」，公告地價在台北市居首。

解讀火柴盒，不僅可從路名、地段，最重要的是從「電話號碼」即可辨讀出這個火柴盒大約在哪個年代出品。五位數的電話號碼，正是家戶申請電話仍需繳押金、等上數月半載，才能擁有通話的權利；那個年月，台灣還處於「開發中的國家」，而且每個火柴盒都必須印上如「反共必勝，建國必成」、「反攻大陸，解救同胞」的政治標語。

早期圓山飯店的廣告火柴盒。

合發服裝行，是1960年代延平北路商圈知名的服裝店，位於延平北路一段東側、長安西路口起算第九家。九、狗，台語同音，就以狗為商標，知名廣告詞為「聽到狗聲就想到狗標」。

生生皮鞋是 1950、60 年代的台灣鞋店大王，原為上海皮鞋店，光復後遷移來台，昔日開在北門平交道南側樓房中的一間，新竹、台中、台南、高雄亦開設分店。

台灣鐵路管理局「餐旅服務總所」系列火柴盒之一，圖為福隆海水浴場。

榮星保齡球館是台灣第一家保齡球館，1960 年創立，館址位於今南京西路新光三越百貨所在地及周邊地區，是台灣五大家族之一的辜氏家族創建者辜顯榮子辜偉甫所開設，榮星之名，即來自於辜顯榮的字「耀星」，為光榮耀星之意。

我曾將火柴盒藏品做了幾次展覽，回響都很不錯。以「擦亮大稻埕的生活記憶」為題，假大同區公民會館舉辦了大稻埕火柴盒特展，有民眾參觀後，將他多年的收藏無償相贈，只說：「東西由你保管，比我自己擁有，還來得有意義。」如此割愛的心情，令我感動。我也曾在台北市中山堂舉辦「台北銀座——莊永明微型收藏展」，以西門圓環為中心，拉出中華路、武昌街、漢口街、博愛路、重慶南路，將這些路段還在營運和已經歇業的商家火柴盒一路排開，不少人藉此去尋找失落的記憶。

八仙藏品愛不釋手

自知我的收藏對象廣泛，但都是「微不足道」的東西。器物之類，我敬而遠之，畢竟沒有空間安置這些「貴、重」的物品，不過我得承認會在愛不釋手下，偶爾出手買些不宜收藏的瓶瓶罐罐。

我有數個高約五、六十公分的花瓶——那不是古瓷，而是近代的工藝品，但底部都印上「康熙年製」、「乾隆年製」等字樣。明知那是假古董，但是精仿程度，令人驚奇，我買下這些仿品假貨，只是喜歡瓶瓶罐罐所描繪的八仙圖案，八仙下棋、八仙渡海、八仙坐騎……，無不生動鮮活、畫工精細。

我對八仙產生興趣，源自於台灣民間版畫的八仙圖案，線條簡單、構圖質樸、色塊鮮明，大半是紙燈籠、紙祭座飾物。這類手工版畫，日已漸稀，由於頗具「民藝品」的條件，自然引起我的興趣。

八仙是七個男性、一位女性的「神仙組合」，有男有女，何仙姑自是「七綠叢中一點紅」的女神；如果再做解讀，還「有老（張果老）有少（韓湘子）」、「有健康有殘障（李鐵拐）」、「有胖（漢鐘離）有瘦」，分組別類，各顯神通。蒐集多年，八仙藏品有瓷器、木雕、牙雕、金工製品，也有不值錢的塑膠品，不一而足，相映成趣。

目前擁有幾組八仙銀製品外，還有一件金屬肚兜，是小孩子「度晬」（周歲）的祈福用品，不僅有八仙圖案，還有南極仙翁和福、祿、壽三仙，以及多樣的吉祥物，懸有銅鐺——搖動時，聲音清脆，應是上百年的工藝品，令人愛不釋手。

銀飾品方面，我也有十餘件「麒麟送子」的掛飾，因係手工打造，造形不一，精巧玲瓏。這些「老東西」是古早為小男孩祈福的物件，今已很難在古玩市場上出現。

不可救藥的收藏嗜好，是我的毛病；「有人興燒酒，有人愛豆腐」。我是燒酒要喝、豆腐必嚐的人，個性如此，和人無涉！

迷於方寸 遨遊世界

我的郵史，超過一個甲子；蒐集的數量，應該有十萬枚左右。集郵，不僅是蒐集郵票，片、簡、封、戳也是收藏的範圍。

集郵，也是我諸多收藏痴好之一，但絕不是我的最愛，不過卻是我的業餘收藏興趣之中，歷史最久、數量最多的。

我的第一枚郵品

我什麼時候開始玩郵票？不知從何說起，也許不滿十歲吧！記得是小學二年級時，從一枚明信片開始，我有了第一枚郵品。那是日本時代留下來的「家書」，左上角的郵資圖案是日本武將楠木正成騎馬圖，面值貳錢，當年郵資已漲了百分之五十，因此下方還補貼了一枚

我曾以「和平鴿郵票」、「諾貝爾和平獎得主郵票」及「世界經典童話郵票」專題做過郵票收藏展。諾貝爾和平獎得主郵票展是以「從方寸找和平」為主題，展覽地點是在台北二二八紀念館。

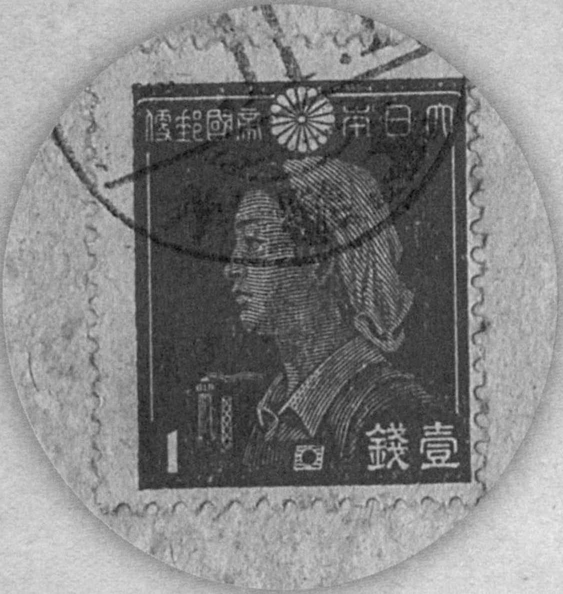

我收藏的第一枚郵票，是貼在這張明信片上因郵資漲價50% 的壹錢日本郵票。

左上角的郵資圖案是日本武將——楠木正成騎馬圖，面值貳錢。

壹錢護士畫像的郵票。明信片的寄信人是王寶琛，我們的鄰居。彼時正逢大東亞戰爭期間，他被徵調從軍，所以發信地址是「高雄海兵團第十二分隊第六教班」，收件人書寫「台北市港町三丁目壱番地　莊金火」；投寄的地方就是「莊源發商店」。這位厝邊大哥，據說是受到殖民政府宣導的軍國主義蠱惑，自願從軍，參加「聖戰」的台灣青年。

這張明信片內的兩枚郵票，開啟了我的集郵之門。郵票圖案一是幕府時代衝鋒陷陣的大將軍，另一為大東亞戰爭救助傷兵的前線護士，年幼的我，自然對日本帝國主義的「政令宣導」寓於郵票，無能解讀。但國小國語課本一篇教導集郵好處的課文，令我對集郵入迷。此篇課文，老師教我們朗讀數遍後，要我們做課外作業，就是回家找郵票，再帶到學校大家一起共賞。

那個年代，台灣發行的郵票種類有限，所以大家對那些大同小異的郵票，興趣不高，但面值不同而刷色相異，則成了同學討論的重點，完全輕忽郵票發行的意義。同學李傳然帶來不少外國郵票，是從貿易信函上剪下來的，看到一枚一枚雕刻版印刷的精緻郵票，好不令人羨慕。李同學是「台灣茶業之父」李春生後人——這位來自廈門的唐山移民和英國商人杜德合作，將台灣茶行銷到美國，讓「福爾摩沙茶」揚名國際。李家經商有成，自然擁有不少國外的實寄封，那些外郵很吸睛，令人大開眼界；李春生家族如果能把這些台灣開港以後的國際貿易信函，完整保留下來，不僅是實寄封的價值可觀，書信內容的貿易紀錄，應是重要商業史料。可惜年少不更事，古早年代台灣烏龍茶賺取大量外匯的商業貿易史料，在剪下郵票後當廢紙丟棄，就這樣被毀了！

有了集郵的念頭，尋找收藏品何嘗容易。每天可以支用的零用錢，僅夠買一支棍狀的冰棒（那時的冰棒沒有造形，就如小小的擀麵棍），而且也不能因為有如此的嗜好，而開口向阿母要錢，所以一開始集郵，完全是用撿的。永樂市場內的布行、怡和洋行經常有信札被當作廢棄物丟掉，我就去這些垃圾堆中挖寶。

當年，每家每戶的門前，都設置有一個水泥做的垃圾箱，高五、六十公分，寬約三十幾公分，正面有個木板條釘製成的拉門，可以上下開啟，畢竟那個年代「生吃都不夠，哪有通曬乾」，所以沒有什麼廚餘。翻垃圾堆做資源回收，還算是不會有汙染的事，只是郵票面額高或較漂亮的，早就被剪走了。

初中時，衡陽路上有寶島集郵社、宇宙集郵社等；中山北路復興橋（昔稱「天橋」，已拆除）有一家德蔭集郵社，老闆都是外省人，而且是有相當集郵底子的老集郵家。記得有一位長者，從櫥櫃中拿出整版台灣民主國獨虎票，向人解說一八九五年日本接收台灣，倉促獨立的台灣民主國以粗糙方式印製這些稱為「土擔紙」的郵票。年幼的我當時就好想擁有，但畢竟對中學生而言那是「天價」，哪能有那麼多鈔票？一直到我開始在《台灣新生報》的「文化點線面」版撰寫「台諺淺釋」，有了稿酬，才下決心買了三枚「獨虎票」，成了日後可以大言不慚地說：「我也有台灣民主國發行的郵票。」

我的郵集——夏威夷王國郵票，圖案有前國王（上排左一）、皇后（上排右一）、國徽（上排左二）、島嶼海岸（上排右二）。皇后那張郵票，我另收藏在「音樂家郵集」之列。

郵票是深奧的，「就郵談郵」，集郵家好以版式、刷色、齒孔、變體，在放大鏡下，做精緻、多元的解析，有如把玩古董似的。而我全然不做此觀，只以郵票發行的意義、圖案的構圖、設計，探討每一枚郵票的背後故事。

郵海無邊，每一個國家、地區，每一年發行的郵票量，有增無減；不少國家更以發行郵票，來挹注國家財政收入，也因此集不勝集，難怪集郵界有抵制一些浮濫發行的「汙點郵票」，而不列入收藏——畢竟那是只有金錢意義的商品，而非寄信的郵資。甚至，將為撈錢而發行郵票的國家，列為「產郵國」，以示譏諷。

專題郵集，分門別類

專題集郵，倡導有年，窮一生時間、財力，難以蒐集的郵票，如果是以自己喜好的專題做為收藏目標，必是雅中之雅。

除了音樂、美術、建築、民俗、服裝等集郵專題外，近年來，又有世界文化遺產、保護瀕臨絕種動物、鳥類、昆蟲、魚類、岩石、菇類等不勝枚舉的專題，他們對自己所珍藏的郵票，一談起來口沫橫飛，每個人都成了「圖鑑專家」，甚至可以指出某些郵票的設計，違背「自然常規」；也就是郵票繪製者，未經考據，將郵票圖樣給畫錯了。

我的專題郵集是什麼？回答這類問題，可真考倒我了。我不只是集專題，而是蒐收專題中的專題。以「文學專題」郵票而言，我收藏的不僅可以分類為：文學家郵票、文學作品郵票，還能從中細分諾貝爾文學獎郵票、女性作家郵票、兒童經典文學郵票等。

我擁有的「音樂專題」郵票，甚至比「文學專題」更為豐富，大致可以分為音樂家專集、樂器專集、歌劇專集、歌劇院專集等。為了讓我的作曲家系列郵票，能夠更為完整，前後大約費了三十幾年，才勉強有了可以和人「比評」的藏品。收集奧地利所發行世界第一套音樂家郵票，以海頓、莫札特、貝多芬、修伯特、史特勞斯、沃爾夫、布魯克納等人為圖案，並不稀奇（雖然這一套發行於一九二二年四月，比我大了二十年）；甚至花大錢買到最昂貴的德國一九三三年發行的華格納歌劇郵票，也非難事；於我而言，尋找〈珍重再見〉（Aloha Oe）這首曲子作曲人的郵票，可是踏破鐵鞋無處覓，得來全不費工夫。

濃密密的烏雲，堆滿山頂，籠罩那山頂上的樹林，激動起我們的別意離情，珍重再見，珍重再見……。

這首和〈懷舊〉（Auld Lang Syne）齊名的驪歌，是我在小學五年級時學到的。那時是為了歡送高一屆的畢業生，音樂老師吳開芽要我們認真背誦，他說，一年後，你們離開學校，在校的同學也會用這首歌來歡送你們。長江後浪推前浪，一波一波的「聲浪」，也在驪歌聲中，將人生一直推往前方。

〈珍重再見〉大家都知曉是夏威夷民謠。我沒有去過夏威夷，卻常聽說旅客將離開夏威夷時，在機場或碼頭都會聽到以夏威夷吉他所演奏的這首優柔但帶著感傷的旋律，令人在離情依依下，期待下次再相逢。根據夏威夷民謠〈海濱岩石〉所寫的〈珍重再見〉，夏威夷人公認是他們「末代女王」莉蒂亞卡蜜克哈的作品，不過資料記載女王是在被美國政府繫於獄中年餘，她將一位德國商船亨利柏吉爾船長在夏威夷期間所創作的歌曲修改而成——由於是在不自由情況下有了這首更新作品，難怪族人都認定為女王所創作。

夏威夷末代女王與〈珍重再見〉有此淵源，所以被視為作曲家，我的「音樂專題郵集」裡，自然不能缺少她。美國郵政沒有發行過她的郵票，但在美國還沒有將這個太平洋充滿熱帶風光的島國納入州之前，夏威夷有獨立的政體和郵政，曾發行過女王的肖像郵票；換句話說需要找到「亡國」之前的夏威夷郵票，才能償我心願。

二〇〇〇年，我終於在南京西路的郵幣市集，買到了四枚已成歷史「遺物」的夏威夷郵票，而其中一枚就是這位末代女王肖像的郵票。

從方寸之物看天下

我蒐集的郵票，數量極多，主題又雜，玩郵票是自己獨門興趣。我不參加郵展，也不加入郵會，完全是「獨樂樂」的心情，沉迷於方寸之物。

但獨樂樂不如眾樂樂，於是也曾將我收藏的「方寸之物」，做了幾次的公開展覽，反應不錯；但最重要的意義是改變了人們將我定位為「台灣文史工作者」的刻板印象，畢竟我也能放寬視野看天下！

「寄送和平，從台灣到世界——和平鴿郵票展」：展覽時間為二〇一〇年十一月十三日至十二月十二日，展覽地點為台灣新文化運動館籌備處特展廳（台北市寧夏路台北市警察局大同分局）。我提供世界各國以和平鴿為圖案的一百二十四枚郵票展出。

「從方寸找和平——諾貝爾和平獎得主紀念郵票展」：展覽時間為二〇一二年一月十二日至二月十二日，展覽地點為台北二二八紀念館 B1 特展室。此次展覽以「呼應與世界接軌及提倡普世的人權價值為目標」，提供從一九〇一年第一屆和平獎得主迄二〇一一年共一百一十年間的獲獎得主，包括個人和組織，分國際和平、人道關懷、人權奮鬥三個主題；展出之後，還出版了筆記書。

「掉進郵票的童話王國——世界經典童話郵票展」：展覽時間為二〇一三年四月二十日至六月二十三日，展覽地點為台北市中山堂二樓特展室。我原提供千枚郵票，後精選八百七十一枚，分華文童話區、英美童話區、北歐童話區、俄羅斯童話區、中東童話區、東亞童話區、迪士尼郵票區八個區塊，由周惠玲博士擔任策展人。

「世界經典童話郵票展」反應相當熱烈，如此老少咸宜的郵票，雅俗共賞，據說這是中山堂主辦的特展中參觀人數最多的一次。呼朋引伴下，老少檔、夫婦檔、情侶檔、父母子女檔，絡繹不絕。

展覽期間，我偶爾到會場走動，有些人見到我，對於我的收藏讚不絕口，甚至請我簽名，令我驚訝的是有兩位來自北京的背包客，不知從何得來的訊息，也來參觀，其中一位還拿了展覽手冊請我簽名，我納悶的問：「你怎麼會認識我？」他竟然說：「莊先生，你很有名。」真不知，我是在島內有名，還是也在海外有名？素不相識的中國遊客竟然認得出我來。

這次展覽的成功，據說是靠承包廠商所做的網路推展，讓消息遠播。但據我所知，「大家告訴大家」，也是吸引人潮原因之一，畢竟這是吸睛的主題。

我的郵史六十年以上，實不簡單，當年一起集郵的朋友、同學，早已「望郵興嘆」，不是送了人，就是當儲藏品，深鎖抽屜中；他們對我堅持到底，一致認為不可思議，甚而有人以「敗家子」視之。

迷於方寸，讓我這個充滿「土氣息、泥滋味」的人，視野得以放寬，遨遊寰宇，和世界同步。

筆耕生涯 台灣第一

「《台灣第一》」，不是密碼；引號與書名號相連，對我而言，有其意義。《台灣第一》是我的第一本著作，也就是所謂的處女作；「台灣第一」則是諸多文友給予我的綽號，一度幾成了我的「別名」。

收藏是費錢、費力、費時、費事的嗜好；我不幸投入其間，有無怨悔？我只能以「不置可否」，迴避此問題。

我身為一家之長，負有家庭生計之責，不能因一己之私，瘋狂蒐集，而將家庭收支搞得不能平衡，影響到四口人的生活。夫婦同為上班族，薪水固定，提撥部分收入，做「額外」支出，還算不致對財務發生困擾。當然偶也會發生捉襟見肘的現象，因為必會看到一些動心的東西，非買不可，但偏偏又是高檔物品，自己不會理財，也不在收藏品上做買賣圖利，因此非得另有財源不可。

「額外收入」對於我來說，是「額外支出」的來源——稿費、版稅的第二類所得，正是我的

「額外收入」，足以供應我進行獵取收藏品。

稿費、版稅，收藏資金來源

我不諱言多次以「煮字療飢」形容筆耕歲月，其實如以填飽肚子來描繪弄字玩文的生活，確是言過其實。

不少人經常看到我的文章見報或發表於雜誌上，都認為我的稿酬一定可觀，不過說句實話，那僅是我換得了收藏品的資金來源而已；我沒有「富可敵國」的異珍，這是我在「量入為出」的考量下，所做的蒐集文物原則，排除投資、不做投機，可見我沒有買過什麼貴重、容易增值的珍品。

寫作的盛期，我曾在多家報紙、雜誌開專欄，如《中國時報》的「台灣第一」、「台灣歌謠紀事」；《自立晚報》的「鄉土紀事」；《台灣新生報》的「台諺淺釋」；當然還有《大同雜誌》的「台灣的第一」、「台澎風物誌」等。其他文章還零星見於《遠東人》、《益世雜誌》、《大學雜誌》；即使以美術文章為主的《雄獅美術》，我也發表過好幾篇與台灣歌謠相關的文字；《書評書目》、《新書月刊》等，也偶會投稿。

自己書寫的文章，變成了印刷品，發表於報紙、雜誌甚至出版專書，當然是每一位「作家」

一致的心願。但是，作家頭銜不是每一個人都可以圓夢的，多次被退稿的經驗，還好都沒有阻擋我邁進文壇——要不是我有愈挫愈勇的鬥志，也不會有今日的「文名」，更不可能擁有一些琳瑯滿目的收藏品。

投稿，每一次都是寄出去一個希望，期待得到編輯先生或小姐的青睞。不久，自己的文字變成了鉛字發表，等於圓夢一場，甚至有同讀者「對話」的機會。

退稿，每一次都是希望的破滅。起先，每寄出一篇稿件，總是會很恭敬的附上紙條，寫著「敬請斧正，不蒙採用，煩請退稿，隨函附上回郵信封」。但是不少稿件是被「沒收」的。想闖文壇，談何容易，每一回收到收信人是自己所寫的信封，挫折感必油然而生。

喜歡玩字弄文，追求真相

生平第一次投稿，即被採用賺得第一次稿酬，是在我初中的時候——我以阿拉伯數字構成了畫作，成為我公開發表的處女作。一個初中生有此機運，自然欣喜一場。

高商三年，校刊《北商青年》邀我為寫手，偶有文章被刊出。我念的是職業學校，商業課程原是教學重點，但校方放任我們輕忽這些專業學科，是希望我們畢業後也能報考大專聯合招生，「轉行」做大學生。不過，從簿記到會計，甚至商業會計、政府會計，我一點興趣都沒

《學友》雜誌連載的〈台北城下的義賊〉，作者是廖漢臣（毓文），插畫者是林玉山，由於受到上級單位的關注，刊載數期後即被腰斬，沒有讀到結局，我好不失望。

有；統計學更是如聽天書，算盤勉強考上了三級，唯一可以安慰的是我的國文科一枝獨秀，每每老師挑選作文「最佳作品」，我的文章都會入選，老師還要我朗讀，供同學欣賞。

不僅作文受到佳評，每星期必須繳交給班導師的「生活週記」，也常常被導師以紅硃筆圈出幾句文字，甚至在師長評語欄上，留下鼓勵、佳許的字句。

喜歡玩字弄文，可能就是走進文壇的暖身動作。不過我得強調，做為作家的美夢，絕不是從小就有，即使在一九七○年代，我密集的進行田野調查，尋找老前輩、老先覺做訪談、書信聯絡，只是想多得知一些「不為人知的祕聞」。台灣史被遮遮掩掩的塵封期間，雖然偶爾會在「黨外雜誌」讀到一些

34

義賊廖添丁的故事

台北城下的義賊

廖毓文作 林玉山畫

九、流落臺北 饑餓行騙

廖添丁和日本工人打架後，即日離開五堵，搭坐客車跑回臺北來。他共做了四個多月的苦工，每月領到的工資，除掉供作衣食之用，僅僅存下五塊多錢。這些數目，不够他半個月的開消。因此，他不敢住在客棧，就去找尋這幾個月來，初認識的幾個朋友，今天在這一家借宿，明天在那一家借宿，每天都跑到媽祖宮口或城隍廟口的飯攤去吃飯。

過了不久，他身上帶的錢都用光了。好在他那嘴舌生得非常靈巧，往來談笑之間，和媽祖宮口及城隍廟口幾個攤販，也混熟了。他有時候幫忙攤販接待客人，有時候幫忙攤販洗洗碗盤，使那些攤販對他越發好感。這麼一來，他來吃東西，沒有帶錢，也可以記帳。不過，一再記帳，自己又覺得不好意思，於是時時空着肚皮捱餓。可是，他的機智，常常可以把他從饑餓中解救出來。當他餓得不能再餓的時候，如果有誰和他相識，跑來碰他，他就和那個人打招呼，扭扭拉拉的請，那個人去吃什麼東西；直到東西吃完，話也講完，他纔裝模作樣的用手去掏一掏自己的口袋裏，喊叫道：

「呃！我的錢丟了……。」再做着笑容，對攤販說：「老闆，可以記帳麼？」

匪夷所思的「非正史」事件，使我大開眼界；黨禁、報禁、言論管制的戒嚴年代，追求真相、探討事實，成了我強烈的「求知」動力。

小時候，聽聞母親講述廖添丁在被追捕下，逃進我家，和日後在《學友雜誌》讀到廖漢臣撰述連載的〈台北城下的義賊〉，以及說書人口中的這位「歷史人物」，似乎都找不到他的「正史」。諸多的傳奇，甚至被形塑為「劫富濟貧」的仁者義士和抗日反帝的勇士，怎麼都沒有廖添丁的傳記？說實在的，我始終不解〈台北城下的義賊〉為什麼連載沒有幾回，就被迫令不得繼續刊登。

二二八的陰影、白色恐怖的餘緒，我都曾感受過，會在「無禁無忌」下，撥開迷霧，是想使真相大白，事實顯露。

追悼李臨秋，文章受矚目

之前，我雖有「小文章」發表，但從無勇闖文壇的雄心壯志。我的文章真正受到矚目，應是一九七九年發表於《雄獅美術》月刊的〈臨秋花萎望春風〉一文，那年，享年七十的李臨秋過世。

李臨秋過世那天，下班返回家門一聽到阿母告訴我這個不幸的消息，雖有些難過，但是並不覺得意外，久病纏身的他，已難清楚表達話語。當晚，我便提筆寫悼念這位長輩、前輩、鄰居的文章。

我以〈臨秋花萎望春風〉為題，完成了一篇近三千字的文章，投寄給《聯合報》，如此選擇，乃因「聯合副刊」刊載了多篇台灣新文學運動的文章，而且還製作專輯，也讓一九三〇年代的作家相聚言歡、座談。

出乎意外，一個星期後我接到了退稿，沒有任何不採用的原因。於是我不死心，換了信封，再轉投《中國時報》人間副刊，也同樣遭到退稿的命運。

如此折騰，這篇追悼文幾乎過了發表意義的期限，我一度很灰心的想擲進廢紙堆，但是又想到所訂閱的《雄獅美術》在蔣勳當主編時，已轉型成綜合藝術雜誌，而非只要美術方面的文字，覺得不妨再一試——畢竟《雄獅美術》雖仍標榜「純美術」為發行宗旨，但小說、音樂、建築等藝術類文字已被納入。我重換信封，將二度退稿的〈臨秋花萎望春風〉投進郵筒。

沒幾天，發行人李賢文回函表示很歡迎這類稿子，還問我

李臨秋是我的「厝邊隔壁」，他來參加弟弟永旭的婚禮，右上是大哥永德。我常請教李臨秋一些三〇年代的歌曲故事，也令我有使命感記下這些「口述歷史」。

有沒有照片一併刊出。很遺憾，我從來沒有與李臨秋拍過照，心想他參加過弟弟永旭的婚禮，也許可以找到一些相關的照片。果然，弟弟找出了兩張，因為婚禮當晚，李臨秋曾被邀請上台致賀詞，於是，我補上了照片給《雄獅美術》。

一九七九年四月號的《雄獅美術》第九十八期刊出了〈臨秋花萎望春風——敬悼李臨秋先生〉一文，發行人李賢文告訴我，有讀者反映當時報刊雜誌所刊載追悼李臨秋的文章，就屬我這篇寫得最好。

《大同雜誌》首開專欄

〈臨秋花萎望春風——追悼李臨秋〉一文以降的系列論述台灣歌謠文章，頗受人注意，也讓我這個以算盤為伍、做會計的上班族，漸漸地有了文名。

大同公司有一本內部刊物《大同雜誌》，原是半月刊，只有六十餘頁而已，多數分發同仁閱讀，後來，董事長林挺生決定隨著公司業績加速成長，做為「宣傳刊物」，增加倍數篇幅、改為月刊，一來做公益形象，二來可以推銷大同品牌及產品，三來可以「節稅」——雜誌的支出可以「廣告費」合法核帳。

《大同雜誌》創刊於一九四七年元月，離台灣光復節不過才六十六天，算是台

《台灣第一》第一版書籍廣告，刊在《大同》雜誌 1984 年 1 月號「台灣的第一」專欄第 29 篇文末，該篇是〈為斯文吐氣——第一次台灣文藝大會〉。廣告旁邊的《西北萬里行》是當年的旅遊報導名作，《800 字小語》更是暢銷多年，個人文章後來亦有收入《800 字小語》系列。

灣進入新時代的老雜誌之一，企業界有此創舉，難能可貴。不過，後來因為注入了公司的行銷手法，難免令人觀感打了折扣。

《大同雜誌》還可稱為「優良雜誌」，其中有位「招牌作者」——鍾肇政，發表文章最多，而且還以「趙震」為筆名寫音樂類的文章。鍾老從《雄獅美術》、《音樂生活》知道了我的文名，所以當《大同雜誌》改版需要有更多的文章時，主編吳榮斌除了希望鍾肇政可以多寫以外，並請他推薦新手。於是鍾老說：「你們公司不是有位莊永明可以加入陣容嗎？」其實，我是在大同公司投資的子公司台灣通信上班。

吳榮斌不知透過什麼管道，找到了我這個在公司職位不高、名不見經傳的人物，他誠懇要求我為《大同雜誌》開專欄，於是從一九八一年起，「台灣的第一」就成為我寫作的第一個

張深切（左一）是當時最活躍的人物，前排中爲郭達夫。

本案首由張深切提出，一度有人反對，後全體通過，移入審議之「台灣文藝聯盟章程」，該章程第一章宗旨即書明：「聯絡台灣文藝同志，互相圖謀親睦，以振興台灣文藝。」

㈡機關雜誌發刊案：

無異議通過發行「台灣文藝」雜誌。經費由會費及各界樂捐充之，每月發行一次，並說明編輯者薪金作爲「暫時獻身的犧牲」；稿費則爲「暫時無料」（即不付稿酬）。

㈢提倡演劇案：

本案原決議保留，但是張深切以「唯有演劇纔能達到文藝大衆化，如果閑却了演劇，則台灣的文化是難能進展」力爭，結果大會原則上通過。

㈣與漢詩人聯絡案：

本案討論時，有人以「吾人理當打倒舊詩派，怎可反要和他們聯絡」極力反對；張深切則說明舊詩另有一種作用，使原案「台灣客觀現階段之情勢，新文學家與漢詩人非由爭鬥能夠獲到進展，莫若與他們疏通意志，擴大文學陣容，以期打開過渡時代中之一方面難關」獲得通過。

㈤作品獎勵案：

包括作品批評、選佳作刊行單行本、對各報及雜誌社交涉擴大文藝紙面（篇幅、版面）以及對各報館及雜誌社要求對佳作報酬從豐。

㈥文藝大衆化案：

鑒於：「台灣義務教育猶未普及，一般大衆智識尚低，作品與讀者宜立在不即不離之間，方能普遍」，通過擬實施的方法爲：一、描寫與大衆生活有密切關係之作品；二、文體與文字宜用一般讀者容易理解程度；三、對一般大衆喚醒他們的藝術興趣。

大會以「台灣文藝大會」名義發表宣言後，於下午六點二十分，全場高呼：「台灣文藝大會萬歲！」以及「台灣文藝聯盟萬歲！」宣告完滿閉幕。

此次大會也有一些缺憾，例如彰化的會員故意集體遲到，會議中有人反對成立台灣文藝聯盟等爭議，然而大體言之，這正是民主的表現，而且「台灣文藝大會」已矗立一座「里程碑」，正如賴明弘所說：「台灣智識份子已有了精神支柱，有了發表作品的舞台，更以文聯爲中心，文學同路者緊密地聯繫起來了。」

「台灣文藝聯盟」於全島性「面」的結合後，再做「點」的撒種，嘉義、埔里、佳里、東京等處先後創立支部，台灣新文學運動風潮從此顯得更加熾烈，「非武裝抗日運動」也揚棄了初期暴露式政治色彩，而純以文學創作來和統治階級的日本周旋了。●

800字小語 第①集 梁實秋 第②集 席慕蓉 第③集 三毛 等著

作家琦君這樣評論「八〇〇字小語」：「無論翻開那一頁，默讀那一篇，都會令你心領神會，懷著感謝與滿足，歡心與慰藉。」 全套三〇〇元 特價二三〇元

台灣第一 莊永明 著 平裝 特價一〇〇元

●本書曾獲中央副刊、聯合副刊、新生副刊、中廣推薦，是有關臺灣史中非常具有特色的一本好書。

西北萬里行 陳斯英 著 （上下冊）二八〇元

第一部現代中國人所寫的西北大見聞！

第一部揭開西北瑰麗風情的好書！

民俗學家郭立誠教授說：「這是民國以來，用語體文所寫的遊記中，最值得欣賞的三本著作之一。」

作家尹雪曼說：「作者是最好的報導文學作者，本書是最好的報導文學作品，讀來令人感動。」

♥請撥568599書園雜誌社帳戶．電話5915512。

七十三年五月號

專欄，每月一篇。

「台灣的第一」隨著《大同雜誌》廣為人知，當年只要購買大同家電產品的客戶，就可免費敬贈《大同雜誌》，而滿耳盈聲的廣告歌曲：「大同，大同，國貨好；大同產品最可靠……」和「打電話服務就來！」的行銷策略，使大同電器銷售量占全國第一位，雜誌發行量也直線上升；我曾戲稱「《大同雜誌》為台灣的第一打廣告。」

《中國時報》刊載「台灣第一」

有一天，在衡陽路陸羽茶樓巧逢一些文友，席有詹宏志在座，他是《中國時報》生活版主編，當他知道我就是《大同雜誌》「台灣的第一」專欄作者，馬上跟我邀稿——「台灣的第一」是每月一篇，而《中國時報》生活版願意以每週一篇刊登「縮小版」。我怕負荷太重，並沒有當場答應，不料，故鄉出版社的高源清馬上說：「連載的『台灣第一』，我們願意出書。」當下便將消息放了出去，《工商時報》不久就有一則文化簡訊：「莊永明撰寫的『台灣第一』，計畫由故鄉出版社出書。」未完稿，先轟動，實是意外之事。

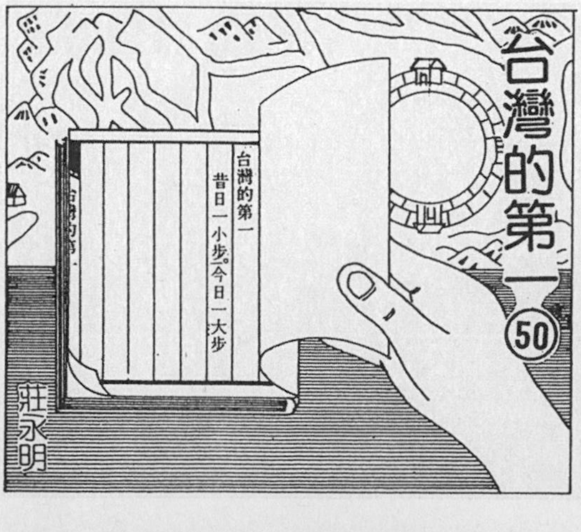

《中國時報》欲刊載「台灣第一」，在詹宏志企畫下，似乎成了定局，而我卻一直沒有交稿的準備，畢竟深思遠慮後，我不敢挑起這項工作。不久，詹宏志外調《中國時報》美洲版，出國前交代繼任的張武順，要他務必將稿子催出來！幾番催稿電話，令我不得不屈服。一九八二年三月二十二日，「台灣第一」專欄開始在《中國時報》生活版刊載，每週見報一次，想不到竟然轟動文林、驚動筆陣。

在解嚴之前的報禁年代，民營的兩大報——《中國時報》和《聯合報》經常互別苗頭，某報有叫座的專欄或吸睛的報導，即一先一後，相互較量。「台灣第一」在《中國時報》連載後，《聯合報》也跟著開闢「台灣之最」集體創作的專題來對抗，由記者分輪執筆。不過東施效顰，「台灣之最」最後還是草草收場。

「第一」是根、是源、是頭、是先、是啟，承先始有啟後，「台灣第一」與我的緣分，與有榮焉。

我有「台灣第一」別名

一九八三年《台灣第一》新書付梓後，我「台灣第一」的名號不逕而走。如果說得沒錯，客籍作家李喬可能是第一位當眾直呼我為「台灣第一」的人。他還說：「如同吳濁流的《亞細亞

〈台灣第一〉在大同雜誌連載時，以「台灣的第一」為專欄之名；刊頭的設計由我構思，以翻開「歷史第一頁」為圖。

的孤兒》，《台灣第一》也是很好的書名，光是書名就可以傳世！」

吳濁流前輩的《亞細亞的孤兒》，原先的命題是《胡志明》，而拙作《台灣第一》，卻曾以「台灣的第一」先行連載。吳老的作品，公認為「台灣文學代表作的長篇小說」，《台灣第一》是輕、薄、短、小的「小品文」，怎能與之相比？

《台灣第一》受人矚目，原因無他，只是「生逢其時」而已，此話怎說？畢竟那個年代，台灣史還是遮遮掩掩，也就是仍有禁忌，我以此命題，即被視為一種膽識，勇於向威嚴時期不能「言所欲言」的禁錮挑戰。難怪老朋友介紹我給新朋友時，常說：「他就是台灣第一。」而不言我的姓名。

台灣第一，不是政治口號，至少我做尋根探源的工作，只是懷著「拜樹頭」的心願，畢竟我們在台灣這塊土地上，「食果子」是需要懂得感恩的。

我起筆為「台灣」找「第一」，當然以「台灣第一」做專欄之名是名正言順，但《大同雜誌》係由大同公司所出刊的「公關行銷綜合刊物」，公司「官商關係」良好，不願碰觸敏感議題，所以只好改題為「台灣的第一」，以避開被人做政治解讀——中間插個「的」字，自是免去「台灣為大」的政治困擾。

從「台灣的第一」到「台灣第一」，我的選題曾做如此說明：

歷史的新紀元，都是每一個人、事、物在無前例的情形下，一步跟著一步慢慢走出來的；

昔日一小步，可能就是今天的一大步。有許多事情對現在說來，也許稀鬆平常，但是對當初在各行各業開疆拓土的英雄來說，他們在荒煙漫草中，無助的踏出第一步，就不那麼容易。

威權年代，當政者於政權鞏固後，宣稱實施民主，但是「戒嚴令」猶存，只要不去碰觸政治敏感問題，一般說來，仍可相安無事，只是「人人心中仍有警總」。白色恐怖陰影猶存，而且報禁、黨禁還在，以「混淆視聽」之罪名，查禁報刊，時有所聞。用「台灣第一」為名寫作，是否有隱揚「台灣意識」之嫌，自然有人關注。「會不會有所困擾？有沒有受到壓力，甚而遭受打擊？」屢屢會有朋友跟我私下相問此問題。其實發表「台灣第一」之後，陸續創作歌謠、諺語、民俗、醫療等文字，寫作生活可說一路平順，惟僅只有一次的紀錄，我曾受到了「關懷」。

有一次，公司安全室主任向我轉述，「有關單位」曾關切並查詢過他，表示要了解我的背景資料和寫作動機。我在公司一向安分守紀，工作認真，甚至保有二十餘年不遲到、不早退、不請假的「三不」優良全勤紀錄，而且安全室主任對我觀感不錯，偶爾還會找我聊談，因此必然是他幫我掛保證，說了不少好話，回報我「思想正確」，不會做越軌行事，此後，再也沒有枝枝節節的事發生。

從一九八三年《台灣第一》到二〇〇一年《台灣世紀回味》，我筆耕不輟。二〇一一年一月，我開始在《文訊》雜誌撰寫「心路・筆痕・書影」專欄，回憶大半生寫作生涯的所見、所思、所感，也算是為台灣文壇留下幾滴筆墨紀錄。

寰宇之旅　浮光掠影

我從小就有「讀萬卷書，行萬里路」的美夢，做為一個現代人，是有很好的機會。不過，我讀的書仍然有限；行的路還是不足。體驗民族、民俗風情、觀賞歷史名勝古蹟，常年在夢縈之中。

「讀萬卷書，行萬里路」，是古代士大夫的夢想，然而，何其難也。古代出版品有限，流通不廣，萬卷在握，根本不可能；山河阻隔，陸路維艱，行不得下，萬里之程難上加難。今之讀書人，不必夢想，只要有心、有錢、有閒，達成不難，不需備有明代旅行家徐霞客或清代探勘家郁永河的獨特、獨有條件。

台灣長期的戒嚴，黨禁、報禁外，還有「禁足」，出國受限，想跨出台灣，談何容易——我當然是「禁足政策」下的受害者之一。其實，在那個年代中，我並不是沒有出國機會，畢竟在職場當上班族時，由於公司是大同公司和日本電氣合資，所以仍有被派往日本電氣株式會社做財務報告的可能。但是機會還是落空，原因是我不爭取——公司做了課長、副理以上的幹部，只有我沒有被派出國。

二十四年的上班族，被困於島內，原因不少。而我望海興嘆，飛不出去，箇中原因是「保持全勤」，不想打破請假紀錄；但更重要的是出國費用，可繳好幾期房貸。

我擁有萬卷書，當然將雜誌也算進去，但是沒有每一本都讀。不少買了下來，只看序文、只看目次，就束之高閣；好幾部的世界經典長篇小說，我也只是跳躍著翻閱，而不是從頭到尾一氣呵成；我也好讀遊記，古今中西的名家之作，找得到的，都會與書神遊。早年的旅行遊記少有插圖，都是文學，但字裏行間帶我到嚮往的名山大澤、名勝古蹟、人文景觀，解我「籠中之悶」。

第一次出國，跨海到加拿大

親臨其境的國外旅途，是我在職場退休的第三年，已是五十七歲了，才跨海到加拿大。

第一次出國，並不是在規劃之中，而是一件奇緣。有一天，我突然接了一個電話，對方告訴我，想請我擔任領隊，帶他們的舞團出國去加拿大溫哥華做慈善演出。團長的動念，事出有因，我們之前互不相識。

喜悅藝術工作群，是台北市內湖地區的一個小型「社區舞團」，團長吳鳳瑤熱中於舞藝，

第一次出國的地點是加拿大，參加喜悅舞團的公益演出，「台加協會」的人招待我遊覽不少景點，包括原住民的原住地。

參訪聯合國大廈，站在廣場前的公共藝術前留影；這個槍管打結的槍，意寓「放棄武器」。

歐亞交融的土耳其，是我生平第一次體驗到伊斯蘭回教的文明——我在伊斯坦堡留下跡痕，是一種幸運。

印度之旅，讓我體驗到古印度文明的深度，也看到階級性的生活高低落差。

2011年應洪建全基金會之邀，前往廈門國際牌中國廠演講；簡靜惠執行長的好意，令我的世界遺產之旅又添一處。

她對民俗舞蹈用了不少心力去研究，看了不少台灣風土民情的書；我的著作，她也看了不少，於是商請經營連鎖西藥店先生的同意，邀我當榮譽團長，答應負擔我前往加拿大的全部費用，所需條件是為我安排了兩場演講。

我將這個訊息告訴陳永興醫師夫人陳琰玉，她知道這是我第一次出國，而且是溫哥華，希望有人為我安排一些參訪活動，因此馬上與台加基金會的台僑聯絡，請他們務必要好好接待我——陳永興夫婦推動民主運動，在海外頗有聲譽，而且也去台加基金會演講過。

以往我去機場，都是為妻女送機、接機；加拿大之行，才登機出國。第一次離開台灣，和喜悅舞蹈工作群一行二十一人，飛往國外就是到美洲的加拿大，和一般人先去日本、東南亞，甚或「私奔」（那時大陸旅遊還未開放）中國，完全不同。

卑士大學和台加協會兩場演講，是我生平第一次到國外演講，也是第一次在外國名校演講，雖然僅是學生社團所舉辦，但有兩位外籍教授臨場，讓人好不緊張，還好為我翻譯的那位台灣留加博士候選同學處理得不錯，提問時間，有位洋教授很滿意我的答覆。這一場演講中，有一位台灣媽媽特別開了幾個小時的車程趕來參加，她告訴我，原是女兒想自己前來，但因有課，覺得錯過這場演講十分可惜，所以託請母親前來錄音。這位媽媽說：「女兒是北一女畢業的，她在台北時買過我的書，全家移民加拿大後，對台灣本土文化，還是十分關心。」

台加協會的會員，接到了陳醫師太太來自台灣的囑咐，好幾人到機場接機，即表示願意依照我的希望，安排行程；我不加思索地表示：我想追尋「台灣第一位女醫師」蔡阿信在加拿大走過的行蹤。第二天利用舞團彩排的時間，我便去參觀蔡阿信故居，也造訪她住過的兩個養老所，聽聞這位台灣第一位女醫師的不少軼聞，了解一些東方白撰寫《浪淘沙》這部長河小說和蔡阿信互動的細節。數年後，公共電視推出《台灣第一女人》專輯，腳本撰寫人是蔡秀女，我告訴她，不能以《浪淘沙》為史，畢竟那是小說。

喜悅舞蹈團此行以慈善表演為主，除了老人安養所及育幼院外，也特定為加拿大台僑公演一場，海外鄉親反映不錯；五天行程，台加協會還為我們安排了一天觀光旅遊，除了溫哥華市區外，還搭郵輪去了維多利亞花園。

「克難成團」，除了僑委會少許的贊助外，華航給了最低折扣優待票，經費拮拙，住宿從簡，一位台僑提供了自家車庫，充當我們旅館；我特別有一張沙發當床，其他團員一律打地鋪，住得勉強，但有幾餐吃得不錯，駐加辦事處、慈濟功德會、台加協會分場為我們設餐洗塵，都在當地餐館。

第一次出國，就是免費之旅，幸運之至，回味不盡；遺憾的是，喜悅舞蹈團支撐不住經費壓力，幾年後終告解散。

日本旅遊，飽覽四季風光

我的第一次日本之旅，也是免費，因為是考察而去。台北二二八紀念館成立之初，由和平基金會受託經營，館長葉博文是台北建成扶輪社開創人，該社曾邀請我去演講，社友都讚佩有加，葉博文因而希望我對台北二二八紀念館的策展主題以及館務推動，多給予意見。和平基金會獲台北市民政局專案撥款，組團到日本考察，我是被推舉的十二人之一，其他人有許雪姬、李敏勇、李筱峯、張炎憲、張子隆、施並錫等。

我們行程安排的重點，是廣島、長崎二地原爆紀念館，還和他們做館際交流。一行人從東京搭新幹線到京都，是我生平第一次坐高速鐵路，當時就心生何年何月台灣也能有高鐵的幻想。此外，讓我印象深刻的還有一件事——飛抵東京平穩降落羽田機場時，乘客集體用雙手給機長、空服小姐等熱烈掌聲，表示謝意。我不知這種「好習慣」是否以前都有，不過以後出國，已不再有以掌聲感謝「一路平安」、順利落地的人情味回報了。

日本愛知世界博覽會，是我生平第一次參訪此世界文化「大觀園」，順道參觀上野動物園，留影於朱鷺紀念碑前。

後來，也多次旅遊日本，本州、九州、四國、北海道都去過，而且是在不同月份；東瀛的春櫻、夏湖、秋楓、冬雪不同四季風光全觀賞入眸；村鄉的殊異民俗風情，一一體驗入心。

我有一部郵集是收蒐世界博覽會紀念郵票。大阪萬博因台灣參展，媒體報導不少，心中好想躬逢其盛，但因緣慳，未償心願。來到大阪萬博遺址瞻望當年地標的太陽塔，即存有未來能有機會參觀世界博覽會的經驗。所幸美夢成真，近年在亞洲所舉辦的世界博覽會，如日本的愛知和中國的上海，我都有出國考察的機會，總算這輩子沒有跟世博絕緣。

北歐之旅，見識潔白之美

國外遊覽，會使人上癮，有欲罷不能的感覺；年過六十，每年總有一至二、三次拿著護照，飛往世界各地，有的需要旅費的，也不得不縮衣節食去籌錢。譬如北歐五國，我是將台美基金會為我加保的短暫勞保年資，給結算掉，領了二十幾萬勞保老年給付，全數花費在十五天的「北歐五國之旅」——為的是不願再給「台美基金會」額外的保費負擔，畢竟那時我擔任的只是志工，而非正職，僅為基金會編寫了《島國顯影》之書。

北歐之旅，見識到冰天雪地的潔淨、潔白之美，晝短夜長的冰冷氣候所蘊釀出的熱情文化，令來自亞熱帶的我無比振奮。芬蘭赫爾新基的街上，幾步腳程，都可見「國寶級」漫畫嚕嚕米這隻可愛河馬的畫像；丹麥哥本哈根的街道櫥窗，到處貼有紀念安徒生二百年的活動海報；瑞典斯德哥爾摩市政廳的諾貝爾獎頒獎典禮會場；還有雷根與戈巴契夫舉行美、俄高峰會，為兩國長期處於冷戰解凍；冰島美俄高峰會議場所前廣大清澈的湖泊，有來自各地成千隻的候鳥群棲歇在湖面的壯麗景致……，無不在人生之旅留下深刻的印象。

雷克雅維克是冰島的首府，街道上古樸木屋的門眉懸有建築年代，以做為「百年老屋」的告示；鄉間小徑，可見馴鹿的巨大鹿角多處散落，這是難見的「生態廢棄物」；峽灣中成千上萬的鳥兒築巢或飛翔；冰河上的海豹躺在冰塊上悠閒漂流，都是一生驚奇之見。很可惜的是在渡輪中，俄籍嚮導在船艙呼叫我們快上甲板，當匆忙衝出時，一個難得的鏡頭不見了，她告訴我們：「幾分鐘之前，有白鯨出沒水中。」令人扼腕！

北歐之旅，止於冰島，沒有再北上格陵蘭。我們從冰島的雷克雅維克搭乘小飛機，向北飛行，抵達史坦貝克島——這裡號稱是人類經濟活動最北的地方，參訪俄羅斯人採礦和加拿大籍科學家進行極地探勘研究。

我們在冰天雪地上搭起帳篷，篷內炯炯火把給了些暖意，數隻愛斯基摩犬留守在外，我們以營火會慶祝「北國夜」，欣賞斯堪地那維亞半島的民俗表演——雖是觀光安排，但也見識到異國風情。大夥們一致要我獻唱，以表示來自台灣的友善，在盛情難卻下，我唱了自己的招牌歌曲——〈杯底不可飼金魚〉。我聲調高亢有餘，但五音不全，不過能在極地演唱這首「好漢剖腹來相見」的台語歌曲，表達人類感情互相交融，也挺有意義的！

歌聲飄盪在天寒地凍的雪地，我開玩笑地說：「我是台灣第一位在地球最北端的地方，唱〈杯底不可飼金魚〉的人！」冰島籍營主誇讚我的歌喉不錯，問台灣導遊說：「他是不是受過聲樂訓練，有唱義大利歌劇的味道？」那一夜，至今仍令我追憶。

半個月的北歐五國之旅，讓一個亞熱帶的子民，深刻了解到獨特天地的冰天雪地。我想起了俄羅斯諾貝爾獎得主索忍尼辛來台訪問，除了在台北中山堂演講「給自由中國」成了國中國文課文外，還有一件軼聞——就是索忍尼辛從台北南下參訪，行經嘉義的北迴歸線標塔時，神情激動，這是他一生第一次沐浴在亞熱帶的陽光下，還戴起了台灣斗笠。

中國之大，難以遊遍

到中國旅行，這是海峽兩岸分隔年代，難以達成的夢，我們是在「認識錦繡山河，不識台灣地形地貌」的教育下長大，枉論對台灣史的認知；堯、舜、禹、湯、文、武、周公、孔子，一脈相承，是道統教育重點；「台灣開基祖」落地生根，篳路藍縷的打拚故事，在課本完全找不到。我們熟知長江、黃河發源於何處？隴海鐵路從哪裏到哪裏，新疆的省會是迪化，卻不去探究台灣第一條河流叫什麼名字、淡水河河系發源在哪座高山？「迪化」這個地名，早已消失，而改成烏魯木齊。不知所造成的無知，是我後來想「撥雲見識」，讀斯土斯民共同認識的台灣文史的原由。

中共還未改革開放之前，被冠以英國首相邱吉爾所獨創的名詞「鐵幕」，表示嚴格採行「鎖國」政策，進不得也。「前進中國」對我而言，早年確是不可能的夢。

兩岸還未直航之前，我難得有機會與台北霞海城隍廟信徒去做交流，我們是由桃園飛澳門，再進入福建泉州。泉州霞城城隍於文革被破壞之後，長年未修，而霞城臨海門因地處窮鄉僻壤，當地民困人窮無力修建，大稻埕霞海城隍廟乃興協助之念，多次捐錢給「祖廟」幫忙修繕，而此行目的，主要是想了解進度。彼時由泉州前往，路雖拓寬，但仍是黃泥碎石路面，

幼讀《三國演義》，長大後能有機會造訪不少三國遺址，也算是一種圓夢。我有幸走過孔明「北伐之路」，也在諸葛孔明石雕像前留影紀念。

車子顛簸嚴重，沒想到二年之後重赴，已是高級路基，而且不少壯觀高樓取代了簡陋平房——中國崛起現象，已在這小鎮看出倪端。

以後，雖有數趟中國之旅，但是中國之大，大江南北當然難以遊遍，況且我又不是有計劃性的遊歷五嶽三江，幾乎每一次都是受邀前往或應人邀請組團前去。

從前讀歷史、地理，課本所談的是中國有三十五行省、東北有九省，首都是南京，陪都是重慶……諸如此類，學生時代所留下的印象，才知道不少是「學習的浪費」。我去的北平，人家稱為北京；到的長安，已改名西安。

地廣人多的中國大陸，台灣人來來往往甚眾，如我造訪不足十次的人而言，算

同家人出遊，是「老殘之年」的最愛，台灣頭尾行透透，我一家人曾在屏東海生館和海洋生物共眠。

是「稀客」，所以遊歷的景點有限，無從在大江南北都有履痕。秦始皇兵馬俑、萬里長城、漢景帝「微笑陶俑」、三星堆博物館、桂林山水、長江三峽等，皆有幸能夠親臨，領悟出百聞不如一見的道理。中國行程中，去過最多次的是福州，湧泉寺就造訪了四趟，這是「跟團」而非「自助」，所不得不接受的行程安排。

大陸小川壯麗，無可諱言，但我對黃帝陵、三蘇堂、杜甫草堂、孔明北伐路線，情有獨鍾；還有福州三坊七巷的「名人巷」，二遊不倦；對林則徐、嚴復、林紓、林覺民（後售予作家冰心）這些中國名人故居，更有興趣，可能是熟稔他們的事蹟與著作吧！第一次去三坊七巷時，我要求福州市教育局人員說：「希望可以參觀沈葆楨故居。」畢竟他是台灣近代史不能不提的人物，沒想到所得到的反應是「修繕中，不便參觀」。我是不死心的，自己穿巷過弄，多方尋找，終於找到了。我與住在屋內的沈家後人聊談，始知沈家後人對官方安排的補償措施、搬遷計畫很不滿意，因此拒絕遷出，老舊故宅的破陋殘象，令人扼腕。二年後，我再度造訪這家被視為「釘子戶」的沈葆楨故居，仍然如舊，只是沈家後人的那對老夫婦不在家中，無從知道二年來官民是否有某些意見上的分歧，仍然未解。

放眼天下，也得立足台灣

我喜歡去大城小鎮、大街小巷、大山小徑欣賞台灣鄉土特色景觀，但是沒有時間和機會去走透透。

第一次做全島旅行，是高商畢業旅行，這算是第一次出遠門，但僅限西岸，也是生平首次跡印台灣尾的鵝鑾鼻；一直到二十幾年後的一九八八年，我應台灣省新聞處、台灣省旅遊局之邀，參加「台灣省文藝作家省政建設參觀活動」，才第二度到了「台灣尾」。

生有涯，知識無涯。對我而言，寰宇之旅僅能以隨緣處之，說句實話，五十四歲退休之前，我總是以為會被「禁足台灣」，心中喊著：「走出去！」但畢竟客觀條件所限，主觀需求仍無，「行不得也」讓我長久立足台灣，僅能從遊記中求紓解。沒想到，將年屆六十之齡，竟然可以多次移足海內、外，也算福分。

我雖被人視為作家，之前卻是坐在家中寫作的「坐家」，十幾年來，有幸歷遊之地，不多不少，印象留存深刻，可惜沒有撰述遊記的本事，也沒有從寰宇各地帶回吉光片羽的紀念品，只好偶爾再去追尋一些浮光掠影，以為人生部分跡痕各地的回憶。

中央日報印刷廠
MIN CHUAN RD.
雙連國校
市立成淵中學
五原路
高商時，為了上學方便
我母親向合會貸款，以
十二期分期，買了一輛腳
踏車

貳

港町物語寫眞

協發建昌　古蹟千秋

莊協發簸仔店和延平區千秋里辦公室，是戰前「港町」和戰後「貴德街」的人，共同的深刻記憶。

「莊協發」簸仔店創業於一九二八年，原為莊家向大稻埕茶商——錦記茶行陳天來家族所承租，後來將房產買下，建物完工的年代應在那個時間點。

「莊協發」既是簸仔店，又是住戶。約三分之一做店面，經營日用雜貨；後面的三分之二，成了一家十來口人生活起居的空間，侷促現象可想而知。

簡約紅磚屋，店面兼住家

「莊協發」為二層樓的磚、木、石建築，坐落在今西寧北路與貴德街交叉處，因係「三角

莊協發商店在大稻埕港町「起家」，此照片是七〇年代的籤仔店場景，而今成為「港町文史講亭」的工作室。

窗唇」，面臨兩條路，房屋坐南朝北有大門，坐東朝西有側門，因此地籍、地址各有不同：樓下是西寧北路八十六巷十六號，樓上則是貴德街五十三號。房子的基座是高於路面九十公分的「亭仔腳」（騎樓），高約及大人腰部，離開騎樓走向馬路都得下台階——此一設計，是因臨近淡水河而特別施設的防洪措施，今日卻成了台北市特殊的騎樓地景。以前，我兒時玩伴經常不走台階，而常從亭仔腳跳向路面，做為「好膽」的表現，畢竟同年代的女生是絕不敢做這種「跳台階」的不雅行為。

在紅磚外牆上敷設有竹節狀的排水管，代表清風亮節、節節高升，洗石子的竹管設計成了整排紅磚屋畫龍點睛之作，讓簡潔、平實的清水磚「紅樓」更具看頭——雖然沒

莊協發店號的匾額，題者周松年。匾額上的已巳年，就是1929年，即莊協發開店後第二年，這塊匾額仍掛在老地方，簇新如昔。

市定古蹟大稻埕千秋街店屋，沒有華麗外表，但是這棟「有竹管的紅磚屋」必將訴說「港町物語」。

有華麗的飾紋、也沒有多樣的造形，就是令人有驚鴻一瞥的感覺，也讓人有愈看愈耐看的驚嘆！

也許，有人會批評說，如此簡約的設計比不上迪化老街——中西合璧的華美外牆和繽紛富麗的裝飾，但在今日台灣所殘存的一九一〇、二〇年代的「紅樓」建築群裡，不應該被輕忽，因為它的「素民氣質」，顯現了平常百姓人家的生活空間。

𥴊仔店的大門，是兩扇內有橫式木製的傳統門栓；兩側的店窗則是以一片片木條拼湊的，每片都需寫上編號，以避免「關店窗」時逗不攏，因為亂了序號，就關不了。門上有一對楹聯，是以紅漆為底，再寫上黑字，所以常年不換，對聯已不知是何人的作品。

經營不讓陶朱富　貿易猶存管鮑風

我不知當年的「日本警察大人」，對於我家的對聯有沒有好奇的追問「這是什麼意思」？畢竟在太平洋戰爭期間，殖民政府如火如荼地推動「皇民化運動」，卻從來沒有要求我們將這些「漢字」給塗掉。

此聯有三個人名，都是中國春秋時代的古早人，上聯的「陶朱」是范蠡的變名，他有「三致千金而散之」的豪氣；下聯的「管鮑」則是春

「莊協發・港町文史講亭」近年來在亭仔腳舉行講堂，乃為延續1920年代「厝邊」的文化協會港町講座，承續香火。

秋時代的管仲和鮑叔牙。他倆友誼深厚，難怪後人將「君子之交」稱為「管鮑之交」。

橫批：協力同心財自發，寬度正好與大門齊。

莊協發商店之名，是否取自橫批的首、尾兩字？還是以莊協發之店名，去構思此橫批？由於前輩沒有交代，也就不得而知。有陶朱公之經營法則，必定「財自發」；有管仲、鮑叔牙的「協力同心」，更為重要。我建昌街的老家，現在成了市定古蹟，保存之後，必垂千秋。

古早簸仔店，明列市定古蹟

二〇〇五年五月十日，莊協發以「大稻埕千秋街店屋」之名，被明列為「市定古蹟」，之後我常常戲言：我諸多的收藏，又添增了一項「收藏古蹟」的紀錄。

貴德街因鄰近淡水河，所以在日據時期被稱之為「港町」；我家正坐落在「港町二丁目十三番地」，也就是清末的建昌街。然而市定古蹟的名稱，卻被文化局定名為「大稻埕千秋街店屋」——我接受此訛誤的名稱，乃因莊協發曾是千秋里的範圍所在。若有人問及市定古蹟之名的問題，我總要費盡口舌解釋一番——大稻埕千秋街店屋，並不在劉銘傳時代的千秋街上，而是在光復後的千秋里。

清末劉銘傳在今貴德街設立第一條「洋人街」——千秋街（貴德街南段）、建昌街（貴德街北段）。千秋街在南，以洋行為主，街頭的德記洋行，就在大稻埕海關的北面，中間隔著板橋林家的大稻埕行館——六館街，向北就是建昌街，建昌街除了英商的怡和洋行和日資的三井精製茶廠外，大都是本土資本家所經營的中型茶廠。當時我阿公在建昌街成立「莊協發」簸仔店，設定的消費群除了茶行、住戶以外，還有渡口（小碼頭）來往淡水河兩岸的人群。

建昌後街有一條小運河道，據說水源來自劉銘傳建造台灣第一段鐵路「大稻埕火車票房」（火車站）鄰近的河溝頭，位於台北北門北端。小運河在我童年記憶裡，已是「大排」，稱為「港仔溝」，是大稻埕排放汙水的重要溝道。「港仔溝」將建昌後街與南街（今迪化街前段），分割成東、西兩個街區，穿越今西寧北路八十六巷前在港仔溝加蓋的明道，才可以走到霞海城隍廟。

「大稻埕千秋街店屋」，有幸被列入市定古蹟，自是我家光榮，但是也惹來一些爭議。我曾經擔任過台北市古蹟審查委員，因此老家在評鑑是否具有古蹟條件時，台北市文化局聘任的審查委員自然把我排除於外，畢竟我是當事人，擁有八分之一的產權，「事主不能做公親」，但也可能因為沒有我的加入，「莊協發」竟被命名為「大稻埕千秋街店屋」，而發生了嚴重的錯誤。

在台北市延平區還沒有被併入大同區時，當年，民政局將清代建昌街編入「千秋里」，可能是這個原因，讓官員為古蹟命名時出現了「千秋街店屋」的訛誤。所以我家應是「千秋里店屋」

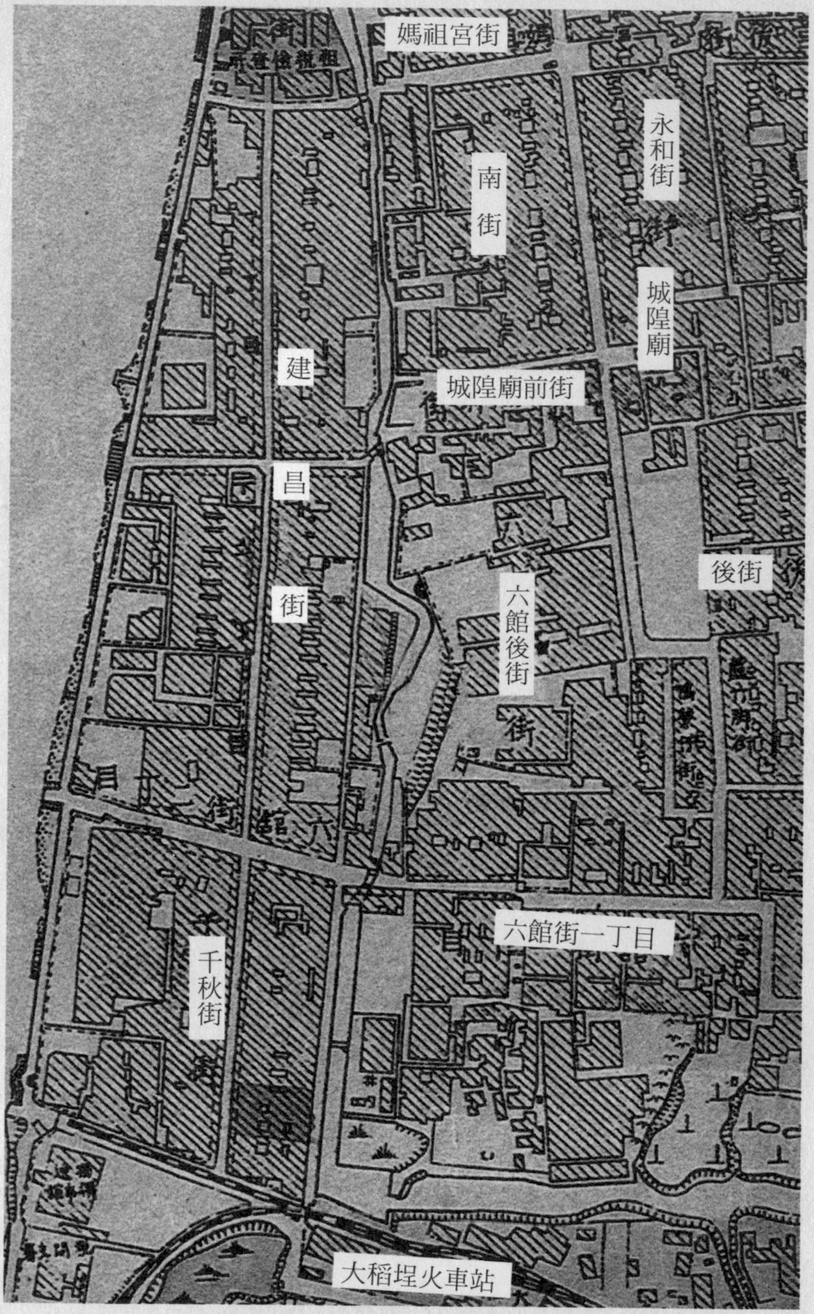

1904 年大稻埕市街圖上的建昌街、千秋街就是現在的貴德街，六館街是南京西路尾。現在的莊協發，就坐落在「昌」字所在，對面的〒標示，是大稻埕郵便支局，現在是李春生紀念教堂。

而非「千秋街店屋」——彼時另有建昌里，里內並不含「千秋街」在內；而原本所保留街名的千秋里、建昌里，也走入歷史，統被歸入「永樂里」的一部分。

我家被指定為市定古蹟，曾引起街坊鄰居的不滿，認為他們的房子必也會被波及，成為不能改建的古蹟，如此將嚴重影響他們的財產權，因此埋怨我家「自作主張」。

之前，我的兄弟、姪女也曾想將老宅改建成現代化大樓，可以各家族分配一層，且已委請建築師規畫完成，進行建築執照申請。我得知此消息後認為不妥，並說服家族提出古蹟申請，以「街景」和「街史」兩大理由，說明這棟八十餘年房屋保存的必要性，不僅獲得家族首肯，也終得古蹟審查委員的青睞，連隔壁的五十一號徐家也一起審查通過（徐家知道我們將申報古蹟，搭上我家的「順風車」，一併提案）。

違章住戶，大稻埕之瘤

我的小學同學，大部分是大稻埕孩子，只有兩個「阿山囝仔」，都姓王，一位是單親家庭，媽媽是女軍官，父親據說是八年抗戰捐軀的烈士；一位是「顧劇團」演員的孩子。當年，京劇名伶顧正秋率團渡海來台公演，選擇大稻埕永樂座做為表演場地，原先安排好的檔期，沒想到有了變化。一九四九年大陸赤化，海峽兩岸因之分隔，整個劇團回不了上海，只好繼續在台演出以維生計。顧劇團滯台期間，政治不穩，經濟惡劣，團員大都以劇場為家——每晚謝幕後，道具移開，便成了演員家族的起居室，鋪上草蓆就是床鋪。

如此打地鋪的生活方式，不僅是這些流落在台顧劇團的演員生活；諸多追隨國民黨來台的外省同胞，也是過此克難生活；還有不少凋敝農村，離鄉背井前來台北討生活的鄉下人，類似如此日子，也比比皆是。

淡水河的大稻埕防洪堤防，在環河北路還沒有拓寬前，是所謂的「土虱甕」，搭建了不少簡陋的短房，不是磚砌，就是竹編；住戶不是從中南部來台北打拚的人家，就是台北近郊到市區謀生的莊稼漢，他們幹粗活、做小販，全是「為著顧三頓」（為了三餐）。在那個民生凋敝的年代，煎熬在「朝不保夕」的生活，居住的環境不比眷村好，生活的條件比軍人還差。

從南京西路底的第九號水門到西寧北路八十六巷的水門邊，這些違章建築被劃為千秋里，由於居住條件不良，造成了公共衛生的嚴重問題，衛生局不得不定期派工作人員，噴灑ＤＤＴ，以防蚊蟲繁殖。

大嫂莊郭招治是千秋里里長，為整頓這一大塊「大稻埕之瘤」，費盡不少口舌，用盡許多心力，在延平區公所（已入大同區）支持下開闢巷弄、栽種花草，成了當時台北市亮麗的「示範社區」，她因而被推薦為優良里長。不幸數年後，政府為開闢外環道路，將之全數拆掉，成了環河北路快速道路。好幾百戶的違章住戶，一夕拆除，我不知有沒有發給拆遷安家費；如果有的話，也必然不會太多——他們沒有抗爭，每家每戶「包袱款款」各走各的，大部分都跨河找棲息之地，不是三重埔、蘆洲就是五股。當年淡水河彼岸，還待開發，不僅公共設施不足，每年颱風季節都會淹水，而且房子滅頂不是奇觀。如〈農村曲〉作曲者蘇桐，晚年在三重埔養雞，一場洪水，讓他的家當全無。

勞苦大眾，菸酒為重

千秋里示範社區內，有不少我小時的玩伴，他們搬離後，我的童年歲月黯淡不少，雖然他們都被視為「野孩子」，但更重要的是我家雜貨店少了消費顧客，生意自然受到影響——這些「勞苦大眾」，最大的購買品是菸、酒。

雲門舞集有一齣劇碼《我的鄉愁，我的歌》，採用了陳達儒作詞、蘇桐作曲的〈煙酒歌〉：「天光窗外鳥啼叫，出門做工手那搖，滿面春風哈哈笑，友兮啊，錢著惜，吃菸咱著來吃香蕉。」這首五十年代的「勞動者心曲」，描述了工人的認命、知足，和四十年代的〈賣豆乳〉、〈收酒矸〉、〈燒肉粽〉一樣，不僅是小市民的心聲，也是當代台灣人行過艱苦歲月的每一個腳步痕。〈煙酒歌〉歌詞第一段的「香蕉」和第二段的「樂園」，都是指最廉價的香菸牌子；中階層抽的是「新樂園」、「雙喜」；上層社會則是高價位的「長壽」和「總統牌」。

飯後一支菸，賽過活神仙。抽菸不僅是農、工社會低層人員的嗜好和解悶的消遣，也是多數人的「品味」。從前，大家無視抽菸對健康的損害，享受較高級的香菸，成了很多人的嗜望，一包長壽牌菸，往往二十個人分享，販賣時必須拆開長壽菸的包裝，抽出來一根一根的賣。鄰居有幾個人好吞雲吐霧，卻難得向我家買菸，因為他們都是撿人家丟棄的「菸屁股」，再將殘存的菸絲用薄紙捲起來，照樣抽。

酒，則是排憂解悶、麻醉心智的飲料，有人還把它當「正餐」，我的鄰居街坊有幾個酒仙、酒空，嗜酒成癖，他們喝不起較高級的酒類，因此〈菸酒歌〉第三、四段歌詞的「飲酒咱著來飲芬芳」、「飲酒咱著來飲紅露」，指的都是平價酒類。在那個年代，最普及的是「太白酒」，因為價廉，所以是裝在一個陶製大甕裡，消費者需要自備容器來購買——不是空瓶子，就是大碗公。拿著酒勺舀酒，倒入漏斗，流滴入酒瓶，不是難事；但要舀在碗內，非得小心不可。記得我有次失手，竟然溢出碗外，灑在地面上，「酒空」阿木馬上彎下身來，用手指在地上沾著殘酒，送進嘴裡。

我並不是「小時了了」的人，至今可以細說童年一二往事，絕不是記憶力夠好，而是童年的自己，一直是人生成長的最前段跡痕。已逝歲月，重新追憶，不忍失落的時光，自然存於心中。

勞苦大眾的嗜好品是當年最廉價的「薰酒」（台語菸酒），「飯後一支菸，賽過活神仙」的消費，香菸品牌是香蕉、樂園；酒標是太白酒與米酒（俗稱「晃頭仔」）。

二之二

城北舊事　稻埕夢迴

大稻埕、八芝蘭（士林）、大龍峒，三個台北「老街」，都是我生活、成長安身立命的空間——但我以「稻埕人」自居，因為邁入而立之年以前的生命烙印於此。

「稻埕」是在地人對大稻埕的說詞，外地人才會循著慣例叫「大稻埕」。由於「大」字在念聲上屬「輕音」，在地人對自己里居地不斷說出口：「大稻埕、大稻埕……」一直念下來，輕音消失，而成了「稻埕」。

「稻埕」只是口語，難見文書；倒是「稻江」一詞，常被書寫，因為大稻埕位於淡水河之濱，而淡水河是台北盆地的江河，所以稱之「稻江」實為名正言順。

而我則以「清代天母」稱呼「港町」，以「日據東區」

界定「太平町」，只因天母曾以「外僑區」受人嚮往，而東區是現代台北市的黃金地段。

大稻埕第一街——迪化街

大稻埕因迪化街而崛起，這條街一年一度以「年貨大街」享譽全台，而今迪化街幾成大稻埕的代名詞。

迪化街，成街於一八五三年（咸豐三年）「頂下郊拚」兄弟鬩牆之後，落難逃生的同安人亡命於此同心協力打造家園。不過，誰也想不到，大稻埕竟然在七年之後，一八六〇年（咸豐十年）逢上「台灣開港」，讓這個原為農耕之地、有著廣大曬穀場的地方迅速崛起。大稻埕和艋舺，雖同為台灣人的市街，都有傳統的台灣風情，但「現代化」的大稻埕則更有資本主義洗禮後的台灣特色。

《民俗台灣》這本日據末期皇民化運動的「親台」雜誌，創辦人之一池田敏雄，以日本人的觀點，如此看「城北」的大稻埕：

過了北門的平交道（註：鐵路未地下化前，南下列車必駛過北門前），便是大稻埕，這兒不像城內商店街道有那麼多日本人，所以有一種越境的樂趣。

台灣開港後，西方文明進入，各方人馬群聚於此，大家相互包容，因著「同是天涯淪落人，

成群牛隻和牧童位在淡水河西岸三重埔，對岸即是洋樓林立的「港町」——我出生的市街。

相逢何必曾相識」的同理心，稻埕人對金髮碧眼、凸鼻的「番仔」（洋人）也不排斥；「鬍鬚番」馬偕初蒞艋舺傳教，備受排斥的現象也不見於大稻埕。

台北三市街——艋舺、城內、大稻埕；城內居中，其南為艋舺，其北為大稻埕。清代稱「南街」、「中北街」的迪化街，當年是大稻埕的精華地段，一八八五年台灣建省，「台北府城」地位確立，過往「重南輕北」的現象為之翻轉，第一任巡撫劉銘傳除了以台北城為政治中心外，眼光還放在大稻埕，企圖規畫為「台北港」，期望藉著淡水河的河航之利，將大稻埕河岸建設成輸出、入口的集散中心，於是他以類似今日BOT案的方式，邀請李春生與林維源投資闢建「洋人街」——千秋街和建昌街。

彼時，怡和、德記、美時、義和、新華利五大洋行紛紛在大稻埕設立跨國分公司，除了洋行外，還有外交使節進駐，如美國公使館、丹麥公使館、義大利公使館、

大稻埕火車站的昔日盛況，候客人力車、小攤雲集。

荷蘭公使館、德意志公使館皆聚集此處，使此區充滿「異人」情調，而被稱為「洋人街」。

　　我家老宅，由於側門位在建昌街，約處於這條「洋人街」的中間，所以父母那一代的人，就以「稻埕建昌街」來說明自家的里居地；〈望春風〉作詞者李臨秋，家居靠建昌後街的「港仔溝」比較近，離建昌街仍有一段距離，但他也常以「建昌街的人」自況。我還記得他晚年中風後，步履蹣跚，有一次走向我家門前，與阿母打招呼時，無限感嘆結結巴巴說出：「咱兩個老歲仔（老年人），是建昌街上老的老大人（長輩）。」

　　李臨秋的慨嘆，乃因左右鄰居，出國的出國、遷居的遷居，多數人不願再守著這個日趨沒落的家園，畢竟茶香已淡，農林公司（昔三井茶行）精製茶廠、怡和洋行、德記洋行……

「大稻埕第一街」──迪化街，日據改稱為「永樂町」，早年的交通工具是轎子。

都已拆除改建公寓；南興茶行劉家、建南茶行翁家，也關店他遷；錦記茶行陳家也分枝散葉，更枉論「台灣茶業之父」李春生家族後代了。其中最令我不捨的是我家正對面的吳文秀故居，他的哲嗣吳宗亮，改建老家後沒幾年，便舉家移民國外，讓他阿爸吳文秀的事跡，只能從有限的文字資料去做追尋。

李臨秋晚年的喟嘆，應是認為大稻埕的「稻埕人」，已經不多了。

六館仔街，今南京西路底

千秋街與建昌街是沿著淡水河的南北向成街，以東西向的六館街為分界；六館街是以板橋林本源家族所建六棟洋樓而得名。林家在大稻埕有不少房地產投資，「六館」的洋式建築，據說除了供家族居住外，也出租給洋人做辦事處。

老一輩的人，對板橋林家的財富相當羨慕，有一首專為女嬰唱的搖籃歌：

嬰仔搖，搖大嫁板橋，紅龜軟燒燒，豬腳雙平�（註：分切兩半）。

歌詞中的「板橋」意指「板橋林本源家族」，也就是富豪人家的代名詞。關於六館街的林家，老一輩的說：「他們很少踏上大稻埕的地。」箇中原因是「他們出入都是轎子抬進抬出的」。

一八九五年六月七日，日本軍隊進占台北城，雖在十四天前的五月二十五日，「台灣民主國」

宣告建國，以示抗日，板橋林家大家長林維源被推舉為國會議長，但他也跟大總統唐景崧一樣，溜之大吉，內渡唐山。我們不知林維源沾過多少大稻埕的泥土？但既然是代表民意的議長，應與台民共存亡才是，顯見台灣民主國滅亡，不是沒有原因。

林家六座公館，毀於何時，不得而知。小時候，我們仍稱通往九號水門的那條街為「六館仔街」，今南京西路底是也。

大稻埕轉衰，太平町崛起

一九二〇年代，如火如荼的非武裝民族抗日運動在大稻埕蔓延，台灣文化協會、台灣民眾黨、台灣工友聯盟的胎動地都在大稻埕，足見這個商賈雲集之地的大稻埕，並不是僅只為追逐金錢、創造財富的商圈。

台灣非武裝民族抗日運動式微時，大稻埕的繁華，也由盛逐漸轉衰，曾在大稻埕太平町執醫、開設宏仁醫院的台灣文獻研究前輩——李騰嶽（鷺村）留有一首竹枝詞，談起對大稻埕榮景不再的感觸：

建昌街廢南街微，代謝何曾有是非。

有「洋人街」、「茶街」之稱的建昌街成了廢墟，南街（今迪化街）也日趨沒落，太平町

（今延平北路）的崛起，證實了「十年河東、十年河西」的市況滄桑。

在建昌街長大的我，學生年代洋行只剩怡和與德記二處，「番仔」（洋人）行跡已渺，以車代步後，我的印象更是「只見洋車，不見洋人」。小學同學大都住在迪化街，但是豪門之後只有一位（李春生後人），其他大都是從各地來大稻埕謀生的「後生」（小孩）。

北門之北的「太平町」，也就是今日延平北路一、二段，在日本時代有「台灣人的市街」之稱，是足以和日本人盤據的城內

建南茗茶是台灣最早由西德引進機器，將茶葉包裝成小茶袋的茶行，近年來台灣飲用茶袋的風氣，可說是店東翁建財透過大量廣告所推廣出來的——圖為建南茗茶火柴盒宣傳品。可惜茶行後因擴充太快，難逃被淘汰的命運。

——號稱「台北銀座」的榮町（今衡陽路），相抗衡的市街。一九六〇年代之前，「延平路」改成「延平北路」，榮景依舊。

我讀永樂國小六年的上學路徑，以走迪化街為主，很少沿著延平北路到學校，因為延平北路似乎是太平國小學生的專用道路。

「大稻埕公學校」因太平町的開闢，將之分成「太平」、「永樂」兩所學校，太平正門向西，而永樂大門向東，但永樂國小在涼州街開了側門，近舊昔的「獅館巷」較近，這是我選擇走迪化街的原因。

「四角環」，下港人築夢落足點

小學時，建成圓環是台北市的亮點，而且不是孤零零的四周馬路環繞的「孤島」，南向的重慶北路到後車站是所謂的「四角環」，整條馬路兩旁都是竹棚搭建的露店，各行各業俱有。

彼時，台北車站分成南、北，就是「前驛」和「後驛」；後驛就是「後車頭」，也就是「後站」，從台北車站的前站，需購買五角的月台票，才能走「天橋」，橫跨月台到後站。後站是第四月台的出口，也就是以前搭乘北淡線火車，從大稻埕到雙連、圓山、士林、北投、關渡、淡水等地上車的地方。

前站的出口是中正路（今忠孝西路），是清末北城牆所拆闢的「三線路」，台北南下的火車，劉銘傳時代是在北門城外河溝頭（今鄭州路）的「大稻埕火車票房」發車，日本時代才將火車站從城外的大稻埕遷到了城內，而鐵軌也改走西城牆（今中華路）外，進入艋舺，再跨越淡水河南下，也就是一九〇八年竣工的縱貫線。然而清末時的鐵道，可不是如此，市區是行駛於大稻埕，經三重埔、新莊，爬龜崙嶺（今龜山），再到桃仔園（桃園），抵達新竹。

「前站」是城內的門戶，而「後站」的出口正是大稻埕。城內因是政治中心的關係，自是非一般小老百姓能去、想去的地方；大稻埕從開發、發展，就一

直是平民謀生之處，所以中南部北上打拚的人，抵達台北，下了火車，便從「後站」進城，城內、城外對「下港人」（南部人）來說，都是台北城。

後站出來的重慶北路「四角環」，有不少職業介紹所，正是下港人築夢的首要落足點，他們希望可以先找到一份工作，後再覓棲身之處。我曾聽歌壇中生代的郭大誠提及「四角環」不少故事，他當年於此開設歌唱訓練班，有一天，來了個鄉下小伙子，剛從南部上來，想在歌壇發展，郭大誠收了這個徒弟，並且填了〈素蘭要出嫁〉這首歌的歌詞，由他主唱，此後他進軍歌壇，無往不利——這個小伙子就是唱紅〈愛拚才會贏〉的葉啟田。

我是稻埕囝仔，因此夜夜夢迴，常會有稻江浮影；不少人同我一樣在大稻埕築夢，不論先來後到，都有機會。城北舊事，記敘下來頁頁歷史；港町物語可言也，非幾句可表述，且皆非傳聞，我永記心坎。

「太平町」（今延平北路），是大稻埕茶香歲月最現代化的市街，我戲稱為「日本時代台北東區」。

舊事物語宛如寫眞

港町的物語舊事，何止僅是說故事而已，畢竟那不是已逝的「往事」，而是永在記憶中的「寫真」！

不少人說我善於說故事，其實我只是傳述老一代的「物語」；老歲仔（年長者）每每將其清末、日據時期的陳年往事，當作一幀一幀「寫真」的圖片告訴我，絕對是經驗之談，而非不實傳說。

第一位台籍興中會會員——吳文秀

某年，我被邀同前馬英九市長，從大稻埕碼頭一起搭輪船，循淡水河直航淡水，同船的還有台北市政府文化局的文化諮詢委員，我算是「局外人」。當然我被邀請，是另有任務，就是為市長講解河岸的景點人文、風貌故事。啟航之前，我約略將大

吳文秀故居位於莊協發對面，1900年他以台北茶商公會會長身分，前往巴黎參加萬國博覽會（世界博覽會），台灣烏龍茶榮獲金牌獎。這幀照片是他當年在輪船上留影，為其哲嗣吳宗亮贈予我的珍貴照片。

稻埕的歷史做了介紹，其中我提及「厝邊」吳文秀與中國國民革命的相關故事——從清廷追殺的「四大寇」之一陳少白來台所留下的回憶錄，提及他與吳文秀會面的情形，以及根據早年羅家倫為國史館所做的「國民革命與台灣」口述資料，肯定吳文秀是在台參加興中會的第一位台灣人。

馬市長當下對吳文秀這位「傳奇人物」產生興趣，日後，他在一場致詞中，特別提及了台灣人對

中國革命運動的貢獻，也提及了吳文秀與興中會的關係。市長的談話，出現了一點訛誤，他說：「吳文秀是早期留學法國的台灣人。」我吃了一驚，當下告訴鄰座的文化局局長廖咸浩，直說：「市長講錯了，吳文秀不是法國留學生。」馬市長知道後，顯然有些過意不去，他向我解釋說：「吳文秀留學法國，是曉波告訴我的。」王曉波如何「出錯」，我不得而知，但我自己其實也犯了另一個錯誤。

我在《台灣紀事》一書寫及一九〇〇年孫中山抵台曾與吳文秀會面過，這是一樁不實之事，因為同年，吳文秀並不在台灣，而是以台灣茶商公會會長的身分，去巴黎推銷「福爾摩沙茶」。我是事後在陳柔縉的「舊聞報導」中，才知此事，陳柔縉費心地查閱《台灣日日新報》的每一天新聞，寫了不少以往「聞所未聞」的台灣軼事，這是學界較輕忽的一項研究。

我以「台灣第一位看見巴黎鐵塔（艾菲爾高塔）的人」為吳文秀加上這項頭銜，畢竟那個年代，台灣人能去歐洲的不多。據長輩告知，吳文秀並不懂法語，但英語能力很強，他常與洋商交涉生意，所以逗留在法國的那段時日，必是以英文和當地人溝通。一九〇〇年，巴黎萬國博覽會是二十世紀初的世界大事，台灣沒有缺席這項舉世盛會，而且還把握機會，創造商機、拓展市場，由吳文秀代表台灣茶商前往參展，讓台灣產業發光發熱——他不是為日本人行銷日本產品，難能可貴。

我沒有跟上「吳文秀年代」，但他的夫人，我卻印象深刻——是一個纏小腳，從不出戶的傳統女性。

吳文秀故居原是加強磚造的洋樓式二層樓紅磚屋，後來吳家改建成三層的鋼筋水泥貼磁磚樓房，盎然古意全失，他的獨子吳宗亮很後悔，住進新屋後，常對太太（我們都以她的名字「鴛鴦」稱呼）抱怨「新不如舊」，而加速全家移民國外的決心。不久，果真出售房產，舉家出國，從此吳文秀家族都成了「外國人」。

民國一百年十月舉行的「建國百年」慶典大會，政府邀請多位對辛亥革命有貢獻的革命先烈後代返台，陸皓東的後人是其中之一。我曾接到總統府的電話，希望我代為聯絡吳文秀後人，以便寄發請帖，敦請返台共襄盛會。很可惜，我被告知時，已迫在眉睫，即使吳家接獲消息，辦理回台手續必來不及，況且我還需輾轉才能將中央好意傳達給吳家，所以辭謝了這項「派令」。

吳文秀是否為「第一位台籍興中會會員」，歷史已予肯定；我之所以會誤解其與孫中山會面，乃依據日據時代《台灣民報》記述：「吳文秀與他周旋，無微不至。」戰後《台北文物》亦有所記：「兩人一見如故，過從甚密，雖短短一個餘月的當中，（孫中山）頗受其優待和種種的協助。」文獻的紀錄，應沒有查考當年新聞報導吳文秀在國外的行蹤，否則可免差錯，其中失誤的最大原因可能是將陳少白誤以為孫中山。

這位當代人稱「奇男子」的吳文秀，據一九九五年五月《台北文物》的訪問稿，吳文秀經營良德洋行時的職員和後人都說，他的資料在過世後「焚而無存」，其實我保有兩件，全是吳文秀的哲嗣吳宗亮贈予我的：一為一九二七年（中華民國十六年）所出版的蔣中正著《孫中山廣州蒙難記》，內文僅二十六頁，定價大洋一角，由上海三民公司印行。

另一為一幀吳文秀的照片──那是一九〇〇年他前往歐洲時在輪船甲板上所拍攝，戴著瓜皮帽、穿著長袍馬褂的全身照，顯然還留著小辮子，據說船抵香港後，他看到了世界各地來往的人士，直覺腦袋瓜後面的這一條「豬尾巴」非剪不可，才痛下決心，去除代表「清朝遺風」的最後象徵。這張吳文秀的全身照，在我發表後，國父紀念館才從我的書中翻拍了此照做展示之用，以前，所見到吳文秀肖像都是仕紳年鑑上的大頭照。

《台灣通史》史家──連雅堂

曾經旅居大稻埕，並在太平町三丁目（今延平北路）開設「雅堂書局」的連雅堂，在其著作《台灣通史》一書中，以「台北樞要之地，商務殷盛，冠於全台」形容一九二七年左右的大稻埕。

《台灣通史》後序由連雅堂夫人沈璈女士所作，末有「沈璈少雲氏敘於稻江之棠雲閣」，她盛讚先生：「嗟乎，夫子之心苦矣！夫子之志亦大矣！」而且還特別推崇：「臺自開闢以來，三百餘載，無人能為此書，而今日三百餘萬人又無人肯為此書。」除了連夫人的稱譽，《台灣通史》也獲得日本官方大員的捧場，如台灣總督田健治郎賜「名山絕業」四字、總督府總務長官下村宏寫序文、《台灣日日新報》主筆尾崎透真撰序、台灣銀行頭取（董事長）中川白雲題「文獻可徵」。

是時，移居大稻埕的連雅堂印行《台灣通史》，並無委由出版社，而是自兼發行者，發行所設在「台北市大稻埕建昌後街二番戶」。依此地址，應是離我家不遠處。

《台灣通史》卷二十九之後為「人物誌」，從顏鄭列傳開始，至唐劉列傳止，當代的人物，予以「從缺」。「人物誌」有勇士列傳、列（烈）女列傳；連雅堂作「勇士列傳」，多為綠林之豪，有云：「台灣為海上荒島，我先民之來相宅者，皆抱堅毅之氣，懷必死之心……。」

雅堂客居大稻埕，必聞闖盪稻江的廖添丁此人，以他之見，即使廖某逝於前朝，想也未必會列入「勇士列傳」；何況彼時日本殖民政府檔案資料，對廖添丁的行徑，定為「通緝人犯」。

台灣綠林好漢——廖添丁

大稻埕有句俗諺：「伊不是辜顯榮，汝不是廖添丁。」意思是說兩人並不是死對頭，不必要永久對立，不妨坐下來，一起溝通、化解誤會，才是方法。據我了解，辜、廖兩人沒有交集的史料；廖添丁犯案多件，並沒有找辜顯榮要錢的紀錄，但一位是日人的「御用紳士」，一位是民間傳說兜弄日本警察的「綠林好漢」，兩人被擺在一塊兒做對比，應該可以想像。

廖添丁僅活二十六歲，他被後人形塑為抗日分子，自有原因。

我曾以「台灣羅賓漢」形容過他，也說過：「只要不公、不義的社會依然存在，廖添丁這種人就會被形塑出來。」

二〇〇九年，適逢廖添丁百年祭，我在台北故事館遇著林懷民，告訴他說：「一九七九年雲門舞集春季公演的那齣《廖添丁》舞劇，讓我印象深刻——內有一場廟會，將七爺、八爺和八家將都搬到國父紀念館的舞台上，令人對這些宗教陣頭有了另一番的觀感。」我向林懷民建議：如能重演，讓當年錯失機會的人可以前來觀賞，不知有多好，而且又恰逢廖添丁百歲忌日。可惜林懷民以全年演出已經滿檔，未能應允。

不過，我仍然催生了大同區公所在大同公民會館舉辦「廖添丁百年祭」特展，以及台灣師範大學假國立中央圖書館台灣分館舉行「廖添丁學術研討會」——這場討論廖添丁是否為「義賊」的學術研討會，由蔡錦堂教授策畫。一系列活動，以喚醒台灣人從廖添丁的「真面目」了解其「不朽形象」——為什麼說書、廣播劇、話劇、電影、電視劇，甚至布袋戲、歌仔戲都有他的戲碼，彷彿廖添丁的身影永垂不滅。

母親多次向我訴說，她曾在少女時代見過這位人稱「來無影、去無蹤」的廖添丁。彼時家住建昌後街附近，有一天黃昏時分，街上突然一陣喧嘩，多位日本警察正追捕著廖添丁，他被迫急了，竟然闖入家裡來，快速跑向「深井」（天井），蹬上洗衣的石板，手抓著披衣的竹竿跳上屋頂，讓隨後進來的警察不知所措。廖添丁在屋脊上直行，而後縱身躍入淡水河，游水而去，令日本警察徒呼負負。母親還補充說：「這不表示廖添丁真有飛簷走壁的本事，那時家屋都是一層樓，高不過兩個人半左右而已。」

抗日運動先覺者——蔣渭水、稻垣籐兵衛

除了廖添丁，一九二〇年代掀起非武裝抗日運動高潮的領導人之一——蔣渭水，母親也常提及對他的印象。蔣渭水每次到台灣文化協會港町文化講座演講時，必然和一群同志昂然快步地走過我家門前，她對這位先覺者的印象是人長得很「緣投」（英俊），每場講演，必定「滿員」（滿座）。

一九二〇年代台灣非武裝抗日運動時期，也有位日本人曾熱忱參與此「自覺運動」，他就是——怪傑稻垣籐兵衛，稻垣反對殖民政府暴政，曾為台灣文化協會講座及台灣民眾黨演講站台。這位有正義感的日本人也倡導廢娼，創設義塾，興辦幼稚園，嘉惠不少台灣人，而他所成立的「人類之家」就在大稻埕。

德國生物學家——紹達

至於大稻埕的洋人，除了有做生意的國際商人，也有文化人在此居留——其中一位德國人紹達，我曾聽音樂家呂泉生和文獻家廖漢臣談過他和家屬在大稻埕的故事。

紹達是位生物學家，來台採集生物標本，後因二次大戰爆發，令他回不了國，晚年，以教人彈鋼琴為生。呂泉生和他結識，是因為呂泉生在「台北放送局」（後來的台灣廣播電台，即中國廣播公司前身；館舍為現在的台北二二八紀念館）演唱修伯特藝術歌曲，讓這位一家人流寓大稻埕的德國佬在收音機旁聽得入迷，因鄉愁而老淚縱橫。至於廖漢臣，是因為紹達的女兒和日本女婿很好客，喜歡和台灣文人聊談，因而廖漢臣會去他家做客。

日據時代，紹達在台灣所採集的生物標本，如今還典藏在德國博物館中。台灣

德國生物學家紹達，後半生都待在台灣，於大稻埕租賃的書房、鋼琴室，後來成為畫家楊三郎的畫室，之後又轉租給呂泉生做為厚生合唱團練習室。

駐德的某位新聞官，曾在博物館發現到「寶島蝴蝶」，十分驚奇，返台時，曾打電話向我詢問紹達其人其事，因為我曾寫過他的軼事短文。

一九三〇年代，台灣新文化領域的新文學、新美術、新戲劇、新音樂、新歌謠等的引領人才，大都與大稻埕有關；即使不是大稻埕人，他們也都長時間居留、出入大稻埕。

當年諸多留學日本的人，每次回台度假，都會先在大稻埕逗留一段日子；返回日本繼續深造前，也會先到大稻埕報到。雖然他們搭船的地點在基隆，但他們「心中的港口」就是大稻埕——只要去波麗路西餐廳喝杯咖啡或到山水亭吃碗台菜，隨時都會遇到熟友在店內消費，也因此不願孤單的在「雨港」過夜候船。

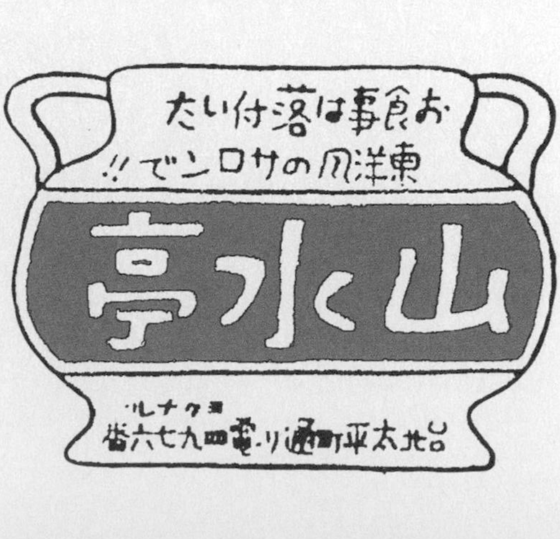

1940年代大稻埕台菜餐廳山水亭的廣告，是日據時期台灣新文學、西洋藝術運動的狂飆時期不能不提到的餐館。

稻江風光　繫於兩岸

從前，淡水河有零星的沙洲，河岸有「沙灘」，是小孩子堆沙雕的地方，淺灘可捉螃蟹、泥鰍，還有「摸蜆仔兼洗褲」，甚至河岸架著大型四手網捕魚的也大有人在……。

在民生凋敝、百業待舉的一九四〇、五〇年代，小孩子的「童趣」自然只是草根性、鄉土味的「省錢」遊戲——我們活動的空間，以亭仔腳和港墘為主；民宅的寬長騎樓和淡水河畔的沙岸，便是童年天地。

港町亭仔腳，茶葉加工區

大稻埕製茶產業，需要揀茶工，港町（今貴德街）的亭仔腳，

「紅紅綠綠鬪新粧，爭去番莊大坎行……，爭占亭軒揀位佳，雁行一望列長排。」1918年林述三的〈揀茶竹枝辭〉生動地刻劃了大稻埕揀茶時節的熱鬧與忙碌。

有如茶葉的加工出口區，茶季時排滿了一個一個的茶簍，成為一景。以人工將茶枝挑出這類「輕可」（不費多大勞力）的工作，都由女性擔當，所以女人開始有了一片天，她們不再大門不出、二門不邁，而是走向亭仔腳，坐在茶簍旁工作，每揀完一簍茶，即可領到一枚紙製工資牌，下工後，再換取現金。工資所得，足以讓她們買胭脂凸粉（以前的敷面化妝品）。她們上工時，都將小孩帶在身邊，就近照顧，小朋友在竹簍四周圍鑽動，但絕不會將裝滿茶葉的竹簍打翻，否則簍內茶葉和揀出丟在地面的茶枝再混在一起，豈不讓家長做了白工？而我小時候，也曾幫鄰居的嬸嬸、姊姊們幫忙揀茶枝，當作迌迌（遊戲）。

茶季結束，騎樓淨空，水泥通道成了畫板；隨手撿了一小片紅瓦碎片，就能當作畫筆，在上面塗鴉。我是經常蹲在亭仔腳作畫的「小畫師」之一，關公、張飛、趙雲等三國武將都是我作畫的人物，造像是學自連環漫畫的圖像，這些「尪仔冊」（童畫書）都是上海版的出版物，一般書報攤都能租到。我還記得作者好像叫沈漫雲，是我將零用錢省下來，去租這些書看的。街坊長輩都誇口說我畫得

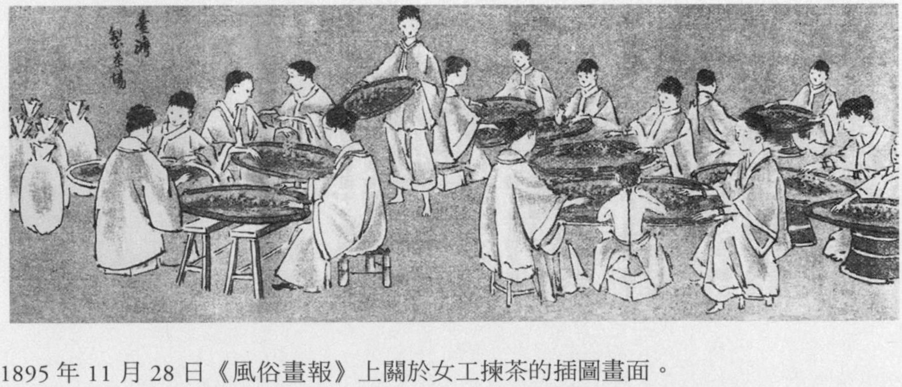

1895 年 11 月 28 日《風俗畫報》上關於女工揀茶的插圖畫面。

不錯，未來可以去畫電影看板；鄰居的叔叔大箍鄭還說：「不必念書了，去學畫布樣，哪天，有一款布紋成了流行商品，就賺翻了。」

河岸沙灘，兒童樂園

大稻埕濱臨淡水河東岸，上游是新店溪，下游是基隆河；這些河川，僅是淡水河流域的一部分，它還包括大嵙崁溪（大漢溪）、景美溪、南勢溪、北勢溪等。

從前，淡水河有零星的沙洲，河岸有「沙灘」。天空常見飛鷹翱翔，我還看過老鷹撲向河面，以爪子抓起小魚叼在喙尖的鏡頭——這些生意盎然的生態景象，在淡水河被汙染後，就成了失去的畫面。

淡水河暮色，風景旖旎，晚霞滿天時，對岸的觀音山更加嫻雅。

環河南、北路還沒有高速公路與高架道路時，堤防設有不少水門，以供出入——我家鄰近十號水門，九號水門位在南京西路底，今民生西路底的大稻埕碼頭則是十一號水門。由於台北市防洪計畫更改，可以通往淡水河、穿越堤防的水門封閉了不少，從我家走路不到一分鐘的十號水門，變成了行不得的水泥高牆。

「去港墘仔迌迌！」這句話是孩童年代經常聽到的邀約，意思是：「一起到淡水河畔玩

淡水河畔的養鴨人家，此景此情已成追憶，卻是童年歲月生活的重要部分。

要！」沒錯，河岸的細沙灘是我們的「兒童樂園」。「去港墘仔找著（就）有。」這句話是大人找不到小孩時，提醒如何將小朋友找回家的方法，真的！我們能夠玩鬧的空間，在河岸的時間最久。

腦海裡關於淡水河兩岸的印象也不少。台北大橋還是鋼鐵橋身、七孔結構的年代，我不知來來回回走過多少次，橋的東岸是大稻埕，西岸是三重埔（三重市），河的兩岸，有「南北差距」的不同生活形態。由於三重埔是中南部人北上打拚的落足點，所以形成了和大稻埕代表的「頂港文化」大不相同的「下港」（南部）性格，在西岸是相當凸顯的。

淡水河不是楚河、漢界，不會將大稻埕和三重埔分隔造成互不往來的現象，而是形成人潮早上從西岸湧向東岸；黃昏時分，人潮又由東往西回流，畢竟三重埔人是要來大稻埕找生計的。

有趣的是，兩岸的信仰圈迴異，卻因此造成更

淡水河清澈的年代，我的童年記憶是魚獲量很充沛。老台北橋是大稻埕共同的記憶。（雷灝隆攝）

緊密的交流。大稻埕農曆五月十三日的霞海城隍祭典，非擺流水席不可，因為三重埔人會傾巢而出來大稻埕；四月二十五日先嗇宮神農大帝聖誕，大稻埕人也牽伴結友的跨橋去對岸三重吃拜拜。

稻江依然，清澈不再

在舟楫來往兩岸的年代，搭船渡河，新鮮感十足。每年清明掃墓，父親總會在十號水門河岸租艘船，由撐渡（船夫）用櫓搖到對岸八里的觀音山山麓，航行中，父親怕我們小孩子無聊，會事先準備些零嘴和汽水，解饞紓渴；水中魚兒亂闖，天空鳥兒飛翔，兒時歡樂，斯樂不可捉。

淡水河除了有「計程船」外，還有貨船。在陸路交通不便的歲月裡，兩岸物流，自然靠的是船運。「唐山帆船」（俗稱，學界名「戎克船」並不妥）進港駛進淡水河的情景，我年幼無緣見到，但舢舨風帆舟影，我卻記憶猶新。

從前台灣南北交通不便，往來需要一整天的時間，即所謂「早晨動身傍晚到」。在沒有冷藏設備之前，北部的蔬果都得依靠鄰近的對岸供應——三重埔的菜寮、二重，甚至蘆洲、新莊等地，菜園、花圃所收成的蔬菜、鮮花大都供應台北市所需。

日本時代的台北橋，不少行人正往三重方向走去（當時為靠左通行），其中幾人還挑著擔子，是來大稻埕買物或賣物回家，就不得而知了，人行道上還有一些賣果物或什貨小吃的小販，人行道下來就是大稻埕。

因此淡水河上還有一種貨船，是專門承載廢棄物的，也就是「水肥」，每隔一段時間，貨船會行駛到大稻埕，將菜農所需的肥料「糞便」挑回去；而菜園裡都設有糞坑，便是堆肥。

不過，自從化學肥料取代了自然肥料，再加上廁所普設「化糞池」，淡水河面上的舢舨逐漸稀少；而載客的船隻，也在道路改善後，沒有了存在價值。時遷境移，稻江流水依然，只是失去了清澈，減少了生機。

水岸露天歌廳，消暑兼解悶

一九五〇年代，淡水河河岸從南京西路到民生西路的水岸沙洲設有露天歌廳，是當年台北民眾消暑納涼兼解悶的好去處。

露天歌廳有個簡單竹架的舞台，圍著一小方圓做為觀眾席，擺滿約五十來張座椅，座位是小竹凳；另有少數特別座，是竹製有背靠的躺椅。只要有人上座，服務小姐便會端上一杯

「五月十三，人看人」是形容台北霞海城隍爺的慶典，圖為遊行隊伍行進太平町（今延平北路）的熱鬧景況。

茶，特別座更有插上一支長蚊香的服務，茶水費就是門票錢，每人收費多少？我已記不得了，大約十塊錢吧！露天歌廳不像電影院必得清場，聽眾可以來去自如，愛聽多久就留多久，看不到自己仰慕的歌手上場，可以離席，有了空位，再補進一個人；如果你想免費，只要站在外圍、不要茶水，不會被人驅趕——我就是不怕腳痠、站著聽歌的人。

依據我的記憶，露天歌廳節目安排除了以一九三〇年代的台語老歌為主外，新作也常常演出，如〈安平追想曲〉、〈賣菜姑娘〉等剛發表不久的作品，還有國語歌曲〈王昭君〉、〈蘇州夜曲〉也有人傳唱。

幾次颱風，颳垮了露天歌廳設備，加上取締河床建物和淘砂業者進駐，這個靠天吃飯的歌廳秀就不見了——現在它已是栽種不少喬木的延平公園了。

我學習台語流行歌，可以說是在露天歌廳的那個年代，功課寫完後，就往河濱跑，站上二、三個小時看表演都不覺得累，第二天上課也不會遲到。

我從小聽台灣歌謠，成長唱台灣歌謠，壯年寫台灣歌謠；獨樂樂，不如眾樂樂，我為台灣歌謠「立言」，只是希望大家因讀而樂於聽，更喜歡唱！

二之五

歌曲源地　聆聽茶香

「薰著茶香的歌聲」是我給台灣歌謠的命題，也就是台灣歌謠另類的包裝名詞。茶香、歌聲，不同的感官感受，我何其大膽將之湊合一起？原因簡單，地緣、背景全與大稻埕休戚相關。

大稻埕臥虎藏龍，人才濟濟，但多數為外來人口，而不是土生土長，如蔣渭水是宜蘭人、鄧雨賢是桃園龍潭客家人、呂泉生則為台中神岡人……，但他們的生活和志業，都與大稻埕關係緊密。

無可置疑的，大稻埕也有藏汙納垢的一面，街頭巷尾有風花雪月的傳聞。日據時代的東薈芳、江山樓、蓬萊閣、春風得意樓，所留下的風流韻聞，有不少是雅事；光復後的杏花閣、東雲閣、萬里紅、黑美人等大酒家，還曾做為民意代表和政府官員溝通的場所。藝旦、酒女，她們在大稻埕討生活，自有其辛酸悲劇的故事。

「要講大稻埕，著要講藝旦；無講藝旦，免講大稻埕。」這句俗話，可知稻江春色有其分量；

「雨夜花」型的弱女子，「受風雨吹落地」的命運，在大稻埕時有傳聞，不過非我這個「無識無緣」的人，能予著墨，畢竟社會邊緣行業的皮肉生涯，只是聽聽而已。幾條花街柳巷，常常是長輩告誡不能去的地方。

茶香濃郁、歌調留存

茶香歲月的大稻埕，濃郁茶韻，處處飄香；酒醉燈迷的大稻埕，優雅歌調，處處揚聲。茶韻、歌調留存於大稻埕，老友鍾肇政以「和台灣子民的血脈，同一節拍、同一旋律」形容一九三〇年代的流行歌曲。茶行、茶棧、茶莊林立的大稻埕，陣陣濃郁茶香撲鼻，自然是常態；而台語流行歌曲匯成巨大聲浪，則源於一九三二年的一曲〈桃花泣血記〉所捲起。我在撰述台語歌謠歷史時，曾以「小我歌聲」來談論那個多以兒女私情為主題的日據時代流行歌曲。

中國影戲（電影）、台灣曲盤（唱片）是我界定台灣流行歌曲樹立風聲的主因。上海聯華影業製片印刷公司的默片電影《桃花泣血記》於一九三一年殺青，翌年輸台放映，首映電影院擇定於大稻埕永樂座（後改稱「永樂戲院」），這家由大稻埕茶商陳天來家族所經營的劇場，觀眾以台灣人為主。永樂座當年有個職員李臨秋，就是〈望春風〉、〈四季紅〉、〈補破網〉的作詞者——他初進劇場上班時，職務是「給仕」，為最低層的工友。

默片時代，「辯士」（電影解說員）是電影院必要的編制人員，他們舌燦蓮花、妙語如珠地做劇情解說，也是觀眾觀劇的一種享受。詹天馬和王雲峰是當年大稻埕最紅的辯士，不少人是衝著他倆花錢買票進劇院的。

不知是誰先出的點子，認為如果替《桃花泣血記》製作一首宣傳歌曲，應該容易招徠到觀眾，於是由詹天馬依電影劇情創作歌詞，將電影本事化為「七字仔」歌詞。

〈桃花泣血記〉十段歌詞，末將劇情述畢，詹天馬在最後還留下廣告伏筆——「欲知發生啥代誌，請看桃花泣血記。」（欲知後事如何？請看本片分解）詹天馬確是廣告高手，經由王雲峰譜成歌後，四處傳唱，電影大為賣座，也因此讓古倫美亞（今譯哥倫比亞）唱片公司看準商機，將之錄製為七十八轉唱片發行，造成轟動，於是將以往唱片業

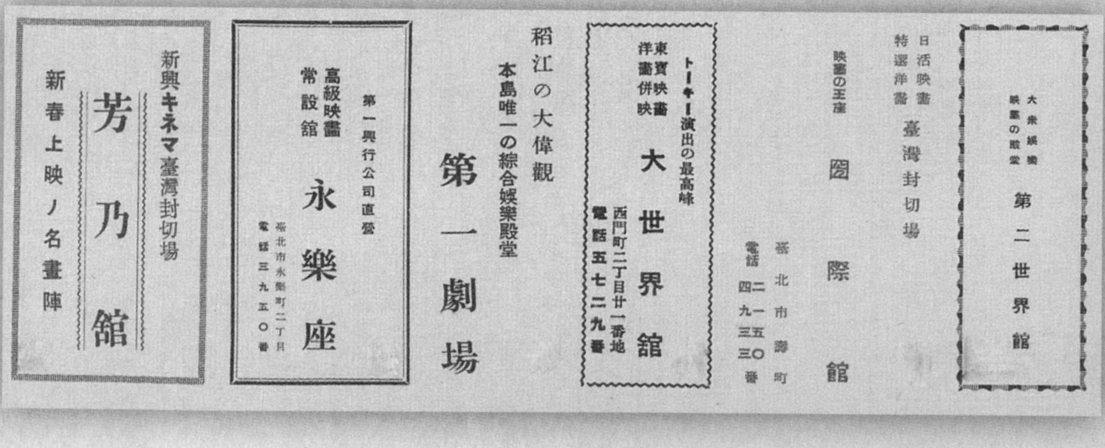

日本時代台北西門町、大稻埕的主要電影院廣告單，左二的永樂座、左三的第一劇場都是由大稻埕錦記茶行陳天來家族投資興建，永樂座見證了 1930 年代台語創作歌謠的發軔。

錄製唱片的範圍，在歌仔戲、京劇、採茶、南北管等之外，還加入了流行歌曲。

一九三二年，〈桃花泣血記〉一曲而紅；翌年，〈望春風〉、〈月夜愁〉……再將聲浪推向高潮，加以後繼勝利唱片的〈白牡丹〉、日東唱片的〈農村曲〉等，一九三〇年代有聲出版的台語老歌，幾乎成了民眾繼傳統音樂外的另一波主流休閒活動。

創作歌曲，有茶為伴

投入流行歌曲創作的幾位高手，幾乎不是設籍在大稻埕，就是在大稻埕出入，如「港町」的李臨秋、「蓬萊町」的蘇桐、「日新町」的鄧雨賢、「太平町」的陳君玉及陳達儒，他們在一九三〇年代都住在大稻埕的町內；沒有設籍的周添旺，雖是艋舺人，但他讀過大稻埕的日新公學校。

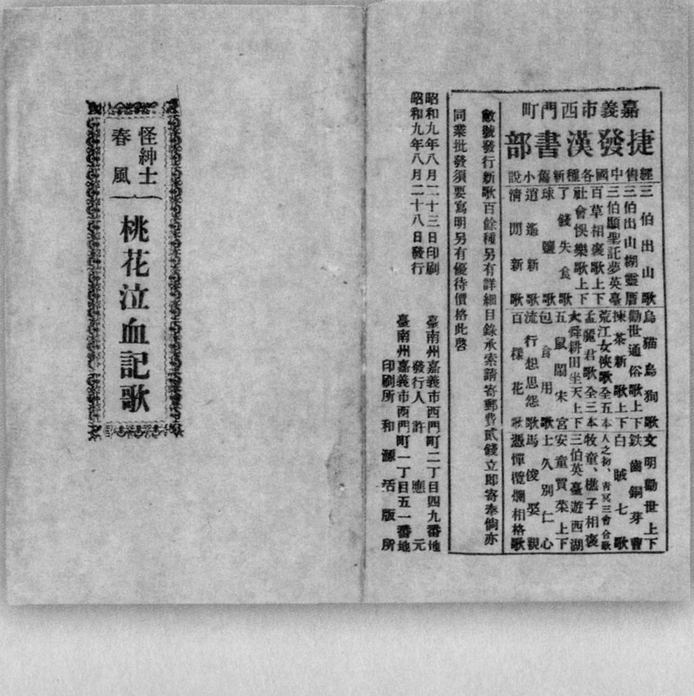

〈桃花泣血記〉歌本。

客籍音樂家鄧雨賢，在台北師範學校畢業後，分發到日新公學校任教，而今學校還保存著他的教師履歷登記。前台北市文化局長廖咸浩約我同去拜訪該校時，我翻閱那泛黃的登記簿，宛如是在和這位大師對話。

有人稱鄧雨賢為「台灣歌謠之父」，我總覺得這稱譽「言過其實」；我曾以「台灣歌樂奇葩」為這位留下〈望春風〉、〈雨夜花〉、〈四季紅〉、〈滿面春風〉、〈碎心花〉、〈對花〉等不朽作品的鄧雨賢做定位。

鄧雨賢是在日新公學校擔任教師時，才由艋舺遷居大稻埕，不少創作是在茶香盈溢的地方完成。他較早作品〈大稻埕進行曲〉，因受到賞識，才被古倫美亞唱片禮聘為專屬作曲家及歌手訓練師。

〈大稻埕進行曲〉是永樂町（今迪化街）文聲唱片文藝部提供的歌詞，由鄧雨賢譜曲，此曲歌詞並非台語，而是日文；「進行曲」並不是什麼鮮明有力的節奏和整齊規律的樂句，而是因茶香歲月造成繁華景象的「大稻埕物語」。

客家大老、同時也是作家的鍾肇政，對鄧雨賢這位鄉賢獨有情鍾，曾以他為主角，寫了一本小說《望春風》，也將〈望春風〉這首歌重填新版客語歌詞。

鍾肇政和鄧雨賢有「原鄉」之情，而我與鍾肇政則有「鄰居」之誼；鍾老會以「老友」對我相稱，因為他小時候住在大稻埕港町，巧的是和我家相隔不到半分鐘路程。

〈大稻埕進行曲〉為鄧雨賢的第一首創作歌曲，可惜是日文，我曾想請鍾肇政以台語翻譯，為一九三〇年代的台語流行歌曲再填「新章」。可是我幾次想說，又不敢開口，因鍾老近年身體欠佳，他的夫人更需要他照顧，所以我只得嘗試自己動筆，但還是不能竟其全功，深覺遺憾，初稿抄錄於下：

春天深更，江山樓內，
絃仔彈奏的聲韻，鑽入心頭，
我家已懷想，孤自煩惱。
夏天深更，太平町通，
咖啡廳乎人留戀，藍燈閃爍，
爵士的音樂，一直響奏。
秋天深更，大橋頭頂，
淋著月光的身軀，生疏腳步，
走動佇月下，身影流動。
冬天深更，後街路面，
人影是顯然單薄，星光稀微，
掠龍品仔聲，聽來清冷。

觀劇聽歌，唱得好聽

大稻埕三大廟宇——慈聖宮、法主宮廟、霞海城隍廟，常有廟會活動、野台戲演出，觀劇聽歌的民眾，經常將廣場擠得水洩不通。我也是趕場的小朋友之一，不過南管、北管、歌仔戲調，我都沒有學會。

大稻埕經常有江湖賣藝人來此表演，我對拳打腳踢的武場演出沒有興趣，倒是文場的說唱令我迷往；一把胡琴、一支洞簫，我的感覺是「唱得比說得好聽」。我不管這些「賣藥仔」吹噓祖傳的丹、丸、膏、散如何有效，在意的是他是否唱得好聽、唱得動人。

我家附近有好幾家大型茶葉加工廠，茶季時茶工都忙慌了，等到茶季尾聲，他們會偷閒唱子弟戲——這種非職業性演出，也會吸引我們群聚聆賞。

小時候曾有過深刻的聽歌記憶。近黃昏時分，不論寒、暑只要不下雨，巷口必傳來嘹亮歌聲，一位老人家身穿黑色唐衫，腋下夾著一隻黑傘，腳穿一雙布靴，踽踽而行，背有些駝，身高應該不會超過一百五十公分，引吭高歌時精神抖擻——這位老人家都是以山歌調唱「七字仔」。

老人不知何許年歲，清臞的臉，陽光長年燙印在五官上，顯得黝黑，留有一小簇山羊鬚，顯然表示他不再是「做田人」或「做穡人」（工人）。「人未到聲先到」，我一聽到他的歌聲，馬上衝出門，站在亭仔腳，入神地聆聽老人歌唱。這位非職業的歌手，似乎認為有人能分享他的歌喉，就是最大的收穫。

他是所謂的「走街仔先」（遊盪江湖的賣唱者），還是要以「唱遊詩人」來佳譽這位老人，我無從給他定位。

老歌手以傳統歌調，即興演唱每首四句聯（七字仔）的作品，千變萬化；有人給他出題，老人不假思索，如「急智歌王」就將歌詞編出、即口唱出，句句押韻。

他自稱是「港仔嘴」的人，也就是說他每回從板橋江子翠，走到大稻埕，不知勞累，而且沿途邊走邊唱，徒步而來，那是半天的路程。他還說，每回走上昭和橋（後改名「光復橋」），一點都不怕吊橋的劇烈搖晃，並強調「港町」是他行程必到之處，因為喜歡茶香。

幾年後，我所見到的第一位老歌手，突然消失了，我住的「港町」巷口，此後再也聽不到歌聲了。

逍遙稻埕　溫故鄉情

「大稻埕逍遙遊」是我規劃行訪、走讀大稻埕人文歷史的導覽路線；四個小時的腳程，難以走遍大街小巷，只能足印這個曾以「茶香歲月」締造台灣近代史亮點的部分，亦不失為溫故園鄉情，知新潮街史。

《大稻埕逍遙遊》原為一本小書，初版於一九九六年六月，是台北市民政局邀我執筆。

當年，大稻埕這個歷史名詞，不及艋舺（萬華）盛名，也沒有西門町那麼熱門；茶香已淡，老街斑剝的大稻埕，除了當地居民之外，有誰還知曉這個又稱「稻埕」、「稻江」的老地名？具有「歷史失憶症」的台灣人，多半已不知光輝燦爛的茶香歲月了。

我以在地人的身分解說大稻埕的茶香歲月，十字路口正是李春生紀念教堂、林清月宏濟醫院、吳文秀故居和我老家的街口。

老街存廢，城市課題

大稻埕第一街——迪化街的存廢問題，之前成了大稻埕能否發展的攻防重點，商家認為迪化街應該拓寬成有四十米寬的「迪化路」，他們願意將店屋後退十來公尺——畢竟每一家的縱深夠長，讓出成為大馬路的一部分，又有何妨？而且變成大馬路後，改建時還可再挑高成十幾層樓的建物。既然車輛暢通無礙，停車不成問題，為什麼有人要阻礙大稻埕的發展？阻擋在地人的財源？

台北市往東發展之後，西岸的疲態更為明顯，古蹟保存？市街發展？成了好幾任市長都難以抉擇的問題；古色古香的迪化街，其歷史性、永久性留存於大稻埕，是否為痛處？

政府對於古蹟或歷史街廓的保存，之前並沒

有配套措施，獎勵方法會被視為圖利於民。於是眼看「他起高樓」、「他樓塌了」的現象，在眾人紛紛拆屋下，台北市的文化地圖一再變色，大稻埕褪色更為快速。總督府更生院（光復大陸設計委員會）、大稻埕海關、第一劇場、永樂座、江山樓、蓬萊閣、怡和洋行、德記洋行……，這些曾是我記憶中的歷史建築，全都消失在大稻埕土地上，成了「無形古蹟」。

我忘了是什麼時候開始做起大稻埕歷史之旅的導覽，雖然我不是保存古蹟的先行者，但卻是熱愛古蹟的痴迷，令我成了發揚古蹟意義的「後起之秀」，還曾經擔任過台北市古蹟審查委員。

2007年7月修訂改版的《大稻埕逍遙遊》。

首發大稻埕人文之旅

八〇年代，台灣高等學府有不少以標榜熱愛鄉土、了解台灣而成立的學生社團，名稱林林總總，不外乎是「福爾摩沙社」、「台灣社」、「台灣研究社」、「台語社」等，這些大學生從報章、雜誌讀到我的文章（那時我還未出書），便想盡辦法找到我，邀請我去學校演講和指導社團活動——基於他們的熱情和好意，每一場課後的晚間社團活動，我是來者不拒。

台灣大學、中央大學邀約只有一次，其他學校都是一再安排我赴校和他們互動、研討；如師大、文化、淡江這幾所北部院校我都去過多次。高雄醫學院也不落人後，屢屢請我南下，彼時台北和高雄最便捷的交通是航空（我不可能搭乘往返時間要半天以上的火車、公路局，因此只能自掏腰包以飛機來往），高醫都會派同學到小港機場來接我，再以摩托車送我到學校。這些多數已服務於醫界的同學們，不知道還有人記得我嗎？除了一位目前與先生在屏東恆春執業的黃同學，曾經打電話問候我之外，其他人都「石沉大海」了；從前社團教室，每天貼上一則我發表於報紙的「台諺淺釋」，我真想了解他們可曾運用在日常生活上？

我第一次帶學生做大稻埕人文之旅，是由一群北上念大專院校的學生所組成的「鹿港旅北同學會」，男女同學一行二十餘人，想從家鄉的鹿港小鎮造訪台北大稻埕舊街——這是我第一次正式做起文史走讀導覽。由於事前沒有路程定點的安排，只是就我童年所履印的足跡做追尋舊夢的方式，帶領同學去了解大稻埕。

首次「領隊」，太太怕我出狀況，還跟我隨行。午餐時，她堅持要與同學們一起聚餐，我帶他們走進了一九三四年創立的波麗路西餐廳，共餐時間，再就大稻埕的興起、沒落，做些補充解讀。之後，由我做東買單的事又有一回，後來因阮囊羞澀，便不再請客了。這些同學，而今都應已成家立業，成了社會中堅人士，如果他們還記得跟我有過一趟大稻埕之旅，應該會對鄉土感情深切、對台灣認知深厚。

三十年前往事，現今回想起來，也頗令人安慰，付之無憾，但仍有絲毫期待，希望當年這些大學生，能夠知道天下沒有白吃的午餐，可以和我一樣，傳播信念，讓斯土斯民都能認同土地的情感！

「大稻埕逍遙遊」啟動

大稻埕逍遙遊，由一本公家出版品，變成了數百回民間的文史

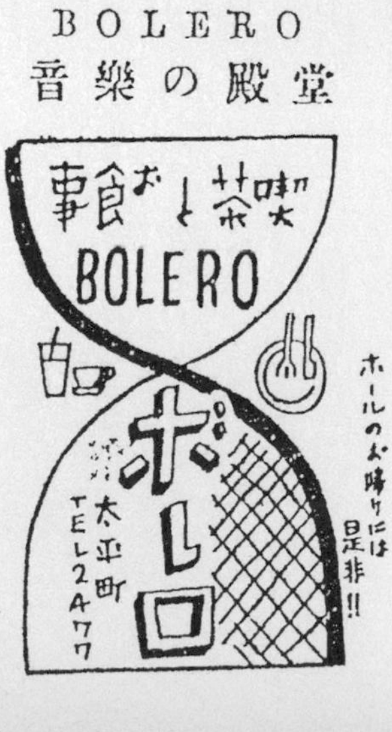

大稻埕波麗路西餐廳創立於台灣人首唱〈雨夜花〉的那一年，以擁有當年第一流的音樂設備做為廣告。

巡禮活動，不是「一觸即發」，而是有一段少有人知的前因。如果沒有這個原由，二〇一四年六月一日的四〇〇期大稻埕逍遙遊紀錄是無法締造的。

前因為迪化街的謝家，因經營台灣鳳梨公司有成，後雖此產業步入夕陽，但謝家財富仍然可觀，家族乃計劃捐出一些錢，做回饋鄉里的事。

於是，謝家邀請幾位大稻埕大老和霞海城隍廟管理人陳文文與我，一起在迪化街謝家的義裕行商討，希望做些對大稻埕未來發展有意義的事。開了二次會後，終於敲定每週舉辦大稻埕老街的巡禮活動。謝家表示，為了讓活動更加吸睛，而且成為受各界矚目的焦點，他們願意給參加者一些「誘因」，贈送些「等路」（台語贈品）給參與的民眾。

彼時，大稻埕對不是在地人來說，還是一個陌生的名詞，他們不相信都會化的台北市還曾有一個曬稻穀的地方？對他們而言，年貨大街的迪化街，是漢藥材和南北貨的集散地，為傳聞有茶香文化的地方，那來的稻香？

我依據台北市民政局所出版的《大稻埕逍遙遊》入門書，擬定了穿街過巷走訪老街的路線圖，這個活動也以「大稻埕逍遙遊」為名。

慈聖宮（媽祖廟）→太平→永樂國小→更生院→大稻埕教會→葉厝紅樓→江山樓→太平町→大稻埕公園→永樂町→鹽館（辜宅）→建昌街、千秋街→錦記茶行→李春生紀念教堂→李臨秋故居→千秋街店屋→吳文秀故居→宏濟醫院舊址→三井精製茶廠→怡和、德記茶行→文化協會港町講座遺址↓永樂座↓永樂市場↓高產婦人科醫院↓法主公廟二二八紀念碑↓大千百貨↓大安醫院↓有記茶行↓功學社↓霞海城隍廟。

路線以慈聖宮為出發點、霞海城隍廟為終點，選擇在慈聖宮集合是因為前有廣大的廟埕，這是大稻埕除了淡水河岸外，難得有此的空間。

大稻埕逍遙遊初期的「利多」，似乎超出一般人的想像，凡是參加者都會得到舉辦單位贈送的禮品，包括：印有大稻埕逍遙遊字樣的T恤、運動帽、《大稻埕逍遙遊》一本、紀念章（塑膠製）以及礦泉水一瓶。除此之外，中午行程結束後，還會到永樂市場用餐；雖然只是油飯，但是每一個人都有「惠我良多」的滿足感。

一個月四次的週日大稻埕逍遙遊活動很受矚目，但是不知何種原因，後來謝家決定「縮手」，霞海城隍廟二話不說，告訴我廟方願意接手，繼續走下去決不停辦。

每次活動所花費的費用不少，為撙節經費，T恤、帽子不再發放，午餐也不招待。當時雖有民意代表表示願意贊助，但條件是希望在某些地方定點插旗——以「關東旗」來宣揚義舉。當然廟方和我都不贊同，婉謝了他們的「金錢援助」。

大稻埕逍遙遊活動由霞海城隍廟接手後，從一九九六年正式起算期數。起初，廟方在營運上有些困難，希望參加者在活動後可捐些香火錢，但是卻少有人樂捐。所幸，人助必有天助，霞海城隍廟供奉的月下老人成了媒體報導的焦點，各方男女前來膜拜日眾，廟方從此不必再為

「大稻埕逍遙遊」的古蹟導覽活動，從慈聖宮起程，十年四〇〇期以上的紀錄，加上我不定期的導覽，我的紀錄已在五〇〇次以上。

文化活動的經費來源有所憂慮。

每月二次，四小時老街漫遊

每個星期日，我都必須捨棄休假；而且一趟超過四個鐘頭的漫遊，實非體力所能負擔，於是向主辦單位霞海城隍廟表示，只能每個月帶一趟。廟方後來因報名人數有增無減，決定每個月至少兩次，亦即第一、第三個星期日，依例舉行。

每個月的第一週日，成了我的固定任務；而第三週的講師，讓廟方十分費神，曾找了葉乃齊、張瑑文等人，他們帶了幾次之後，就懇辭了——表示四個鐘頭的活動，體力難撐。

原先，我規劃的路線，不包含塔城街的

海關博物館，但是當時的館長葉倫會，向霞海城隍廟建議應該納入。我也覺得，增此景點無妨，畢竟是整個行程的「中間站」，參加活動的人也好有個上洗手間的地方。

海關博物館，我戲稱為「關稅博物館」，因為展場設計偏於關稅的政令宣導，對一八六〇年代以降台灣開港後的文化衝擊，少有著墨——從文化史觀點視之，是一大缺憾。

由於大稻埕逍遙遊是週日舉辦的活動，海關博物館必得在假日開館，並派解說人員加班。後來，據說為了員工加班費用的申請，發生了些問題，館方乃決定假日休館。於是，我也就不帶隊繞道前往，放棄了這個後來加入的景點。

當廟方對第三週的導覽講師人選頗費周章時，葉倫會毛遂自薦，表示他願意加入做「志工」。之後，大稻埕逍遙遊第三週日的活動即由葉倫會負責。

大稻埕日漸成了「顯學」，前來「朝聖」者日眾，有些扶輪社便邀約葉倫會到社演講，大稻埕扶輪社還贊助他出版大稻埕專書。我在台北二二八紀念館謝英從館長的桌面上，看到這本以銅版紙彩色印刷的《飲水思源》，發現書中的老照片、老地圖可能都翻拍自我的《大稻埕逍遙遊》，但卻沒有一張註明來源，其他圖片則有「葉倫會拍攝」之註。

我對葉倫會可能涉及侵權的行為，甚為在意，轉告他必得將此書全數收回，並與他切割。好名逐利，人之常情，不過需要節制，古訓「曖曖內含光」，有其真義。

導覽次數，近五百大關

「大稻埕逍遙遊」耕耘多年，終告有成，漸成口碑，只是遺憾官方較少重視此一民間活動，所以近幾年來台北市文化局舉辦的揪團走訪古蹟活動，都以「專案招商」的方式花錢辦事，但往往所找的講師，都對大稻埕認知不夠深入——據我了解，是因文化局人員少有參與。近年來，大同區公所每年夏季所舉辦的「FU大同」活動，必加入「大稻埕逍遙遊」行程，謝正君區長、林佳慧人文課長也幾次全程參與，令人感心。

廖咸浩及謝小韞兩位前文化局長，也曾參加大稻埕逍遙遊第三〇〇期的大型活動，廖咸浩前來致意時，還走了半程，後因公務而先行離開；謝小韞則特別挑選上任的第一次對外活動來參加，並且在台北市藝文月刊《文化快遞》上發表了觀感。

我從未統計過到底走了多少回的大稻埕逍遙遊，只知道遠遠超過了霞海城隍廟所發布的期數——二〇一四年六月一日逢第四〇〇期，加上我「額外」的導覽次數，應該近五〇〇次大關。

我對大稻埕，這個土生土長的地方，無怨無悔的付出，是有目共睹的。

走讀稻江 一起上道

大稻埕逍遙遊，走出了門道，所以我以「吾道不孤，有您同行，大家一起上道！」做為活動標語；萬人上道，共同走讀，個人些微付出，獲得共識，自然欣慰。

「我與大稻埕有約」，約定的不是回老家探視，而是期待有人偶爾會在老街坊遇到我——我不僅是台灣文史的寫作者，更是走上街頭，讓大家認識、體會「存在」的台灣人文故事。

走出門道，老街不寂寞

「大稻埕逍遙遊」走出了門道，此後，辦理大稻埕巡禮的單位越來越多，大街小巷三不五時有團體穿梭，顯然老街不會再寂寞了。不過，我認為有「資源浪費」的現象，畢竟有些活動是可以整併的。

我在老家「大稻埕千秋街店屋」講解貴德街從前劉銘傳時代的千秋街、建昌街到日據時代「港町」的身世。

近年來，蔣渭水文化基金會、山水人文學會都在官方經費的補助下，每月例行辦理大稻埕參訪活動，而且還印製了大量文宣品，安排的路線與「大稻埕逍遙遊」大同小異，只是兩個單位都只做三個鐘頭的活動，參觀的景點少些。不過令我驚奇的是，他們文宣品的內容介紹，並沒有將「大稻埕千秋街店屋」列入——難道不知道它是「港町」第一間被列為市定古蹟的建築物嗎？而被他們列為景點的「李春生宅」、「李臨秋紀念公園」等，寫的都不是正式名稱，正確應該為「李春生紀念教堂」與「大稻埕公園」，難道給予經費的文化單位也都不關注嗎？如此讓市民產生了誤解。

台北市茶業公會的「茶街之旅」以及大同區公所也都不定期舉辦類似的活動，讓地方活絡、老街顯影，所以有人會說：「大稻埕逍遙遊是一個起點。」

早年，我帶隊走進迪化街時，偶爾會遭「小物件」攻擊——有人向我們丟東西，以示抗議。彼時，他們正

積極推動招攬迪化街成四十米大馬路的請願，向市政府陳情，認為這是再造大稻埕的唯一辦法——老舊的迪化街，不能停車、不便卸貨，非成暢通無阻的二線道不可。

「再造迪化街」和「保衛迪化街」兩造意見的衝突，困擾了台北市政府的歷任市長，最後，保護古蹟的呼聲勝利！而今，走讀迪化街商圈的繁盛歷史背景，再也沒有人對保存老街有異議了，「容積獎勵」的文化、都更政策，讓大稻埕生機呈現！

立解說牌，緬懷過往風華

台北市第一任文化局局長龍應台，因聽聞千秋街與建昌街是台北市重要的「歷史之街」，想親自造訪今貴德街，以見識被稱為「洋人街」的緣由。為此，局內的同仁特別安排我為她解說。我以今追昔，述說洋商雲集、使館林立、茶香四溢的「台灣第一條洋人街」時，龍應台回應：「貴德街清楚地呈現了三條歷史軸線，一為文化史，一為茶葉史，一為名人故居，而且以『歷史第一街』為譽。」她覺得歷史的厚度，必須讓人了解，並表示願意在貴德街的歷史定點上豎立說明看板，讓走進這一條曾是「茶街」的人，都能夠緬懷大稻埕過往的風華歲月——不過很可惜，她任內期間並沒有完成此一構想。

第二任文化局長廖咸浩，是一位文質彬彬的學者。他原有機會讓大稻埕的「歷史景點」都設立說明告示牌、讓人追尋茶香史影，但也僅做了一些。

文化局第二科員告訴我：「局長希望找些台灣人的故居，彰顯他們的居地，以表示對其事蹟讚揚。」據說，起因為有議員質詢：「台北市的名人故居，為什麼只有總統官邸和胡適、錢穆、林語堂、張大千等外省人而已，難道台灣人沒有嗎？」我聽了此事，即直接地回答：「難道他不知道台灣人大都是租房子，沒有房產嗎？」居無定所，必無故居，像李臨秋在「建昌街」的老宅，原先也是承租，後來才向屋主買下，是難得有故居的名人；其他如蔣渭水在太平町的大安醫院，或是黃呈聰在永樂町的商號等，都已改建、面貌全非了。至於鄧雨賢戰前曾住在圓環附近，李梅樹畫室也有八年的時間位於南京西路上，但都是向人承租的。

我提出了個人建議，認為不一定是選擇故居，凡與名人的行蹤、事業、志業有關的所在，都可以立告示牌解說，而且以大稻埕為「起點」，而後再推廣至全市。當時，我草擬了大稻埕與名人、歷史相關的五十個據點，並向文化局第二科說明：可以先挑選十個景點，再視效果，補足其他四十個地方。

我交稿後，文化局即委託廠商製作以銅板為材質的告示牌。至於是否十個告示牌如數發包，我不得而知，只知道僅有三個被安置：一是延平北路義美食品的北側屋柱（台灣民報批發處）；二為寧夏路的靜修女中（台灣文化協會創立地）；第三個我尋找了很久，直到第六任文化局長劉維公上任後，我帶領台北「紅磚屋之旅」，走進南京西路日新國小參觀紅樓禮堂，才在校園內發現。不過，令我十分錯愕的是，「鄧雨賢教書的學校」告示牌為什麼不是釘在學校的圍牆上，而是被安置在只有師生才能看到的地方？一般民眾如何知道日新國小不僅有〈望春風〉、〈雨夜花〉、〈四季紅〉、〈滿面春風〉的作曲者鄧雨賢老師；畢業生也有〈月夜愁〉、〈雨夜花〉、〈孤戀花〉、〈秋風夜雨〉作詞者周添旺以及〈望你早歸〉、〈秋風夜雨〉、〈港都夜雨〉作曲者楊三郎——這等別校求之不得的「校譽」。

其他七個告示牌，到底流落何方？我並不知道。此後，文化局第二科也沒有要我繼續完成其他四十個告示牌的文字。不過，若干年後，西寧北路八十六巷的「李臨秋故居」被指定為市定古蹟，「台灣人的故居」終不落空，想及當年列舉出的五十個告示牌，這條巷子就有「吳文秀故居」、「林清月診所」、「李春生紀念教堂」等處——我曾以「轉角都是歷史」來稱譽它。

當年，馬英九市長責令廖咸浩局長要為「台灣新文化運動館」及「台北城市博物館」找地方，廖局長曾邀我共同勘查好幾個空間，如台北市警察局大同分局、萬華四〇六廣場；還有因學校人數少子

穿街過巷，走讀歷史，大稻埕的歷史，是可以用腳痕踏出來的！我在貴德街訴說前世今生的歷史。

化而需減班的國民小學，如大橋、老松、日新、永樂、太平等，除了日據時代的北署，也就是寧夏路的大同分局，確定掛上「台灣新文化運動館籌備處」的招牌外，其他的都因各項因素，而一一放棄。

彼時，學校師生和家長會都陳情反對裁併，校長不願被列為「末代校長」，心情可以體會；畢業生不願以後母校消失，也情有可原，但為什麼不以母校就是今日的台北城市博物館而感到自傲呢？

文化政策的推動，不少有其難處；傳統觀念的阻力，是一大原因。

建議規劃「台灣歌謠步道」

記得，我陪同第三任文化局長李永萍造訪大稻埕，曾口頭提出建議——從霞海城隍廟前的迪化街七十二巷，延伸越過西寧北路，進入八十六巷，可開闢徒步區，規劃成「台灣歌謠步道」。

我的建議，不是臨時起意，而是構思有年。所規劃的路徑，除了大稻埕留有不少童謠、民歌，更重要的是一九三〇年代的歌曲，是與鄰近的幾個定點有關，例如：一九三二年，台灣第一首流行歌曲〈桃花泣血記〉，就是在永樂町（今迪化街）巷內的永樂座揚聲，正因為樹立風聲，日據時代台語流行歌曲的聲浪才會澎湃洶湧，全台合唱；在日本殖民政府進行皇民化運動期間，造成灌錄台語歌曲的唱片公司──歇業，一九四〇年的東亞唱片正是為「台灣樂章」畫上休止符的最後一家唱片公司──因此，台灣歌謠步道，不是我憑空虛構，而是有所本。

我的口頭建議，李永萍局長是可以不回應的，但是當下卻答稱：「這個想法，茲事體大，必然涉及交通狀況、停車問題，還有商家、住戶的反應。」

一個政策，必然需要經過評估，而我也不是空穴來風，全然不考慮一些客觀的條件；霞海城隍廟前的這一條巷弄，和連接的西寧北路八十六巷，可說是「靜巷」，規劃行人步道的可行性滿高。

記得，我也曾為了活絡永樂市場二樓前端迴廊的展示館，建議搭蓋一座陸橋，橫跨永昌街，接連霞海城隍廟前廣場，而此陸橋絕不是一座水泥橋而已，必須要有古典的造形設計，命名為：情人橋或鵲橋──因霞海城隍廟的月下老人香火鼎盛，有此一景，每逢情人節時，不僅可安排拋繡球等活動，另一方面也可活絡永樂市場二樓的「布市」。但得到官方的答案卻是：「今後的交通改善措施是不再蓋陸橋了。」此陸橋非彼陸橋──交通路口的陸橋，橫跨紅綠燈路口，行人懶得上、下，自然成了空橋；但此情人橋是景觀陸橋、觀光陸橋，也可說是公共藝術陸橋，怎可以此做為類比呢？

我從不放棄為大稻埕做些事，畢竟那是對鄉里的回報，更證實我是脫不離渾身充滿著「土氣息、泥滋味」。

電影移花接木，不是大稻埕

二〇一四年，台北市文化局舉辦盛大的「揪遊台北」系列活動，打著「建城一三〇」歷史，以台北城市生活為主題規劃多條路線，大同區「重返歷史場景——電影大稻埕」導覽，所策畫的路徑為：原台北北警察署→台北靈安社→江山樓舊址→有記茶行→大安醫院舊址→台北霞海城隍廟→迪化街南段→大稻埕碼頭。

主辦單位所安排的路線，並非參訪往昔大稻埕的電影事業據點，像是新舞台、永樂座、第一劇場、第三世界館（大光明戲院）、文化戲院（國泰戲院）、中央戲院等這些具有歷史性的大稻埕電影院，而是走讀《大稻埕》這部以一九二〇年代為背景的電影場景，但實際上，這部電影取景的地方主要是在宜蘭傳藝中心，而非大稻埕，電影歷史場景移花接木，讓這部名為大稻埕的電影出現了「不是大稻埕的大稻埕」，令人遺憾！

我不在乎官方是否必須在大稻埕的道上找到我，至少應該認知以政府預算推行政策，一定要找適當的人去做適格的事，而不是發包給廠商執行，就以為「預算」執行了事。

一起上道，與我同行，讓我以「吾道不孤」來感受一些溫暖吧！

这座書櫃，是我家凌亂的地方，生活在群書之中，甘苦自覺，常民史學是我投入的工作。

參・

我看・我聽・我寫

歷史今天　台灣紀事

在「科普」叫得聲如洪鐘的科技時代，常疏忽了「史普」的重要性。我願意做一個「史普」的號手，希望人人都有歷史感！

「台灣第一」是歷史名詞，也是地理名詞，更是文化的、社會的名詞；台灣承先啟後的紀錄，不能湮滅，不能蒙塵，更不能遺忘。

我與「台灣第一」的聯結，緣於以此為寫作題目，但在戒嚴時期，「台灣第一」是禁忌；威權時期，「台灣第一」是叛逆。我之所以會無禁無忌，不是勇於挑戰威權、打破禁忌，而是以沒有「政治」的觀點，去建構文史。

《台灣第一》叫好未叫座

一九八三年，我的第一本書《台灣第一》出版，即引起台灣電視公司的重視，梁光明、莊靈、阮義忠找我喝咖啡，談談製作電視節目的可能性，彼時是「國語連續劇」獨霸時段的年代，他們是出自於使命感，同我商議。後來，這項節目沒有進入企畫，就胎死腹中，原因何在？不得而知，但在僅有台視、中視、華視三台電視共控的年代，「台灣第一」自不會是黨政高層喜歡的主題。

一九八三年十月下旬，台北爵士攝影藝廊舉辦了「台灣第一攝影展」；落幕後，再移至金石堂續展。那時，金石堂書店剛在公館開設第一家門市（一九八三年一月），便創下書局經營精緻化的「第一」；開幕的第一場展覽，就是「台灣第一影像特展」。

「台灣第一攝影展」由文經社出力主辦，我提供全書影像資料，爵士攝影藝廊免費沖洗放大。此次展出，成效不錯，多家媒體報導，然而對《台灣第一》這本書的實際銷售，並無多大助益。

攝影家莊靈在〈鏡頭裡世界：從「台灣第一」攝影展記憶攝影的歷史意義〉一文中提到：

觀者不是欣賞攝影作品，而是在「看」過去，「看」許多我們原來並不確知的特定過去的人、物和事，換句話說就是看到某些歷史的真實形象。當觀者不知不覺地拿過去這些事物來對照今天的現況時，歷史——或者人類文明向前發展的軌跡底意義，就自然而然地顯現出來了。

「台灣第一攝影展」卸展後，所有圖片捐贈給高雄美濃鍾理和文學館。

我的第一本著作《台灣第一》，1983 年由文經社出版。

《中國時報》記者鄭寶娟以「這些逐漸為時間所湮沒的創造紀錄的人與事，已走出人們的記憶，但卻來不及走進歷史」為註腳，為我和《台灣第一》做報導。

聯合副刊主編瘂弦以「為您的史料蒐集工作，向您致敬！」短短數語，表達讚許。

一九八四年四月十六日，柏楊以一枚小小資料書卡親筆寫下鼓勵之詞：

《台灣第一》好極，看了後，心情既沉重又興奮，沉重的是前輩們建立的功業，將被我們後人墮毀，興奮的是，還有人紀念他們，而你，也應是台灣第一位紀念台灣第一的人。

《台灣第一》第二集由文鏡接手

《台灣第一》出版所拿到的版稅，我大都折書送人，期待第二集可以「時來運轉」。但由於《台灣第一》叫好

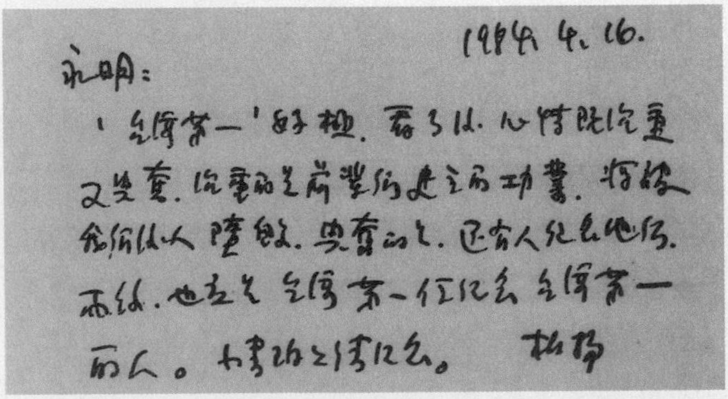
1984.4.16.
永明：
《台灣第一》好極，看了後，心情既沉重又興奮，沉重的是前輩們建立的功業，將被我們後人墮毀，興奮的是，還有人紀念他們，而你，也應是台灣第一位紀念台灣第一的人。[illegible] 柏楊

柏楊看了《台灣第一》，稱許有加，特別在他的書卡上寫字，給我鼓勵。

不叫座，因此文經社對第二集付梓，興致索然。我出了妙招，在《新書月刊》上刊登啟事，以徵求出版廠商。鍾肇政曾為第二集仍無人聞問，有些憤慨，他說出如此重話：「我幾乎為之泫然了，不錯，這麼多這麼多的人在這個台灣島上，可是誰關心台灣，關心什麼是台灣第一呢？」一九八五年十二月，《台灣第一》第二集由文鏡文化事業有限公司接手；第二年九月，再以小開本口袋書編入「文鏡文庫」。

文鏡社是當時創業不久的出版社，出版麥斯基爾的《霧峰林家》後，企圖也想以「台灣文史類」為導向，於是在張炎憲的推薦下，表示願意和我合作。有人肯不計盈虧為我出版，在沒有選擇的餘地之下，第二集的《台灣第一》就此拍板。

不過，第二集的編輯、排版和圖片印刷，都未達第一集的標準，而且和一般圖文類的文史出版品，落差也很大，讓林海音前輩有所微詞。文化界尊稱林海音為「林先生」，她很不客氣的說：「你應該要延續由文經社出書，而不是再找另一家文鏡社。」她可能以為我「擇樹築巢」的做法，乃因我三心二意，而使出版社有所顧慮，其實，我百口莫辯，其中波折，「林先生」並不知其詳——何曾聽過有人為了出書而刊登廣告（其實是啟事，因為《新書月刊》沒有收取我任何費用），尋找合作的出版社，卻沒有得到回音？

林海音對我頗為倚重，她兩度請我和一些文友去她家作客，也在福華飯店辦了一桌酒席，請我、王榮文、李南衡、心岱、季季、文心等人聚餐。

《台灣紀事》為歷史找今天

林海音不只關心《台灣第一》，她對「鄉土紀事」專欄也甚為重視，曾私下問我是否可以交由她所經營的「純文學」結集出版。當時，我不置可否，並不是對純文學出版社以「歷史」做為出版品是否得當作為評估，而是「鄉土紀事」專欄仍在《自立晚報》刊載，何時截止，未有時間表，自然不能事先承諾。

不久，林海音的出版社歇業，她所創辦的優良刊物《純文學》雜誌也走入歷史，所以我的著作，也就沒有機會由「林先生」的出版社出版了。

在《自立晚報》副刊連載三年的「鄉土紀事」，完稿之後，尋找出版社成了問題。此專欄係向陽邀稿促成的，他也深覺自立出版社應有爭取出版的機會，但是得到的反應，卻是「不予考慮」──想必是字數、圖片過多，如此「大書」，非他們願意投資。

輔大尹章義教授知曉我的困境，好意幫我尋找出路，他介紹了一家規模不小的漢光出版公司。我得通知，便帶著書稿前往交洽，想不到編輯老爺沒問幾句話，就說：「你能不能寫一份行銷企畫表，我們再評估出版的可能性。」一如此，對一個作者不禮貌的行為，我自然辭退，不再多談了。

從《書評書目》文學雜誌轉職時報出版的陳恆嘉，獲知我「提著豬頭，找不到廟門」，伸出了援手，他表示對這本書有興趣，於是「鄉土紀事」便以《台灣紀事——台灣歷史上的今天》為名出書。

《台灣紀事》分為上、下兩冊，由於陳恆嘉離開時報出版，改由周惠玲主編完成。此書版型有別於坊間常見的開本，當時王榮文還表示如此開本，書店陳列不易，可能會影響銷售。沒想到書市反應不差，雖然定價稍高，顯然沒有令讀者畏步。

自立晚報社長吳豐山曾對我說：「文章在我們報紙連載，為什麼不在我們出版社出書？」其實，列入自立叢書當然是我的第一個選項，不過是對方先拒絕我，而不是我不想要人家助我一把。

《台灣紀事》以「台灣歷史上的今

《台灣第一》1995 年重新由時報出版。

《台北老街》於1991年出版，收錄了在《大同雜誌》「台澎風物誌」專欄的台北篇章，以「台北人寫台北事」的人文情懷，鏤刻台北老時光。

1985年6月，「林老師」海音做東，在福華飯店設席招待文友，前排左起：文心、鄭清文、莊永明、李南衡；後排左起：趙天儀、季季、夏祖麗、心岱、林海音、王榮文，留下彌足珍貴的影像。

天」見報，在那個台灣文史仍是灰濛濛的年代，要撥雲見日何其難也，況且史料掩遮、人物畏光、影像深藏，何足以找到一年三百六十六天的「大事紀」？李南衡就曾對我是否能竟全功而沒有信心。

史料掩遮，禁忌的年代

「鄉土紀事」連載，並不是每一篇歷史上的「今天」都能見報。譬如「美麗島」仍為禁忌的當年，「福爾摩沙」連提都不能提，因此三月二十日〈從高遠處看福爾摩沙〉這篇文章，描寫「一九三二年於日本東京成立的台灣藝術研究會為圖台灣文學與藝術向上為目的而發行《福爾摩沙》雜誌」，報社雖已打字排版，最後還是取消上報。

二月二十八日，二二八事件那一篇，也沒有見報，是日後出書才收錄的。當時，為了查考二二八事件的報導，我借了一張台灣電視公司的記者證，始獲准進新生報檔案室翻閱查考舊報紙，《台灣新生報》記載販賣私煙的林江邁當時是被槍殺而死，以致我依據撰稿也說：林江邁不幸身亡。「盡信書，不如無書」，誤信了白紙黑字的新聞消息，也會出差錯。我一向秉持求真探實，追求真相，有此失誤，徒呼負負。

台灣史研究被視為「險學」的年代，我進行三百六十六天的資料搜尋，自然不容易，光是查證某些名人的生日，就花了不少時間，因為當代台灣人的生日，有人是農曆，有人是陽曆，戶籍登錄時，日本戶政人員常會隨心所欲不加詳問，就依申報者的資料填寫。台灣人的生日一向是遵循農曆，所以填報少依陽曆；更有人告訴我，他的生日其實更早，因為戶口申報延誤了，怕被官方罰，所以就填上最近的日子，因此戶籍上的出生年月日變成不可靠。其他的歷史事件，我也必得將傳統的陰曆換算成陽曆。總之，為歷史找「今天」，並不是一件稀鬆平常的事。

為了撰寫「今天」，我添購了不少必要的史料——從《臺灣青年》到《臺灣民報》一系列一九二〇年代非武裝民族運動的影印書刊，以及一九三〇年代《臺灣文學》、《臺灣文藝》、《文藝臺灣》、《臺灣新文學》等複刻本，此外，我也在舊書攤找到了幾本原本。我沒有受過學術訓練，不是寫論文的料子，因此除了翻遍書刊外，最重要的還是和耆老對話。

有時，我需要印證某些人物、某些事件的一些疑惑，不少長輩不是吞吞吐吐，就是三緘其口，有人還當頭棒喝的說：「以後，總是會真相大白，現在不是說的時候。」譬如我想探究二二八事件發生前後的新聞，當時就頗費周章，這個歷史傷痕事件，不僅還沒解密，甚至連提都不能提。

我曾一度收集過期的愛國獎券，不買當期對獎的，乃因從無發財夢，不會抱著花小錢中大獎的期盼，而是將那些對過獎的視為「收藏品」。當我發現第 228 期的那一張有「密碼」時，感到十分好奇——為何每期的愛國獎券標示期數都有阿拉伯數字，獨獨 228 那一期竟然只有「國

中間為避開228字樣的第貳佰貳拾捌期愛國獎券。227和229兩期的期數都有阿拉伯數字，獨獨228那一期只有「國字」，不知發行單位台灣銀行是否受到什麼指示？

字」？我特別找出227和229兩期，發現都有阿拉伯數字，不知發行單位台灣銀行是否受到什麼指示？難道國字的「貳佰貳拾捌」就不會令人勾想起一九四七年春的那一場歷史事件嗎？台灣人豈會不稱那一期的獎券是228期？如此掩耳盜鈴的拙劣手法，只是徒留歷史笑話而已。

也許，還有另一種解釋：「228」那一期，適巧是總統華誕，不像前、後兩期，以故國山河為圖案，而是採用松樹、白鶴加上「萬壽無疆」，所以不用228以免犯沖。

願做「史普」的號手

「歷史是走過的從前，台灣每一個走過從前的今天，不僅創造了獨一無二的歷史，並且留下智慧，等待我們心中再生……。」這是我寫《台灣紀事》的心境，但是在「自立副刊」連載期間，雖然好評不斷，卻也曾遭受一些惡意、曲解的批判。

有一位不敢具名，只署「一個熱愛台灣史的人」，以工整毛筆字寄信到報社，指名轉交給我。信中說我是一個不敢面對歷史現實的人，只會說「從前」，他認為我每天的紀事中，有太多貶伐日本殖民政府的記述，是不懂歷史；且幾近謾罵的指責我不敢寫「現代」，是為國民黨遮醜，是想在國民黨政府求官。信末還寫著：「如僅為稿費，不肯以求真態度寫作，台端浪費人生太多，令人惋惜。」他不知我是一個沒有「政治細胞」的人，也不會逢迎拍馬，我深信，他寄出信後，如果知道我的為人，一定會感到羞愧，承認自己「不懂歷史，不知是非」。

有一天，我的師長施翠峰直言對我說：「老莊，你難道不知道日本人對台灣人施政上特別用心之處嗎？」「日本人實施鴉片制度，是為著吸食鴉片上癮的台灣人好，否則這些人必然會因為斷抽鴉片而死亡。」「日本人在教育上實施二元教育政策，是為台灣學童考量，否則『公學校』（台灣人念的小學）、『國民學校』（日本學童念的小學）不分別授課，台灣學童進了國民學校，因用日語授課，台灣囝仔會跟不上程度。」

施老師「教誨」的事例，我聽到了，但沒有跟他辯解，以免冒犯師長。如果他的「史觀」正確，那麼「日治」就是合法合理合情，那些一直到現在還主張「日據」的人，只好閃一邊了。

一九八九年，《台灣紀事》第一版問世。九年後的一九九八年，此書二版九刷付梓，這一套定價一千二百元的高價書，有此成績，跌破不少人眼鏡。

我以「翻歷史的殘頁，喚民族的尊嚴」為《台灣紀事》作序，引昔人劉靜修絕句：「記錄紛紛已失真，語言輕重在詞臣；若將字字論心術，恐有無窮受屈人。」表明台灣「歷史上的今天」，是沒有「心術」的文字，只有「心正」的史觀。

《台灣紀事》影響不淺，日後不少製作台灣歷史上的今天或世界歷史上的今天如有「台灣篇」，大都直接或間接引述此書的資料。譬如錦繡出版製作的《台灣全紀錄》即其中一例。

我以「食譜」二字的諧音，首用「史普」二字，是希望讓人有歷史感，不能只求「科普」

而輕忽「史普」；也因為推廣「史普」，必得以輕食上桌，「今天」就端菜。因此我用以下話語，來說明從「歷史今天」找「今天歷史」的省思：

我們不能因為僅只欣賞了一面灌錄貝多芬九首交響曲所精選片段音樂的唱片，就以為自己完全了解樂聖作品的九大交響曲之精彩奧妙；《台灣紀事》所摘錄台灣歷史的「今天」，只是片段的樂章而已，因此您欣賞的可不是宏偉壯闊的九大交響曲。

我因《台灣紀事》寫下歷史今日，讓人人可讀今日歷史，而被稱為「民間學者」。學者與民間的聯結，有「似是而非」的感覺，所以當我被他人稱為「民間學者」時，我常說：「並不是如此，我只是台灣文史工作者而已。」

論定第一 自有抉擇

「第一」是根、是源、是頭、是先、是啟，承先始有啟後；「台灣第一」與我的緣分，與有榮焉。

我的「台灣第一」，定義明確，所以寫下如此開宗明義的短文：

凡事總有開端，文獻上記載「第一」的事，有的說得轟轟烈烈，有的只以幾筆輕描淡寫帶過，更多數卻因年代久遠而湮沒雲消了。

歷史的新紀元，都是每一人、事、物在無前例的情形下，一步一步慢慢地走出來的；昔日的一小步，可能就是今天的一大步……。

台灣的人、事、物留在歷史上的「第一頁」，您未必能熟知，但如今都成了里程碑。雖然「碑主」因風吹雨打而逐漸模糊，甚至不少字跡已無可辨認，但是畢竟這些樹立風聲的第一，是每一棵枝繁葉茂的樹盤錯在台灣這塊大地的根。

謝文達是第一位飛行員，也是第一位在台灣青天上飛行的人。

第一位飛行員——謝文達

一九八二年《中國時報》生活版欲開闢「台灣第一」專欄時，我向《中國時報》建議，「台灣第一」是一個開放性的專欄，不要僅是我一個人的獨角戲，可以徵求各方參與。結果雖然收到不少稿件，但可用的極少，很多人曲解我為「台灣第一」所訂下的文史意義——我不要「金氏紀錄式的第一」，所以像台灣第一高山、台灣第一大佛、台灣第一對胞胎……，都不是我要的；「台灣第一位車掌小姐」此類難以考據的，也不在我縷列之中。

當年「台灣第一」專欄見報後，反映甚佳，擁有不錯的迴響——譬如登出〈台灣第一位飛行員〉後，謝文達的家屬和一位匿名為「住在晉江街的人士」寫信到報社，再轉交給我。

這位不具姓名的晉江街人士，後來結識謝文達的兒子謝東漢。謝文達是台灣一九二〇年代的傳奇人物，他參加抗日民族運動，因駕駛飛機在日本東京上空撒傳單，聲援「台灣議會期成

謝文達君飛行紀念（其五）飛行機ト謝君

運動」，而為殖民政權所不容，乃投奔中華民國參加中國空軍，他不但打過中國內戰，更在滿洲帝國做過事，一生波濤洶湧，光復後返台，不復提及當年勇。我和他的兒子來往，才知道他和張我軍的兒子、前中央研究院副院長張光直是建國中學同班同學，也是我的學長，一大堆的台灣名人，在他的勾勒下，我得知了不少歷史沒有著墨的祕辛。

第一首流行歌曲——〈桃花泣血記〉

一九八三年《台灣第一》成書後，樹大招風，接受不少挑戰，我大都虛心接受，畢竟自己是「民間的文史研究者」，能掌握的資料、資訊確是有所侷限，但有些偏頗的挑戰，說句實話，我是有點不服氣。

〈桃花泣血記〉被視為「台灣第一首流行歌曲」，並非我的界定，而是那個年代的流行歌曲樂壇前輩所公認，如陳君玉、周添旺都留有證言（前者見於《台北文物》發表之文章，後者可見其著作《台灣流行歌謠五十年》）。〈桃花泣血記〉是一九三二年中國上海輸台的一部默片，由大稻埕的兩大「辯士」（電影解說員）——詹天馬作詞、王雲峰譜曲，為其電影製作宣傳歌曲。但在林二與簡上仁編著的《台灣民俗歌謠》一書，卻指出是一九二八年所創作的電影插曲，顯然有問題——既是台灣人所講的「啞吧戲」默片，自然不會是電影插曲；而電影殺青是在一九三一年，翌年才在大稻埕永樂座上映，將年代提早了四年，也是不行的。

我為「台灣第一首流行歌曲」樹立風聲，卻遭到幾位年輕音樂人的挑戰，他們說我的判定不正確，因為在一九二八年陳舊的廣告單上，有標示「流行歌的〈黑貓進行曲〉」等字樣，所以台灣第一首流行歌並不能算是〈桃花泣血記〉。不過，如果〈黑貓進行曲〉是台灣第一首流行歌，試問：這首歌有流行一時嗎？為什麼「流行歌曲」一直到一九三二年才有共識？一九二八年到一九三二年之間，難道是流行歌壇的空窗期？若要接受他們如此的說法，我只願說：「〈黑貓進行曲〉是台灣第一首沒有流行的流行歌。」

「流行」必須要有風行一時、帶動風潮的條件，〈桃花泣血記〉經七十八轉唱片製作發行後，第二年又有〈望春風〉、〈月夜愁〉等名曲，造成了日據時代「台灣歌曲」風起雲湧的聲浪，因此將〈桃花泣血記〉定位為「台灣第一首流行歌曲」，應該沒有什麼不適格。音樂製作人李坤城、歌手朱約信（豬頭皮）原先以推翻〈桃花泣血記〉的歷史地位為他們獨到的發現，日後，則聲音漸渺，也許是自知理薄吧！

第一位漫畫家——陳炳煌

一九三五年出版台灣第一本漫畫集——《雞籠生漫畫集》的陳炳煌，我定位為「台灣第一位漫畫家」，他得知後，從美國來信告訴我：「愧不敢當。」我回信說：「當之無愧。」為之定論，我為文的理由如下：

《台灣民報》曾刊載漫畫，一九二七年即有楊國城和陳繼章二人，以一幅政治漫畫，繪台灣總督站在資本城而遭警察抓去修理，還拘留二十天處分；《三六九小報》也有漫畫刊出，但是這些都屬零星畫作，專心為畫，而成為家，應是以「雞籠生」陳炳煌為始。

這一段文字，在數年之後，洪德麟在《台灣漫畫閱覽》（二〇〇三年，玉山社出版）做了如此反駁：

《台灣第一》一書將雞籠生列為台灣第一個漫畫家，然而是否名副其實，仍有些疑問。一九二七年已有楊國城和陳繼章

雞籠生第一、第二漫畫集。

等人因於《台灣民報》刊登評論台灣總督的漫畫，而遭逮捕，拘留二十天，而且當時他們也並非唯一的漫畫家，有不少小報也都有漫畫的刊登。

洪德麟以研究漫畫為職志，卻似乎將我的文字做斷章取義的評論。我的看法是，雖然一九二七年已有人於報刊發表漫畫，但出版「漫畫專集」，於一九三五年前並無他人，因此界定有著作出版，才得以稱之為「家」，應無不妥。

洪德麟書上所刊登的陳炳煌（雞籠生）照片，是從《台灣第一》翻拍的——這張照片我得來不易，是陳炳煌老先生八十六歲那年返台，呂泉生邀約他一起用餐，我順道向他索取年輕時的照片，當時他答應我返回美國僑居地後找找

陳炳煌（雞籠生）第一本漫畫集內容為 1935 年出版。

看，並說：「年數已高，遷徙多地，恐怕不能償我所願。」沒想到，不久就接到他從美國的來信，並附了這張相片。

陳炳煌以出生地基隆為榮，乃以「雞籠生」筆名為文作畫；他還是一位旅行家，天南地北走透透，畫了不少各地風光素描，他付梓《雞籠生漫畫集》那年三十二歲，出版這本著作的緣由，他如此表示：「現在各國都有漫畫集團的組織，而島內少有，並且民眾對於漫畫的材料簡淺得極，出版此書不過用以引起島內的民眾對於漫畫的興趣而已。」

雞籠生「承先啟後」的企圖心，從這一九三五年的短文，可以知悉。

《台灣漫畫文化史》是二〇〇六年的出版品，由「逢甲大學庶民文化研究中心」和「台灣動漫書推廣協會」主編，作者為陳仲偉，離洪德麟的著作已隔三年。《台灣漫畫閱覽》應是由玉山社策畫一系列台灣文史類的「入門書」，屬大眾讀物；而由文建會贊助出版的《台灣漫畫文化史》，則是小眾出版品，所以當時我根本沒有注意到此書的出版，還是五年後才在二手書店發現，以半價一百元購得。

陳仲偉在他的著作中，認為我的〈台灣第一位漫畫家〉一文，已成為重要的台灣漫畫史研究文獻。他還引述我的觀點：「莊永明提到雖然雞籠生並不是台灣第一

「台灣第一位漫畫家」陳炳煌是「保齡球」一詞的翻譯人，他為推廣保齡球運動，而不申請「專利」。

位畫漫畫的人，但專心為『畫』而成為『家』，應是以他為始。」陳仲偉顯然了解我的定論。

我與陳仲偉素不相識，但與洪德麟算是舊識。洪德麟對台灣漫畫的癡迷，我和他人一樣有所同感，只是他對「台灣漫畫前史」的史觀論述，以「諸葛四郎」（作者葉宏甲，一九五八年開始連載）為重心，輕忽前人軌跡，我認為有所缺憾。

二〇〇一年，洪德麟擇於國立歷史博物館策展「台灣漫畫史展覽」，前總統陳水扁先生應邀出席開幕式，據報導，他的致詞還是大談諸葛四郎的寶劍。是時我從呂泉生的來信，得知陳炳煌過世的不幸訊息，覺得這一位「台灣第一位

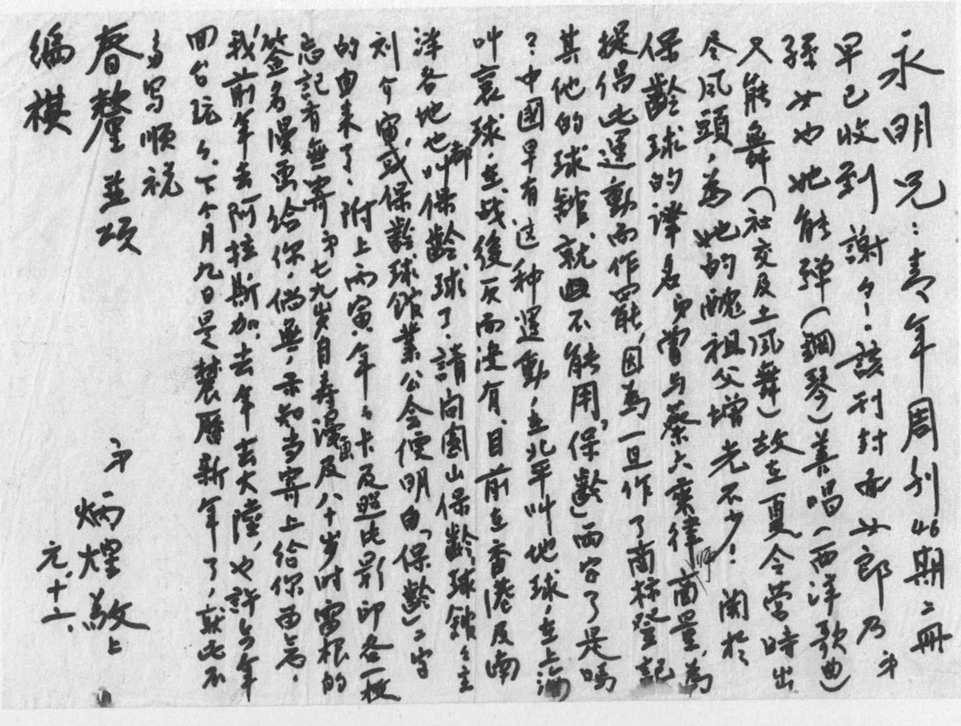
永明兄：青年周刊46期二冊
早已收到，謝謝！該刊封面女郎乃弟
孫女，也她能彈（鋼琴）兼唱（西洋歌曲）
又能舞（社交及土風舞）故在夏令營時出
人風頭，為她的祖父增光不少！關於
保齡球的譯名，弟曾與蔡六乘律師商量，為
提倡此運動而作罷，因為一旦作了商標登記
其他的球館就再不能用「保齡」兩字了，是嗎
？中國早有這种運動，在北平叫地球，在上海
叫袞球，在戰後反而沒有，目前在香港及南
洋各地也都叫保齡球了。請向圓山保齡球館主
刘介宙或保齡球館業公會便明白「保齡」二字
的由来了。附上兩寅年的卡及照片，印各一枚
忘記有無寄弟七九歲自壽漫畫及八十歲時雷根的
簽名賀函給你，倘無，亦即多寄上給你兩份。
我前年去阿拉斯加，去年去大陸，也許今年
回台玩玩。下个月九日是農曆新年了，就此不
多寫順祝
春釐並頌
編祺
弟 炳煌 敬上
元、十二、

漫畫家」竟然在漫畫史上被遺忘，於是寫了一篇短文，提醒後生晚輩應該溯源，旨在追悼老友陳炳煌仙逝，文中並提及陳老有一批很重要的漫畫手稿留在美國，有關單位應派員前往整理。

陳炳煌在《雞籠生漫畫集》第二集，收錄他所蒐集的中外名人簽名——他先描繪對方畫像後，再千方百計請求對方在畫像上簽名留念，內含卓別林、尼克森、于右任、胡適等人，彌足珍貴；後期則畫了前美國總統雷根與第一夫人南茜伉儷之像，也請兩人在畫像上分別簽名。可惜這些資料，不知下落何方。

當然，我也提到洪德麟認為〈三藏取經〉是陳定國在《學友雜誌》全程分期連載的長篇漫畫並不正確，因為這個深受「學友迷」所喜好的專題，之前是由「泉機」所作，半途才交棒給陳定國。我善意指出洪德麟的說詞有誤，想不到洪德麟在《自由時報》投書反駁我，說他是親自聽聞陳定國如是說法。

沒想到，我們兩人以筆對話，讓九十高齡的劉泉機看到了報紙，他囑咐女兒寫信到報社，證實我的說法才是正確，畢竟當年他是《學友雜誌》的台柱漫畫家。此後，洪德麟才噤口。

第一位雕塑家——黃土水

「台灣第一位雕塑家」黃土水，他的〈水牛群像〉（原題〈南國〉）作品已被列為「國寶」，確實是了不得的創作。但尊稱他為「台灣第一」，歷史學者黃富三教授認為有所不妥，他說傳統的木雕師、泥塑師大有人在，而且作品早在廟宇、宅第和民藝品等出現，難道能否認他們的技法和作品嗎？傳統工藝自有歷史地位，誰也不能否定；至於黃教授說應該以「台灣第一位近代雕塑家」給黃土水定位，當然也有其理由。

我「近代」二字不用，乃因不做累贅修詞。黃土水是第一位以「近代美學」觀念做雕塑藝術創作的台灣人，此為公論；其他如「台灣第一位音樂家」張福興，有別於傳統曲藝樂師，而且是第一位留日研習音樂的學者、接受近代音樂訓練的「學院音樂人」。我還論定「台灣第一位油畫家」陳澄波、「第一位水彩畫家」倪蔣懷、「第一位小提琴家」李金土等，以上所做的抉擇，有憑有據，而非杜撰。

雞籠生 90 歲自畫像。

為歌留史 立言傳曲

我對台灣歌謠的一往情深，根植於從「母語」出發；我寫作的動力，是想留住每一個音符所傳唱的人民心聲，不希望歌聲變成瘖啞。

以歌論史，以史觀歌，是我研究台灣歌謠的觀點；我為台灣歌謠立言，寫下《台灣歌謠追想曲》、《台灣歌謠鄉土情》、《傳唱台灣》、《台灣歌謠——我聽我唱我寫》等書；也「立說」出版了《台灣歌謠尋根》、《台灣百年——前塵今生》兩張有聲書，這些作品，社會自有公評，也成了不少學術論文參考的資料。

萌生想法，為台灣歌謠立言

一九七六年出版的《鄉土組曲》是遠流出版公司初創時期的暢銷書。

王榮文因當年莘莘學子開始對「台語歌謠」有了逐漸升高的興趣，小冊歌集如《山之組曲》等近似「歌仔冊」刊物不斷出刊，於是萌生創意，將黃春明所寫的一篇民謠札記，加上歌曲詞譜，編輯成《鄉土組曲》一書。這是一項創舉，之前，台語歌曲選集都是狹長形的「歌仔簿」，只在書報攤才能買到；而《鄉土組曲》卻是正式開本的書籍，在書局發行上市──這項突破，可說讓台語歌曲揚眉吐氣！

但是初版的《鄉土組曲》卻錯誤百出、詞曲作者都沒有註明，我買到之後，十分傻眼，怎麼可以如此草率！於是，寫了一封信到遠流出版社，王榮文也很快地回信表示歉意──此書雖交由專家校正，沒想到學者拿錢不辦事，沒有校正就擲回了，因此在倉促付梓下，發生了嚴重差錯。

王榮文很客氣的邀我前去出版社面談，彼時，遠流的社址是在市郊景美的一個小公寓，記得公司只有王先生兄妹二人。當時遠流剛創業不久，後來與遠景、長橋構成出版業新銳鐵三角，可以說是繼文星、新潮之後的「新興勢力」。

《鄉土組曲》後經中原理工學院劉同學的訂正和我的意見，做了改版，版型、封面也隨之更換，錯誤的詞、曲經嚴細修正後，成了暢銷書。王榮文勇於認錯，隨之發布了補救措施：只要撕下封面，寄回出版社，即寄一本新版，不再收取任何費用。

遠流出版社的負責態度，以「售後服務」做補救，深獲我心。我之後也以〈鄉土組曲之外〉寫了一篇文章，投給《書評書目》月刊；自己也寫了幾則民謠札記，做為黃春明那篇文章的「餘記」，日後就有了撰述「台灣歌謠傳」的想法。

專欄寫作，為音樂家立傳

自一九七九年起，我十分榮幸成了《雄獅美術》的專欄作家，每期介紹一位音樂創作者以及其代表作品。

聲樂家李安和看到我的文章，不知從何處得到我的聯絡方式，邀約我到他家相談，說要告知一些我應該不知道的「台灣音樂故事」。

李安和曾舉辦過幾場台灣歌謠演唱會，我聽過其中一場，感覺還不錯，於是答應他的邀請。他表示很願意與我合作，將《雄獅美術》的專題做得更盡善盡美，要求我與他一起掛名做為文章撰稿人。由於他是前輩，而且話語說得誠懇且具說服力，我自然很輕易的答應了。

從鄧雨賢、林清月、呂泉生、游彌堅、王雲峰等一系列從前沒有人寫過的傳記，都由我們兩人共同具名為作者。李安和多次跟我

2006 年，我催生了「台灣歌謠奇才」鄧雨賢百年誕辰紀念展，而且主持「雨夜花飄望春風」音樂會。

表示，他願意提供私藏資料給我參考，想不到僅是說說而已，每次我為下一期該寫誰？問他能提供什麼資料？他不是拖延，就是迴避，如此「不勞而獲」，終至引起我對他的不信任——哪有不寫一個字就說是作者？我也聽聞他向別人說：「我與莊永明一起在《雄獅美術》寫台灣音樂家傳記。」

於是，我下定決心要與李安和切割。正好《雄獅美術》決定重回「純美術」的刊物，不再使用我的文章，最後一篇陳君玉擱置了數月，才刊出成了結束篇。

在刊載台灣歌謠作家系列期間，發行人李賢文給了我不少幫助。我沒有相機，也不懂攝影，為因應《雄獅美術》插圖的需要，李賢文說他願意隨我前去採訪，並且擔任翻拍的工作。他那輛德國金龜車多次載著我去受訪者的家——一個出版公司老闆，成了我的「助手」，真的很感謝李賢文對這個專題所付出的關懷和助力。

每月一個人物，給了我不少壓力——畢竟，那時我是上班族，只能多方設想，勻出少許的時間，去做調查研究。

慶祝台北建城一三〇年，台北市立交響樂團在大安森林公園舉行二場音樂會，由我擔任曲目解說。

記得有一次，安排拜訪位在大稻埕甘谷街行醫的吳作仁醫師（從母姓），想做他父親王雲峰的口述資料。吳醫師約我晚上八點去診所，我準時到達，才發現候診的病患還有七、八位，護士告訴我：「吳醫師正忙著，他知道跟我有約，但是很抱歉，非等病人看完不可。」那天我等到了十點多，才開始進行採訪。由於隔天還會有不少的掛號病人，所以我只能壓縮時間，做扼要對話。吳醫師說他父親的照片僅有一張，掛在建國南路家中的牆上，如有需要可以去翻拍。之後，我請李賢文一起去，從牆面拿下那張王雲峰留著卓別林式鬍鬚的遺照，進行翻拍，再裝上掛回，費了不少時間——這張王雲峰的照片，後來被人廣泛使用。

發表在《雄獅美術》的系列文字，帶給我寫作的信心，不必擔心被編輯大人（小姐）退稿。同時我也開始注意坊間、媒體傳播一些有關台灣歌謠的論述和報導，做為自己撰述時應該如何切入的參考，以免被批評了無新意。是時，我才發現到別人有關台語歌謠的文字，人半是引述我的資料，或抄襲、或局部改寫。

台灣歌謠紀事三部曲

「台灣歌謠紀事」是一九九〇年我在《中國時報》寶島版撰寫的專欄，不少人告訴我，他們都剪報保存；連載期間，高雄德馨室出版社發行人洪宜勇還來信要求授權出版專書。

彼時，時報出版公司「生活台灣」系列主編心岱與我取得共識，以「台灣歌謠史（傳）」付梓；心岱也同意以「三部曲」做為書系，分上、中、下三冊出書，我分別取名：台灣歌謠思想起（民謠篇）、台灣歌謠望春風（日據時代創作歌謠篇）、台灣歌謠補破網（戰後創作歌謠篇）。

以「思想起」、「望春風」、「補破網」做為台灣歌謠的三個「斷代史」，有其雙關意涵，可以很明確地表示出歌謠傳唱的時代意義、歷史脈絡和社會背景。

我與時報出版公司簽下出版合同，每年交出一冊書稿，心想如此全力以赴，必然能夠完成多年來的夢想——以較有系統性的台灣歌謠傳記，補足坊間一些專書史料的不足。

想不到，不僅未竟全功，且幾乎讓我對台灣歌謠的寫作心冷，一來，必得克服引述詞、曲的

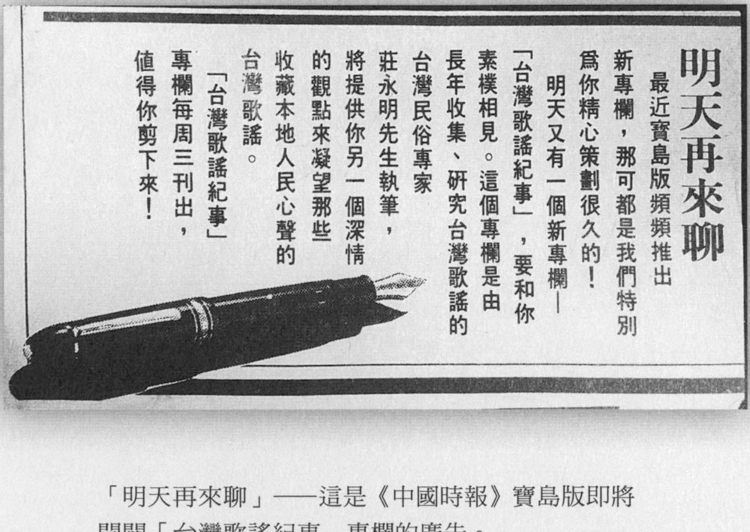

「明天再來聊」——這是《中國時報》寶島版即將開闢「台灣歌謠紀事」專欄的廣告。

22 寶島 中國時報

台灣歌謠紀事

補破網

⊙莊永明

補破網的初稿僅有兩段歌詞，因審查時被認爲是「灰色歌曲」而被迫再補一段才「准唱」，然而在五〇年代，它還是成了禁歌。

一九七六年李雙澤在宣揚現代民歌運動的演唱會上，便擲破一瓶可口可樂，特地演唱了這首歌。

▲李臨秋補破網的手稿。（莊永明提供）

▲李臨秋不希望人家再唱當年不得不寫的補破網第三段歌詞。（莊永明提供）

一九四八年二月八日，台北市電影戲劇促進會舉辦春節會員遊藝會，安排多項節目於「永樂座」（永樂戲院）演出，其中由永樂勝利劇團演出新劇「補漁網」，主題歌──「補破網」，由李臨秋作詞、王雲峰譜曲，伴奏樂團是大稻埕的上林花酒家專屬西樂團，女主角由瑞雲擔任。

李臨秋創作「望春風」時是二十四歲，寫「補破網」已年近四十了，而且是五個男孩的父親。「補漁網」，寓意是「補希望」，「網」和「望」、「夢」在台語是諧音的，李臨秋刻意以「補破網」爲題，自有其用心良苦的思考在內，當時，二二八事件未滿一年，而大陸的戰亂方興未艾，台灣各行各業景氣蕭條，百廢待舉，宛若一張「破網」，正需待認眞地一針一線地去補縫。

「補破網」的「三部曲」是如此的──「尋傢司補破網」、「全精神補破網」、「從今免補破網」，這種描述從失望中毅然決然再站起來，不再失落的台語歌曲，並不多見。

其實，「補破網」的初稿僅有二段歌詞，只因爲審查時，被認爲是「灰色歌曲」，而被迫再補上「魚入網，好年冬，歌詩滿漁港……」這第三段詞，才通過得以「准唱」，然而在五〇年代，還是成了禁歌，一直在一九七七年，始以情歌爲曲，獲得解禁，難怪李臨秋調侃說：當年如果命題：「破網補情天」，可能就不會如此麻煩，當然，李臨秋在晚年也不忘爲其「原先的創意」，要求平反，他不希望人家再唱當年不得不寫的第三段歌詞。

一九七六年，現代詩結合歌曲，掀起所謂現代民歌運動的第二年，李雙澤在淡江大學西洋民謠演唱會上，擲破了一瓶可口可樂，主張「唱我們的歌」，他當時特地演唱還是禁歌的「補破網」，也因此校園內的學子開始喜歡這首含義雋永的台語歌曲。

「補破網」有一句特別令人擊節稱賞的歌詞：「天河用線做橋板」，可以說是承續詩詞的餘韻和民間歌謠的精緻而揉合的佳構；李臨秋引用了七夕牛郎織女一年一度「鵲橋會」的民間故事，來說明「補破網」是需要耐心和毅力的。

前句「夯網針接西東」，雖說的是縫縫補補的動作，但卻在說明分離「東」、「西」的感情是要以認眞的精神去接合，「天河」的台語發音正是「縫好」，以此雙關語來表達，足見李臨秋遣字用詞的高明。

無疑的，「補破網」是一首上乘的情歌，眞誠地描繪愛情從恍惚到喜悅的艱酸過程，但是由於它誕生的時代背景來看，它不失爲一首見證時代的好歌。

當民心有所不滿、有所期待、有所願望時，「補破網」必然是可以抒愛的歌曲！

▲李臨秋的故居位於大稻埕淡水河畔，他在此創作出許多經典歌曲。（莊永明提供）

不可不思議

誰能做「二十……」

談觀光旅遊中領隊……

日前，中華民國觀光領隊協會張貼一張海報─領隊，二十四小時的好保母。對台灣旅客而言，出國旅遊要求廿四小時的服務，是天經地義的事，但如果我們仔細想想：在精神、體力和意識上，領隊是否有必要和有此能耐，全天候備戰？

安排餐飲並不算棘手，好戲還在天黑以後……。

這是一位資深領隊的經驗：有一次他帶領團體在國外餐廳用餐，爲了避免誤會領隊分享他們的……

1990 年代我在《中國時報》寶島版撰寫「台灣歌謠紀事」專欄，
圖為第一篇以李臨秋〈補破網〉為題的文章。

《台灣歌謠──我聽我唱我寫》為 2011 年由台北市文獻委員會出版。封面書名承蒙史博館前館長黃永川先生題字，美麗的旗袍女郎，抱著月琴準備高歌，這圖像是來自 1930 年代泰平唱片的封套，運用了穆夏的新藝術風格，旗袍花樣，則有濃厚的東方美感。

版權問題；二來，陳郁秀的《音樂台灣》趕來「插隊」，讓我不得不跟時報出版公司毀約。我平生重視承諾，「允人較慘欠人」，「欠人」的人情債，豈能全歸我負責？

一九九四年，我的《台灣歌謠追想曲》由前衛出版社出版，好評不斷，而且獲得推薦為當年「本土十大好書」。彼時，台灣歌謠史料出土的文獻不多，七十八轉的黑膠唱片也難以從二手書店或古物商尋得，因此，我大部分以「口述歷史」的方式，彌補文獻資料的不足。

我聽、我唱、我寫

二〇一一年歲末，我出版了一本新書，以《台灣歌謠——我聽我唱我寫》為書名；付梓此書，不是趕「建國一百年」熱潮，而是期待已久的一個小願望，得以達成。

這本書，原擬交由時報出版公司做為「生活台灣」書系之一，但是，第一、二編輯部評估半年之久沒有回音，最後我決定做為「公家出版品」，由台北市文獻委員會出版。

我聽、我唱、我寫，這三個以「我」為主觀的表述，絕不是自我標榜，如果我說是以古羅馬時代凱撒大帝的名言「我來了！我看見了！我征服了！」（Veni, Vidi, Vici）所得到的靈感，似有比喻不當之感。說實在話，我可沒有什麼雄心壯志，以一個征服者做為學習的榜樣——畢竟我是升斗小民，也只是一個安分守己的窮書生。

凱撒大帝的名言，我代之以「我到、我看、我奪」六個字，自覺簡單、有力！聽、唱、寫，只是我致力台灣歌謠整理的「三部曲」，並沒有因「我寫」，而有「我奪」的狂妄之想。

我在《台灣歌謠——我聽我唱我寫》的出版簡介，撰述此段文字：

台灣歌謠，可以聽出鄉土味，能夠唱出鄉土情，作者以「獨樂樂，不如眾樂樂」的心情，藉以連接鄉土史。

除了聽、唱、寫台灣歌謠外，我「說」的也不少，曾錄了兩張CD，也在台視做了《歌謠尋根》的節目，和中國廣播公司名嘴陳京和歌星鄒美儀對談台灣歌謠的故事；陳京和鄒美儀是兩位著名的胖哥、胖妹，我這位瘦子和他們一起在螢光幕上相映成趣。但是節目只做一年，便被綜藝性的娛樂節目打敗了——他（她）們談歌星的私事，較正經八百訴說歌謠故事，來得有收視率。

我曾在台灣師範大學人文教育中心和國立彰化師範大學講授「台灣歌謠史略」，也在不少社區大學授課，更多次在扶輪社等社會團體演講台灣歌謠，努力想導正台語歌謠用詞、用字和讀音，但是難見成果——不過我自信所留下的「文字」和「聲音」資料，終有一天，必會產生影響力的。

三之四

我唱歌謠　尋根正本

近年來，流行歌謠已從「次文化」中脫困。然而，坊間的台灣歌謠「故事」，仍然多所編造，曲、詞、創作者、時代背景、社會因素被曲解的事例太多，正本清源是我不可旁貸的工作……

我為台灣書寫，以台語歌謠為主題的文字最多；為自己的母語歌謠「立言」，只為歌聲傳世，不是為自己傳聲。

關於歌謠的定義，見仁見智，學院常以民謠、民歌的內涵定義，而不將流行歌曲入於「歌謠」之列，甚而往往視為靡靡之音，加以排斥。如此以偏蓋全的話語，令不少有身分、地位的人，平常不唱流行歌曲，只在浴間、廁所低吟二句。

受到「音樂社會學」（Sociology of Music）的詮釋，流行歌曲雖難以和藝術歌曲並駕齊驅，但最終被冠以「城市歌曲」，受到重視。

2014年，〈雨夜花〉八十歲了！我策劃了「雨夜花語」音樂會，為當年命名為「罔市、罔腰、罔惜和招弟」的老祖母唱出了宿命的心聲故事。

呂泉生教授在美蒙主召歸，二二八和平紀念公園舉行一場紀念音樂會，由我主持，許景淳和我唱〈杯底不可飼金魚〉這首期待化解族群心結的歌，此首為呂老師代表作之一。

為台語流行歌曲發聲

一九七〇年代，我開始為一九三〇年代的台語流行歌曲發聲，當時頗受學院質疑，何況我又將其提升為台灣新文學的詩歌範圍。

我將〈丟丟銅仔〉、〈六月田水〉、〈思想起〉……與〈望春風〉、〈四季紅〉、〈白牡丹〉、〈農村曲〉……等量齊觀，統稱為「台灣歌謠」，當時任教於清華大學中文系的胡萬川教授認為不妥，多次指名道姓，批評我的「無知」。我是以一九三〇年代的台語流行歌傳唱有年，而予以肯定，這些歌曲不僅我們的雙親唱它，祖父母也曾唱過，而且只要我們生活的島嶼閩南語還未「失聲」，老歌還是會世代相傳！所以我僅以八個字回應老歌的意義——走出流行，進入歷史。

一九九四年台中縣文化中心委託胡萬川教授進行「閩南語歌謠」採集、登錄、研究，不僅獲得學術單位支持，民間社團也奧援出書，但書中竟然出現了上海電影《木蘭從軍》的插曲，而且是以北京話唱的——這一點與胡教授認為流行歌曲應和民謠、民歌做切割的想法有所違背。

民謠、藝術歌曲、流行歌曲，在學理上是有所區別的，但民眾往往以自己喜好程度來選擇傳唱。呂泉生、郭芝苑兩位前輩音樂家，與我相知甚深，兩人都是學院的頂尖人物，曾多次對我說：「創作一首曲子，傳世是很重要的事，只有世世傳唱不息，才有意義。」

我將台語流行歌曲，做為「台灣歌謠」的子題之一探討，理由單純——只要聲聲不歇，每一段旋律、每一句歌詞，都是民眾心曲。

一場筆戰，指正訛誤

一九七九年，林二、簡上仁合編《台灣民俗歌謠》，由眾文出版社出版。眾文是一家早期專門出版台灣文史類圖書的小型書局，位於重慶南路的官方出版社台灣書店對面。我購得了這本版型和製作類似遠流《鄉土組曲》的書後，細讀之下，當下傻眼，從中挑出十五點文史資料的錯誤及十七處台語文字表音字和表意字亂用，以林二和簡上仁在當時台語歌謠研究的地位和聲望，實在不該如此草率出書，於是我寫了書評，發表於一九八〇年三月號《書評書目》雜誌第八十三期。

《書評書目》是洪建全教育文化基金會所創辦的一本優質雜誌，主編陳恆嘉起初對我的文章有些懷疑。當年元月三十、三十一日兩天，基金會委請簡上仁策畫演出以台語歌謠為背景的「新春歌謠音樂會」，或許是陳恆嘉考慮我指出該書「背景資料」的訛誤，會影響音樂會觀眾的「無所適從」，於是將稿子交給簡上仁看，問他意見如何？簡上仁對我不客氣的挑出那麼多錯誤（其實，我考慮到雜誌取捨的篇幅，手下留情，否則能找出的錯誤更多）表示信服，於是陳恆嘉就採用刊於當期出版的《書評書目》。

《書評書目》發行一百期後停刊，陳恆嘉後來轉職到時報出版社，他在我想付梓《台灣金言玉語》、《台灣警世良言》和上、下兩冊《台灣紀事》被多家出版社拒絕時，伸出援手，和我簽訂合約，顯見他對我的信心。最後這四本書，是在後繼的主編吳玫珍和周惠玲手中完成出版；陳恆嘉離開出版事業後，轉任教職，後來得悉他英年早逝，不勝惋惜——他是我的伯樂。

有人告知林二，說我擺下擂台對他挑戰，他心有未平，與我掀起一場筆戰，戰地轉移至《音樂生活》雜誌，一來一往。最後，林二承認敗仗，因而收筆。日後，他提及我時，肯定我對台語歌謠的用心。

台語歌曲從被冷落到大家熱切喜歡，高聲傳唱；甚至從只能在歌廳、野台表演，進而成了國家音樂廳的表演曲目，這是從前被視為「方言歌曲」時所難以想像的事。台語歌曲出頭天了，不少著作趁此熱潮付梓，也有推廣極為成功者，但很可惜許多都以訛傳訛，內容資料有很多不該錯的錯。我真不知，從事文化工作，怎可如此粗糙？

拼湊〈桃花泣血記〉歌詞

「口述歷史」並不全是歷史資料，而是參考史料；我當年為了台灣第一首流行歌曲〈桃花泣血記〉歌詞全文，竟被「口述資料」所誤。

1932 年〈桃花泣血記〉原版唱片封套，係為了同名之上海聯華電影公司在台上映而製作的宣傳唱片，圓標的古倫美亞 Columbia 右下標示著「影戲主題歌」，當時稱電影為影戲、稱唱片為曲盤。

《桃花泣血記》是一九三二年上海聯華輪台的電影，由大稻埕兩位辯士（電影解說員）所合作的電影宣傳歌曲，想不到竟掀起了日據時代的流行歌曲聲浪。

《台灣第一》當然必得收錄台灣第一首流行歌曲；樹立風聲的〈桃花泣血記〉當仁不讓是流行歌壇的「第一」。探究這首曲子的發韌原由以及之後的影響，有其重要性，因此找出歌詞全貌，成了我鍥而不捨的工作，想從多人提供的「印象歌詞」，湊足十二段。然而坊間歌本收錄的〈桃花泣血記〉僅有四段歌詞，而且有所錯誤，將第一段歌詞「花有春天再開期」訛誤了一個字，成為「花有春天再開枝」。

我至少訪問了十幾位早年聽過、唱過〈桃花泣血記〉的長輩，希望他們可以給予完整版歌詞，甚至找到了作詞人詹天馬的後代詹泰乙，以及作曲人王雲峰的後代吳作仁醫師（從母姓），企盼找到原稿或其他佐證資料，可惜都徒勞無功，未能如願。

其間點滴我寫了一篇〈台灣第一首流行歌曲出土記〉，發表於一九九二年《自立晚報》本土副刊。我將拼湊的十段歌詞做了整理，並說明「離我原先的推測十二段歌詞，只差了二段，雖不完整，實在也是一項重大的發現」！

天馬茶房老闆詹天馬作詞的〈桃花泣血記〉，我之所以會推估有十二段歌詞，乃因他是以「七字仔」的傳統歌仔句法創作，如台灣民謠〈病子歌〉、〈桃花過渡〉等，都是以十二月份遞唱的十二段歌詞。

一九九二年六月十六日，我應吳三連台灣史料基金會邀請，於耕莘文教中心主講「台灣流行歌曲六十年」，是為了紀念〈桃花泣血記〉創作六十週年而選定的題目。

這場演講，來了一個貴賓，是正在蒐集「最早期（日據時代）台灣歌謠一〇一曲」的李雲騰老先生，他收錄的〈桃花泣血記〉有九段歌詞，我剔除了一段絕對有問題的歌詞後再重予整理，以十段歌詞來添補過往記錄〈桃花泣血記〉資料不足的缺憾，我特別說明：「我們還能夠拼湊出〈桃花泣血記〉的十段歌詞，使其出土，重見天日，雖不完整，也算是難得了，何況在台灣流行歌曲六十週年的時候，意義更是非凡。」

三年後，我先在新光華商場二手書店買到了一九三二年古倫美亞唱片出版的七十八轉黑膠、純純小姐所唱〈桃花泣血記〉原版唱片；不及二個月，我又在原店尋得了三本一九三〇年代的歌仔冊，其中一本就是《桃花泣血記》。「曲盤」和歌仔冊的購得，我開始修正了以前歌詞的一些訛誤，畢竟手中有了第一手資料。

一九九六年十二月，陳郁秀出版《音樂台灣》，抄錄了我所發表的歌詞全文，再加上我後來又從一位長者所唱的另一段，發表了「第十一段」放置書中，以「原詞應有十二段，一段已佚散」為註，介紹〈桃花泣血記〉——如此以訛傳訛，如歸錯予我，實也難以辯白。

正本清源，不可旁貸

治史難，著史更難。台灣歌謠的史料，各大圖書館早期典藏有限，況且「流行歌曲」也在收藏書系中被排除，所以造成研究上的困擾。

近年來，流行歌謠已從「次文化」中脫困，成了學子做論文的題目，碩、博士論文應有數十篇。然而，坊間的台灣歌謠「故事」，仍然多所編造。

一九八〇年十月，《客家雜誌》第九、十期合刊，對創作「四、月、望、雨」作曲人鄧雨賢的傳記，有如下的文字介紹：「當他開始作曲以後，不時都在想著他的旋律，簡直是如醉如狂；進了廁所，往往也是他捕捉曲思的時候，這時門板便成了他的樂器，咚嚓嚓咚嚓嚓敲個沒完沒了，如廁一次，要三、四十分鐘，甚至一個鐘頭也不稀奇……。」

作者顯然不了解鄧雨賢時代的「廁所文化」。小時候居住艋舺、成年後搬居大稻埕的鄧雨賢，如廁是蹲式，而非坐式；一九三〇年代沒有化糞池，也就是沖水馬桶根本不存在，廁所既髒且窄，有的還蛆蟲蠢動，入廁是不得已的「苦差事」，沒有人會想多待在那裡——陰暗的小空間，恨不得拉了就走，而且蹲久了，雙腳會麻，哪來捕捉曲思？

台灣歌謠的曲、詞、創作者、時代背景、社會因素被曲解的事例太多了，正本清源是我不可旁貸的工作；只是個人能力有限，何況「形勢比人強」。

文化亂象，常被中傷

我和一九三〇年代的流行歌壇音樂家，做了不少口述歷史，敢說是獲取第一手資料最多的人，後繼的人，多是從轉述，甚至道聽塗說，就想立言，難怪「史料紛云」。

從事台語歌謠研究，我也常被中傷。中華民國音樂權人協會成立時，要求我出任諮詢顧問，我一口回絕，乃是基於「金錢往來」之事不便涉及。最令我痛心的是曾在版權糾紛上，我直話直說擋人財路，而被人恐嚇——迄今一件仍令我耿耿於懷的，就是受了自稱為「文化人」的中傷。

當時行政院文化建設委員會在中學庸擔任主任委員時，計畫出版鄧雨賢和呂泉生作品專輯，這兩項案子，全交給謝艾潔製作；文建會委請鍾肇政、鄧仁輔（鄧雨賢長子）、林谷芳和我擔任審查委員。

有關鄧雨賢的文稿，由我主審。閱讀了謝艾潔撰寫的稿，我批註了不少意見，尤其是歷史資料，譬如「鄧雨賢是台灣文化協會會員」、「陳君玉是台灣民眾黨黨員」，這些莫名其妙的訛誤，還真不少，自然我沒有在文稿送審時讓她通過，而且林谷芳對音樂製作也有些意見。

想不到，製作人謝艾潔不願改正，甚而將「鄧雨賢專輯」版權賣給了中國龍唱片公司，廣泛在市場販售；文建會已撥不少經費給製作人，不料她未完成驗收手續，竟先行販賣，顯然違反契約。記得開會時，鄧仁輔很不客氣的拿著從坊間買到的專輯，對謝艾潔說：「到底我是鄧雨賢的兒子，還是妳是我父親的女兒？」賣了版權，鄧家都不知道。

文建會為了「一案兩賣」的一魚二吃圖利行為，要求謝艾潔退回原申請的製作費，而謝艾潔反以她在製作過程，用了心血，應該擁有製作版權，反訴文建會侵權。

官司纏訟，我本是局外人，卻被法院送達傳票，要我做證「鄧雨賢專輯」是否全案審理完畢，這是生平第一次接到法院傳票。當然，我在法院陳述說：「文稿有誤，我未簽結此案。」其實，上法院的前一天，謝艾潔就來電關說，而我在法庭說出真相，以致這場官司，謝艾潔一路敗訴。

我因為在法院做了不利於她的供詞，成了她打擊的對象——散布謠言，還出書謾罵，更無中生有的說我對黃得時老先生不敬。天知道，

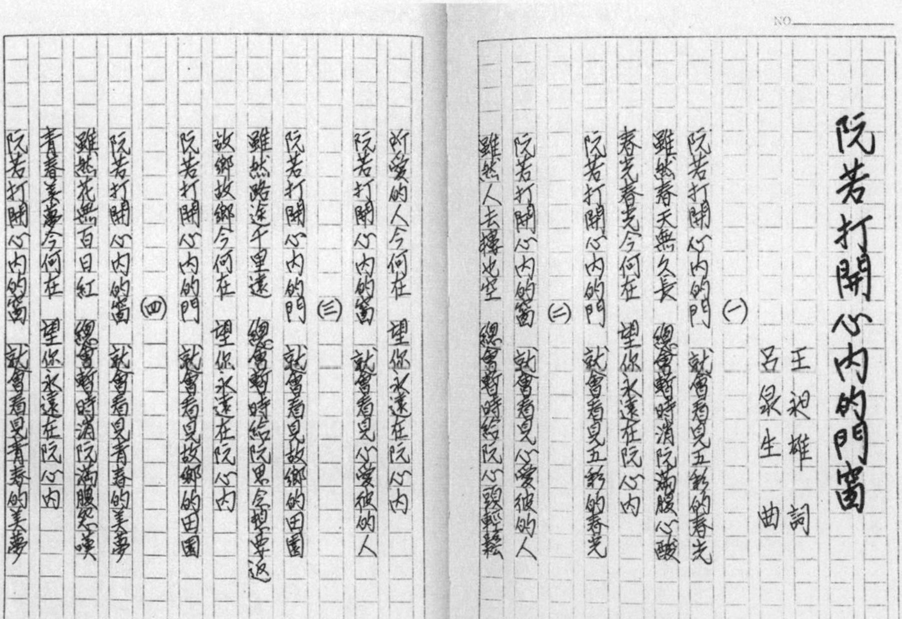
NO.

阮若打開心內的門窗

王昶雄 詞
呂泉生 曲

(一)
阮若打開心內的門 就會看見五彩的春光
雖然春天無久長 總會暫時消阮滿腹心酸
春光春光今何在 望你永遠在阮心內
阮若打開心內的門 就會看見五彩的春光

(二)
阮若打開心內的窗 就會看見心愛彼的人
雖然人去樓也空 總會暫時給阮心頭輕鬆
所愛的人今何在 望你永遠在阮心內
阮若打開心內的窗 就會看見心愛彼的人

(三)
阮若打開心內的門 就會看見故鄉的田園
雖然路途千里遠 總會暫時給阮思念想要返
故鄉故鄉今何在 望你永遠在阮心內
阮若打開心內的門 就會看見故鄉的田園

(四)
阮若打開心內的窗 就會看見青春的美夢
雖然花無百日紅 總會暫時消阮滿腹怨嘆
青春美夢今何在 望你永遠在阮心內
阮若打開心內的窗 就會看見青春的美夢

24×25

黃老當時還送給我他的著作，很謹慎地簽名，並請我「指教」。此事累及不知詳情幫她的書做序的「少年大」王昶雄，「少年大」一再跟我道歉，說他真的不了解事情真相，才會答應她的索序，王昶雄要我息怒，並答應送我多次向他要求而一直未「還債」的手稿——他親筆書寫的〈阮若打開心內的門窗〉歌詞，而且還先後寫了兩張贈予，一張是稿紙，一張為美術紙。

鄧雨賢專輯的訴訟官司，文建會歷經三任主委：申學庸、鄭淑敏、林澄枝，一路勝訴，但聽說最後還是和解結案。台灣有如此「文化標案人」，而且以案圖利，難怪「文化亂象」難以平息。

我「為歌留史，為史存聲」，一路走來，雖有委屈，但絕對無怨無悔。

王昶雄親筆書寫的〈阮若打開心內的門窗〉歌詞。

杯酒泯仇 傳唱心曲

我最愛唱〈杯底不可飼金魚〉，曾戲言：女不唱〈望春風〉，男不唱〈杯底不可飼金魚〉，就不知道台灣歌謠的美……。然而這首歌的作詞者，卻有一段不能說的「祕辛」。

我不諱言自己五音不全，甚而以「狗聲乞食喉」形容我屢屢變調的歌聲，但是喜愛唱歌是事實；不少人建議我參加合唱團，我總是以歌喉不佳婉拒。多數朋友知道我拒絕去卡拉ＯＫ店唱歌，不過唯一破例，是台大醫院祕書室的同仁和醫師舉行歲暮同歡會，前院長祕書許元龍特別邀請我參加，希望我能為大家做曲目的解說——那一次，我終於走進了ＫＴＶ（以後我對ＫＴＶ還是卻步的）。

每個人都有幾首愛唱的歌，如果要特別挑選一首，我可以毫不猶疑的說：「我最愛唱〈杯底不可飼金魚〉。」這是一首另類的台語歌曲，高亢、豪邁是其特色。

最愛唱〈杯底不可飼金魚〉

〈杯底不可飼金魚〉為作曲人呂泉生於一九四九年所發表，並親自演唱。

有一年，呂泉生要拔牙齒前，特別由太太親自伴奏錄下這首歌，因為他害怕缺了齒，再唱會「漏風」；而且自覺年歲漸大，想要留下「原音」。他移民美國前，拷貝了一卷錄音帶送給我，並囑咐我不要借給別人轉錄，強調會因而變音。此份珍貴的禮物，可惜我未能妥善保存，因不知卡帶錄音會消磁，而一時疏忽造成失聲，令我扼腕，常以拂逆呂泉生的好意自責——還好他寫給我的每一封信，都保留得十分完好，總算稍微彌補了缺失。

不管誰來唱〈杯底不可飼金魚〉，呂泉生都相當在意。記得他曾說過，吳文修、張清郎未

呂泉生由日本學習音樂返台後，留居大稻埕，即從事台灣閩南語歌謠的採集編曲。

能唱出這首曲子的特質；陳榮貴的聲音，他覺得適切；其他如李安和、姜成濤等人的詮釋如何？我沒有聽呂泉生談論，可能是他沒有聽過。

我參加旅遊時，在遊覽車上如被點名表演，必選唱〈杯底不可飼金魚〉；我演講台語歌謠，說及一九四九年中華民國政府撤退來台的那一年，必定會提及〈杯底不可飼金魚〉。

這首曲子不能以飲酒歌等閒視之，我根據呂泉生的口述，以「族群融和」來解說從二二八事件到中央政府撤退來台一個音樂家的見證，道出這首曲子的內涵意義；詞句中的「情投意合上歡喜」、「朋友弟兄無議論」、「好漢剖腹來相見」，都有呼籲族群融和的意思——當年號稱百萬軍民大移民，聚居島上，能不「以酒釋懷」嗎？我除了詮釋其歷史意義和社會背景外，高歌此曲，是不可免的。

某年北國之旅，是我出國旅行最遠的一趟行程；芬蘭、丹麥、瑞典、冰島的北歐風光，都讓我留下了深刻的印象。其中一個晚上，更是讓我一生難忘——我竟然在地球的北端，唱了〈杯底不可飼金魚〉。

我喜歡〈杯底不可飼金魚〉，而且經常演唱，有人將此事告知旅居在美國洛杉磯的呂泉生。他在給我的信中調侃說，我大唱特唱時，他很遺憾沒有在場，否則必給我一些意見。我心想，如果呂泉生真正聽到我獻醜，那豈不是「孔夫子面前讀經冊」、「關夫子面前弄大刀」嗎？

一段「祕辛」的發現

〈杯底不可飼金魚〉是台灣歌謠的經典之作，身世自然受人關注。無可置疑，六十幾年來，大家都公認呂泉生是作曲者也是作詞人，詞、曲由他一人包辦。而我之前也不例外，更強調首唱人也是他，第一次發表地點就在台北市中山堂。

二〇一一年虎年農曆歲末，中山堂舉行同仁暮年會，當時李麗珠代主任以我多次參與提供中山堂古蹟活化的意見以及志工培訓，邀我參加暮年晚會，每位同仁都秀出看家本領助興、表演節目，而我則以來賓身分上場，「因地選歌」唱了〈杯底不可飼金魚〉，並說明六十二年前，這首歌就在中山堂首次發表——只是當年呂泉生是在一樓的中正廳表演，而我卻是在二樓光復廳唱它，倍感榮幸。

一九四九年，呂泉生第一次發表〈杯底不可飼金魚〉時，中華民國政府在大陸的政權已危危可殃，年底就撤退來台。二〇一一年，我在同地點唱這首歌，雙方隔海分治，不再「兩岸一家親」，台灣仍以中華民國正統自居，慶祝「建國百年」。

〈杯底不可飼金魚〉的作詞者，課本與歌冊的記載有所不同，詞、曲都寫呂泉生的，為數不多；作詞者另有「田舍翁」、「居然」不同的紀錄。我曾好奇地問呂泉生：「為什麼會用不同的筆名？在其他編曲作品中所用的呂玲琅、明秋、羅仙……等筆名都用過多次，〈杯底不可飼金魚〉的「田舍翁」、「居然」卻僅用了一次？」呂泉生不做正面回應，以致我和其他人一樣，都認為詞曲全是他一人所作。

一九九九年，我在二手書局買了一疊光復初年的音樂節目單，顯然是一位愛樂人士收藏過，而且節目單還留有一些字句，表示每場音樂會都購票欣賞。其中一張台省音樂文化研究會的第二屆音樂會節目單，我看見了〈杯底不可飼金魚〉的首次公演紀錄，也發現了一段不為人知的「祕辛」。

這場音樂會於一九四九年四月十八日於台北市中山堂舉行，演出者全是當代的樂壇菁英，聲樂之外，還有小提琴、鋼琴獨奏。第六個節目是男次高音呂泉生獨唱，鋼琴伴奏是「台灣第一位音樂家」張福興的兒子張彩湘——父子同為台北師範學院教授。

這一場音樂會，呂泉生安排演唱兩首曲子：第一首是義大利寫實派作曲家雷昂卡發洛於一八九二年在米蘭歌劇院首演的歌劇《派格利阿西》（丑角，節目表作：「小丑」）的序詞，第二首才是〈閩南飲酒歌——杯底不可飼

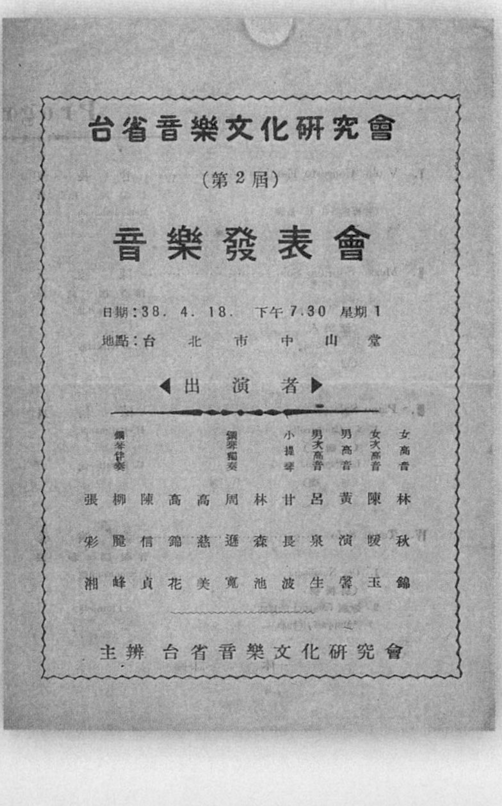
台省音樂文化研究會
（第2屆）
音樂發表會
日期：38. 4. 18. 下午7.30 星期1
地點：台北市中山堂
◀出演者▶
女高音 林秋錦
女次高音 陳暖玉
男高音 黃演馨
男次高音 呂泉生
小提琴 甘長波
林森池
鋼琴獨奏 周遜寬
高慈美
高錦花
陳信貞
柳麗峰
鋼琴伴奏 張彩湘
主辦 台省音樂文化研究會

金魚〉。

「台省音樂文化研究會」僅舉辦二場音樂會，這是最後一次的演出，此後因白色恐怖影響，就沒有活動了。我翻閱這一張深具歷史性的節目單，想起了歌劇（丑角）男主角混合著喜怒哀樂俱有的情緒，揭幕時所唱的序歌：

供人喜笑作樂的丑角，穿著華麗的彩衣，他們是人，他們也有悽愴寂寞的故事，故事開始了！

杯酒泯仇，心結宜解

〈杯底不可飼金魚〉的作者，不論是「田舍翁」或「居然」，對呂泉生來說，應該都是不可承當之重，只好對作詞者不說清楚、講明白，甚而保持沉默，以免〈杯底不可飼金魚〉被列入「禁歌」名單。

然而〈杯底不可飼金魚〉的真相，終於解開了。在一九四九年首唱的節目單，我發現作詞人是陳大禹——這是長年以來不可說的祕密。但我有責任掀開這個謎，否則白色恐怖的「另一章」，必永遠沒有這一頁。

這個發現顛覆了我多年來的認知，驚愕不已，不知如何善後？我告訴「少年大」王昶雄，

台省音樂文化研究會的第二屆音樂會節目單。

是否可以向呂泉生求證，「少年大」二話不說，贊同我追到底！於是，我打了長途電話到美國，向呂泉生求證陳大禹其人其事——他說陳先生是劇作家，兩人還是同事，這首閩南語飲酒歌是他提出「梗概」，以酒化解恨，再由陳大禹寫詞。

陳大禹，是何許人也？自是我所關心的。本想繼續追問，但是，我不忍多說，以免呂老師有不隱之痛，只好自己找資料。

陳大禹，漳州人，是所謂「阿山」（唐山人），他比中央政府遷台還早渡海，一九四六年夏天從重慶經上海來到台灣，從事戲劇腳本創作，是「實驗小劇團」的重要人物。他在台北短期失業後，即參加劇運，劇場生活不到七個月——一九四七年初，便發生了驚天動地的二二八事件。呂泉生是二二八事件的重要見證人之一，當時他在台灣廣播電台（今台北二二八紀念館）上班。二二八事件引起民怨，一群抗議民眾前往台灣省行政長官公署（今行政院）抗議，不料遭機槍掃射，驚慌中逃離的人，轉往新公園（今二二八和平紀念公園），搶占電台，奪取麥克風，向全台廣播，要求對抗陳儀腐敗、專橫政權，還台灣人公道。

廣播訊息傳出，民眾騷動，積壓民怨如江河日下；二二八事件是偶發的，也是必然會發生。呂泉生曾保護電台的外省同事，因為他們在路上如果唱不出日本國歌，即被認定是「阿山」，會被毆打，因為大家把氣都往外省人身上堆，而三月初，從大陸調遣軍隊的無情殺戮，更添增慘劇加驟。

一九四七年十一月一日，為慶祝「台灣光復二週年」，陳大禹的實驗小劇團在台北市中山堂演出《香蕉香》，廣告以「事實在那裡？問題在那裡？請退到客觀地位」做訴求。二二八事件才發生八個多月，陳大禹編導以「願阿山、阿海是親熱有趣的稱呼」描繪阿山（外省人）和阿海（本省人）在台灣的「情結」。依陳大禹在《台灣新生報》發表的〈破車胎的劇運〉，他對製作《香蕉香》的說法——是打算溝通過去本省人與外省人的情感隔閡問題，事實上只是想說明一種語言不通、生活習慣不同，所引起性格上異同的誤會，而希望彼此能在愛的了解下把執偏拔掉。《香蕉香》的劇情立意，可以說完全和〈杯底不可飼金魚〉相似，希望杯酒泯千仇！

音樂史上的懸案

陳大禹的《香蕉香》又名《阿山阿海》，是他的「台灣風景線」系列作品；以

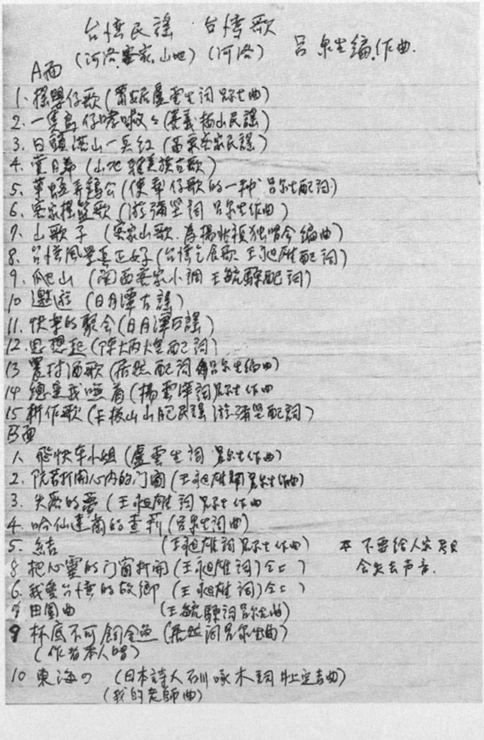
台灣民謠 台灣歌
（河洛客家山地）（河洛） 呂泉生編作曲
A面
1. 搖嬰仔歌（盧雲生詞 呂泉生曲）
2. 一隻鳥仔哮啾啾（嘉義梅山民謠）
3. 日頭落山一點紅（苗栗客家民謠）
4. 賞月舞（山地族古歌）
5. 草蜢弄雞公（僕車仔歌的一种 呂泉生配詞）
6. 客家搖籃歌（游彌堅詞 呂泉生作曲）
7. 山歌子（客家山歌 獨唱合編曲）
8. 台灣風景真正好（台灣乞食歌 王昶雄配詞）
9. 爬山（閩西客家小調 王毓驊配詞）
10 遨遊（日月潭古謠）
11. 快樂的聚會（日月潭古謠）
12. 思想起（陳大禹配詞）
13 農村酒歌（岳然配詞 呂泉生編曲）
14 （楊雲萍詞 呂泉生作曲）
15 新作歌（山胞民謠 游彌堅配詞）
B面
1. 趕快車小姐（盧雲生詞 呂泉生作曲）
2. 阮若打開心內的門窗（王昶雄詞 呂泉生作曲）
3. 失戀的夢（王昶雄詞 呂泉生作曲
4. （呂泉生詞曲）
5. 結（王昶雄詞 呂泉生作曲） 本不要給人家唱 會失去声音.
8. 把心靈的門窗打開（王昶雄詞）仝上
6. 我愛台灣的故鄉（王昶雄詞）仝上
7 田園曲（王毓驊詞 呂泉生曲）
9 杯底不可飼金魚（岳然詞 呂泉生曲）
（作者本人唱）
10 東海の（日本詩人石川啄木詞 作曲）
（我的老師曲）

這是呂泉生的手稿，他為「台灣民謠．台灣歌——呂泉生作曲、編曲集」而書寫的曲目清單，〈杯底不可飼金魚〉放在B面第九首，第十首特別加註是他的老師作曲。

二二八事件做背景，顯見他並不認為省籍糾紛是政治問題。他作詞的〈杯底不可飼金魚〉是否為《香蕉香》而作，已難查考；而呂泉生譜曲前，雖有加入詞作的意見，但遣詞用字的細節，他未加說明。陳大禹的歌詞創作，到底有多少是呂泉生的意見？只好當「音樂史懸案」了。

陳大禹和呂泉生「同年」，都是一九一六年出生。兩人相識應在台灣警備總部交響樂團轉型為台灣省政府教育廳交響樂團時——呂泉生是合唱隊隊長兼指揮；陳大禹是幹事，他們溝通的語言應是閩南話。

一九四九年，四六事件發生，當局派軍警逮捕台大、師院學生，同時整肅一些文人，陳大禹風聞自己被列入追緝名單，乃於四月中旬回歸大陸，避開禍患——而他出走的時候，正是呂泉生發表〈杯底不可飼金魚〉時。

〈杯底不可飼金魚〉首唱後一個月又二天的一九四九年五月二十日，台灣省政府、台灣省警備總司令部以「戒字第壹號」發布：「自本日零時起，全省開始實施戒嚴令。」風雨飄搖的這一年，我才小學一年級。

當年，呂泉生、王昶雄、巫永福等前輩，和我聊談二二八事件時，談了不少親朋受難受災的故事。「少年大」王昶雄於事變時，逃往台中清水，每天晝伏夜出，像是亡命之徒，他說有一天晚上，躲在屋內實在待不住了，夜深星稀時，走出來透氣，沒有想到撞見蓬頭垢面的張文環，兩人抱著痛哭，不發一語，又快速相互離去。當代以筆為言的文人，竟如驚弓之鳥，可見那個悲劇年代，人人都有朝不保夕之感。

我為呂泉生立傳，做了不少口述資料，但他從不提陳大禹此人；孫芝君所寫《呂泉生的音樂人生》，顯然也未對〈杯底不可飼金魚〉的作詞者有所揭露——畢竟陳大禹是個「黑名單」人物，他顯然有不能言的苦衷。

二〇〇六年七月，邱坤良將視為「神聖使命」的陳大禹傳記付梓，這本《漂流萬里——陳大禹》傳記，列為文建會「台灣戲劇館——資源戲劇作家叢書」之一。邱坤良多趟赴漳州找資料，終於將陳大禹的身世大白，功不可沒。我告訴他陳大禹是〈杯底不可飼金魚〉的作詞人時，他大為驚奇，但陳大禹逝於一九八五年，想求證這首閩南語飲酒歌的來龍去脈，已是「死無對證」了。

二二八事件的迷霧，有不少真相尚未解開，此不幸事件所留下的「音符」——〈杯底不可飼金魚〉，竟然是一首「阿山」陳大禹和「阿海」呂泉生共同創作的歌曲！我原先希望「將錯就錯」，以免之前說詞為人詬病，但是，歷史真相終需還原，相信呂泉生在天之靈，必也會同意我說出了他長年來不敢啟齒的「心結」——「結頭打昧開，心肝憂結結。」呂泉生晚年創作王昶雄作詞的〈結〉，必有所寄懷吧！

一元版稅　老少情誼

呂泉生遷居美國後，不僅和我常有書信往來，他每回返國與老朋友如王昶雄、李石樵、巫永福、陳炳煌（雞籠生）聚餐時，我也會是同桌的一員。

依「台灣音樂著作權人聯合總會」的版權登錄，呂泉生總共登記了一百六十九筆，同時擁有作曲、作詞著作權的，僅有〈農村酒歌〉、〈杯底不可飼金魚〉等少數歌曲；其他則為王昶雄、王毓騵、游彌堅、盧雲生、鍾梅音、瓊瑤、莊奴等人的詞作譜曲，各有後代或本人擁有作詞版權。

「台灣音樂著作權人聯合總會」籌組創會之初，發起人之一許常惠曾登門拜訪過呂泉生，希望他入會共襄盛舉，畢竟呂教授是音樂界大老，而且創作量豐富，光是他寫的兒歌，多數如今還都傳唱不輟；〈阮若打開心內的門窗〉，更是人人喜歡。

記得呂泉生告訴我，他回絕了許常惠的入會邀請，理由是「我創作的歌曲，人

〈阮若打開心內的門窗〉作詞王昶雄（中），作曲呂泉生（左），都是我的忘年之交。此照拍攝於電影資料館，當天我們共同的朋友林博秋捐贈他所導演的台語影片給該館典藏。

家喜歡唱，就是對於我的作品肯定，我怎能再跟人家收錢」？呂老師不是不知道先進國家對版權的重視；而且保護著作權，也是普世的價值，但他告訴我，台灣實施音樂著作權還不是時候。

彼時，唱片盜版猖獗，似乎到了無法可管的地步。呂泉生願意放棄自己的著作權，應有他的看法，畢竟那時尚無「全盤」的機制來運作著作權人的合法利益；而且利益糾纏仍然除之不去，如果開始收費，將會影響到台灣音樂的發展。

但究竟呂泉生是何時向「台灣音樂著作權人聯合總會」登記的，我不得而知，想必是他移居美國洛杉磯後，需要更多的生活費用吧！雖有兒女照顧他的晚年，但是老人家有些收入，也是無可厚非。此後，便由榮星

合唱團的洪綜穗小姐全權代理他全部作品的著作權。

一元版權費

一九九三年十月，《時報周刊》找我撰寫「傳唱台灣」，將歌詞內容「故事化」，以電影規則做「畫面」，企圖一新耳目，去除過往台語歌謠卡拉OK的畫面——影像全是男女主角在風景區逛來逛去，毫無意義。「傳唱台灣」參與人有楊貴媚、澎恰恰等，還有不少臨時演員，時報集團可說砸下重金製作；我的酬勞則是「以字計酬」的稿費。

「傳唱台灣」選用的曲目，免不了使用到呂泉生的〈搖嬰仔歌〉、〈阮若打開心內的門窗〉，時報當時依規定取得版權，但可能洪小姐尚未將訊息告知在美的呂泉生，他從鄉親贈送的影碟中知道專輯內有他的作品，於是在寫給我的信中提到：時報應該付他著作版權費，但強調因有我參與製作，所以他不計較，而僅收一塊錢版權費。

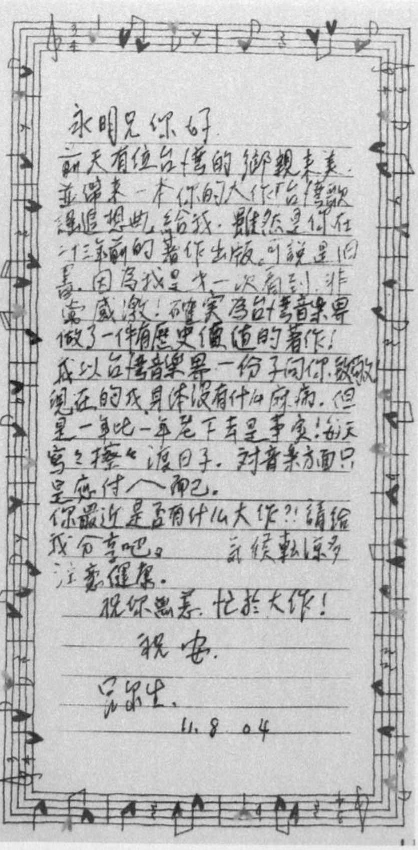

永明兄你好
前天有位台灣的鄉親來美，
並帶來一本你的大作「台灣歌
謠追想曲」給我。雖然是你在
二十三年前的著作出版，可說是舊
書。因為我是第一次看到，非
常感激！確實為台灣音樂界
做了一件有歷史價值的著作！
我以台灣音樂界一份子向你致敬！
現在的我身體沒有什麼病痛，但
是一年比一年老下去是事實！每天
寫寫撩撩渡日子。對音樂方面只
是應付一下而已。
你最近是否有什麼大作？！請給
我分享吧。　氣候轉涼，多
注意健康。
祝你愉快，忙於大作！
祝安。
呂泉生
11.8.04

我感謝呂泉生老師對我的厚愛，自然不能拂逆他的好意，於是從收藏紙鈔中找著一張已經沒有使用的新台幣拾元紙幣，附了一封簡短信，回覆他的囑咐及感謝他的好意：

呂教授：

多謝好意，寄上一元版權費，不用找零，剩餘九元，當作我對大師的永遠敬意！

後學莊永明敬上

我知道呂老師是一個很嚴肅的人，據說他的學生，沒有不怕他的。從前，我們在一起談天說地，也都正經八百拘謹得很，而今給他開個小玩笑，幽默他一下，我想他不僅不會介意；從信封中抽出那一張他在台灣用過的拾元紙鈔，必興思緒懷舊之情。

寶島父母的心曲

呂泉生居住在長安東路一條小巷弄的兩樓透天厝時，我曾去拜訪過他，一層不到二十來坪的居住空間，顯得有些侷促；隔鄰的一家鐵工廠，應是後來才遷進來的——每天敲敲打打，對一個音樂家，自然是一種精神上的威脅。我想他後來選擇遷居天母東路的華琪大廈，應是逃避噪

呂泉生關心我的近況，
和我常有書信往來。

音。

一九四三年呂泉生返台，住在大稻埕，參與文化活動，山水亭、波麗路是常逗留的地點。他熟稔大稻埕的民俗風情，所以跟我聊起話來很契合，我比較好奇當代的文藝活動，他畢竟是「當事人」，因此如數家珍。

有一天晚上，我們聊得甚歡，他拿出一本陳舊相簿，逐張告訴我每一幀相片的留影時間和故事，突然他告訴太太說：「我若轉去（往生），這本相簿仔愛（要）留給莊先生。」這句話，讓我不知如何答腔，難道他老去之後，願將這一本記錄他早年的影像，留給我做紀念嗎？

但在呂泉生移民美國後，將相本帶走了，也就是說我沒有福分獲得這本珍貴的影像紀錄。不過，有一次我訪問他一九四五年創作〈搖嬰仔歌〉的歷史時，他撕下貼在相簿上的一張照片給我，告訴我相片中的嬰兒，就是〈搖嬰仔歌〉的男主角呂信也——呂泉生夫婦喜得麟兒，和孩子一起留下紀念照；相片中另一位外籍婦女是德國生物學家，也就是鋼琴教師紹達的女兒。

〈搖嬰仔歌〉是寶島父母的心曲，我獲贈這張珍貴的照片，寫下了這首歌的故事。後來，這篇文章被多人抄錄使用，彷彿他們也聽到呂泉生講述他的長子呂信也誕生時，台灣正處於大轟炸的日子。

我只比呂老師的長子呂信也大三歲，他是「幼嬰仔」，而我也才是「塗跤趖」（在地面爬）的小孩子而已。

老少情誼，心存書外

我雖然沒有獲贈呂泉生那本相簿，但他還是送給我兩項珍貴的禮物；其一是「孤本」〈閹雞〉的手寫劇本；其二是西川滿限印本的《華麗島童話集》。

〈閹雞〉是厚生演劇團在日本殖民政府實施皇民化時期所演出的一齣民族戲劇，更可貴的是台灣第一次的民謠合唱，在這齣戲劇中做了舞台音樂。

〈閹雞〉的手抄劇本，是演出前送審的劇本，由王井泉出具宣誓書，向「台灣演劇協

呂泉生夫婦和德籍生物學家紹達的女兒，這位居住在大稻埕的外籍女士懷中的嬰兒就是〈搖嬰仔歌〉主角——呂泉生的長子呂信也。

會」保證演出過程中，台詞不得隨意增減一個字，可說是台灣文學史、台灣戲劇史的重要文物。我曾將影印本送給清華大學教授陳萬益做論文研究，後由陳教授轉給林至潔教授，將劇本翻譯成中文。之前，呂訴上在他的著作《台灣電影史》說〈閹雞〉以台語演出，是不對的說法。畢竟彼時，皇民化運動正如火如荼展開，全劇只能以「國語」（日語）演出；而一九三〇年代的台語流行歌曲此時也已禁聲。

　呂泉生遷居美國後，不

1943年9月3日〈閹雞〉於永樂座公演。

僅和我常有書信往來，他每回返國，我們都還會在旅館中相聚聊談；當然，沒有像以往他在台灣時，聊到搭不到最後一班公共汽車。我感到最幸運的是，每回他與老朋友如王昶雄、李石樵、巫永福、陳炳煌（雞籠生）聚餐時，我也會是同桌的一員。

相隔東、西兩個半球，呂泉生也常關心我的近況。我退休後，他擔心我入不敷出，曾在信中提議將他的傳記找出版社付梓，以取得酬勞；我回函中，並沒有遵從他的好意。

《民族歌謠傳新人——呂泉生的奮鬥人生》是我最早完成的一本著作，呂老師希望我不要在他生前出版，原因他認為自己只是平凡人，不是什麼偉大音樂家，哪有資格出傳記。在全稿尚未出版前，台中縣文化中心已擷取部分出了專書，有「趕鴨子上架」之感。而當呂老師好意要我「出書賺錢」時，我卻持反對態度，記得我的回信是如此說明：「此書完稿已十餘年，回首重審以前文筆，大不成熟，貿然出版，人家會笑沒有進步，何況，您出國後的生涯，我還會繼續著筆，所以還是暫緩出書為宜。」

後來，別人的《呂泉生的音樂人生》出書了。我的第一本著作，雖然束之高閣，但是深信呂泉生和我的老少情誼，心存書外。

三之七

一字更動　應非戲筆

李臨秋晚年，我與他交談甚多，有一次竟大膽地對他作詞的〈四季紅〉做了一個字修改的建議；我也曾默默地更改了〈搖嬰仔歌〉和〈菅芒花〉這兩首經典歌曲各一個字，只是鮮為人知。

一九三三年，李臨秋二十四歲時寫下的〈望春風〉，已成為家戶傳唱的名曲，我曾以「凡有井邊處，都能唱李詞」來形容他的作品廣為流傳的現象；除此之外，〈一個紅蛋〉、〈四季紅〉、〈補破網〉、〈相思海〉等，迄今都還傳唱不輟。

記憶中晚年的李臨秋

我的文章受到矚目，應是一九七九那年李臨秋過世，我在《雄獅美術》月刊發表了一篇〈臨秋花萎望春風〉文章。李臨秋晚年頻上電視，如《蓬萊寶島》之類的電視綜藝節目，以能邀到他為榮，不過，在他中風之後，就被冷落了——他雙手直抖，舉步維艱，更糟糕的是嘴涎控制不了，從口角直流，因此電視節目再也不敢請他亮相。

我有時走過有「風頭壁」之名的西寧北路八十六巷巷口，看他一人孤獨的坐在「古椅頭仔」（短板凳），似在思索著什麼，就會近前跟他打招呼。口齒不清的他，似乎有不少的話語要告知我，其實，十句都聽不懂二、三句，我也很有耐心地讓他將話講完。

李臨秋的四子李修仁，是我小學同窗，他不像我對文史感到興趣，而是理工方面的資優生，一如當年趕著留美熱潮的大學生，他選擇做留學生；學成後，即成了僑民。李修仁每回寄些美鈔孝敬父母，李臨秋總會亮著美鈔對我說：「阮阿仁這回又寄錢轉來，一塊可抵四十元台幣呢。」那個年代，一元美金可以兌換四十元新台幣，黑市的價位還更高，而我的月薪折合美金只有五十「大洋」而已。

李臨秋失去了「舞台」之後，身體狀況不佳，而且落寞得很，淡水河畔延平河濱公園，原是他喜歡散步的地方，但行動不便後，去的次數就少了。有時候，我不忍他在亭仔腳的門前發呆，便找他去喝酒，「飲乎死，輸贏死無通飲」這句俚諺，雖是一句反諷之語，但好酒如命的李臨秋，臨老之年有人陪他喝幾杯，必是他的快事——西門町的美觀園日本料理亭，是他很喜歡去的餐館，我也順他的意，叫了血蛤等他愛吃的小菜。

我二女兒樹嵐滿月時，李臨秋抱著兩罐八百公克的克寧奶粉，踱行到我家，說要賀喜，令我十分感動，左鄰右舍都表示只有我有此福分，因為他從不送禮給街坊鄰居。

為經典歌曲修詞

李臨秋晚年，我與他交談甚多，有一次竟大膽地對他作詞的〈四季紅〉做了一個字修改的建議。

戰後，〈四季紅〉被更名為〈四季謠〉，因為紅色是反共抗俄時代的禁忌。李臨秋的〈四季紅〉初稿，描述春、夏、秋、冬的景致，第一句歌詞全沒有副詞，是「春天花清香」、「夏天風輕鬆」……。後來，〈四季紅〉歌詞在流行歌壇被唱成了「春天花當清香」、「夏天風正輕鬆」……，這一副詞「當」與「正」，是李臨秋親自加入，還是坊間填上的，不得而知。

我告訴長輩李臨秋，坊間將春季的第一句歌詞，唱成「春天花當清香」或「春天花正清香」，不如將「當」、「正」二字，更改為「吐」字，讓春天有律動，有昂然生氣，豈不更好？李臨秋首肯了，於是日後我推廣的〈四季紅〉，以「春天花吐清香」，取代了歌星所傳唱的「春天花當清香」或「春天花正清香」。

李臨秋百歲冥誕那年（二〇〇九年），我催生了紀念展覽。我覺得已經傳唱了

2013年〈望春風〉發表八十年，我為大同區公所籌備紀念音樂會，以「走過望春風的年代」做題。

七十幾年的〈望春風〉，應該走進新的時代，歌詞中「獨夜無伴守燈下，清風對面吹，十七八歲未出嫁，遇著少年家」的阿嬤年代適婚年齡，已不符合現代社會；十七、十八歲的窈窕淑女，不是正準備投考大專學校的高中女生嗎？我於是戲筆改寫，將歌詞變成了「獨夜無伴守燈下，清風對面吹，起身近窗望明月，心情逮風吹……」

明月、風吹都押「せ」音，沒有破壞原有聲韻。不過，李臨秋已逝三十年，我沒有機會再做建議，基於李臨秋的著作權，以及一九三〇年代的民風，我並沒有要求他人唱「新詞」。

二〇一三年是〈望春風〉創作八十週年，我有再改動一個字的想法，即「果然標緻面肉白，誰家人子弟」的後面一句，更改為「誰家好子弟」；意在說明少女所心儀的「少年家」，必是出身好家庭、有教養的好子弟，否則「想欲郎君做尪婿」，豈不

有「所嫁非人」的後果？

動人的搖籃曲

一九四五年，呂泉生為他出生三個月的長子所寫的〈搖嬰仔歌〉，原來歌詞是他的岳父蕭安居牧師所作，歌詞是「古典民俗」，後由盧雲生重新改寫成今日代表寶島父母心聲的搖籃曲：「嬰仔嬰嬰睏，一眠大一寸，嬰仔嬰嬰惜，一眠大一尺……」

〈搖嬰仔歌〉有一句令人詬病的歌詞：「子是我心肝，驚你受風寒。」「子是」二字在台語的語音和「驚死」近似，所以聽起來有「驚死我心肝」的令人心惶感覺。

呂泉生還沒有出國時，我與他互動頻頻。有一天，我告知了〈搖嬰仔歌〉的「子是我心肝」，常被人惡意唱成「驚死我心肝」，建議他是不是將歌詞改為「嬰是我心肝」，才不會被人開玩笑。呂老師馬上首肯，由於他的搭檔作詞人盧雲生已車禍身亡多年，我自然無法徵求他的同意。

每每說到〈搖嬰仔歌〉，我以「寶島父母的心曲」命題，日後也被坊間一些寫這首歌故事的人引用，但他（她）們沒有對呂泉生老師做「口述歷史」，而是根據我撰述的文字做局部改寫，沒有註明出處，令人有些遺憾。曾讀到簡上仁在《音樂生活》的一篇介紹台語搖籃曲的文章，竟然說：「〈搖嬰仔歌〉是呂泉生在兒子度晬（周歲）時，大宴賓客，欣喜之餘，而寫出的曲子。」他的說法，背離事實。呂老師是在太平洋戰爭台灣遭受大轟炸時，在昏暗的防空燈（以黑布包裹燈罩，以免透光，成了美機炸彈的目標），寫下這首動人心弦的父母之聲；疏散期間，逃命都來不及，豈能設桌擺宴？

我將〈搖嬰仔歌〉和莫札爾特、修伯特、布拉姆斯的〈搖籃曲〉放在同一位階，視為世界最優美的「搖子催眠歌」；這三位西洋音樂大師只有莫札爾特結過婚，但三人都沒有後嗣，卻譜下了動人的搖籃曲旋律，成了千古絕唱。

「快快睡，我寶貝，床頭有玫瑰，還有百合花陪伴著你入睡……」和緩歌聲，哭鬧的嬰兒不入睡也難。西洋音樂大師的搖籃歌是天籟，而鄉土音樂家呂泉生的〈搖嬰仔歌〉也不遑多讓，可以一齊並列；台灣的小貝比，床頭沒有玫瑰、百合花陪伴入睡，但有長輩的呵護、疼愛相陪相伴。

台語版的〈搖嬰仔歌〉最大的特色，歌詞所表達的父母之心，是一生一世的，「疼子像黃金，晟子消責任，飼到恁嫁娶，我才會放心」，子女沒有成家立業，父母還是一直視為襁褓中的寶貝，「查埔（男生）娶新婦（媳婦），查某（女生）嫁丈夫」是為人父母的長遠期待，世界各地的搖籃曲，哪一首可以如此深入描述？更重要的是，〈搖嬰仔歌〉的「同是一樣子，那有兩心情，查甫也著疼，查某也著晟」，如此「男女平權」的父母歌，也是少見的。

更動一字，更有層次

〈菅芒花〉是晚近深受文藝界喜歡，也是台灣歌謠作家常選唱的一首歌。〈菅芒花〉是戰後的新詞，作曲者鄧雨賢在台灣光復前一年過世，他譜下這首歌的曲調是在一九三〇年代，當時原詞是台灣新文學運動的重要人士陳君玉所作的〈南風謠〉，歌詞有民謠風：「南風吹來三月天，草兒青青隨風生；雖然露水暗暗滴，阮厝全無滴半絲。」〈南風謠〉詞曲俱佳，但卻沒有流行，十分可惜。

戰後，新銳作曲家許石投入台語流行歌壇，成立大王唱片公司，他採擷民謠，創作新曲，成了當代歌壇炙手可熱人物，〈鑼聲若響〉、〈夜半路燈〉、〈安平追想曲〉都是他風行一時的作品。許石可能認為將〈南風謠〉再賦予新生命，必能受人喜歡，於是找到了台南耆老許丙丁重填新詞，因此舊瓶新酒的〈菅芒花〉就被灌錄唱片發行。

〈菅芒花〉的歌詞雋永且有深度，詞分三段，將瑟瑟秋風下的菅芒花，受人冷落、輕忽，比擬成人生的無奈和無常——「菅芒花白無芳」、「白無味」、「白文文」。但是不受人愛、不為人憐的菅芒，並非全然枯寂，許丙丁筆下仍留有生機。人生無奈、無常和必須面對的無情，菅芒花的「花語」，足以寫照；歌詞中「世間人錦上添花，無人來探望」、「世間事鏡花水影，花紅有了時」、「世間事一場幻夢，船過水無痕」，即是對現實人生的控訴，我將許丙丁第三

2009 年，我催生李臨秋百歲紀念展「臨秋三唱——台灣一代歌謠詞人李臨秋百歲紀念特展」，於台灣新文化運動紀念館（當時為籌備處）展出，展場中央裝置了一棵「歌詞樹」，將李臨秋歷年的詞作化為一片片樹葉。圖為「歌詞樹」點燈儀式。

段的「世間事」改成了「世間情」，更動一字，成了人、事、情，更有層次。

此後，所有歌本收錄〈菅芒花〉，多數依我所更動一字的歌詞，甚至《許丙丁全集》、許丙丁學術研討會以及台南市政府所出版的《臺江——臺語文學季刊》創刊號以許丙丁為封面人物，也全用改動後的新詞，但無人知道是我更改了其中一字。

音樂無價，推廣重要

我斗膽更動〈菅芒花〉詞中一字，絕無影響詞意、詞境；能有此舉動，乃因彼時許丙丁的著作版權，家屬託我全權代理。

一九八七年，我在《台灣近代名人誌》撰寫許丙丁傳，當時這位台南耆老，還未被台語文學者所重視，旅居美國的許丙丁女兒許傳紫看到了我的文章，寫了一封信到自立晚報社轉交給我。此後，我和許丙丁家屬開始聯繫上了，許丙丁獨子許勝夫託我代理他父親的音樂版權。

音樂版權在台灣可說紛亂無章，許常惠所主導的音樂著作權的保護團體，沒有訂下整套「遊戲規則」，以致造成了日後歌曲著作版權的「漫天要價」、「沒有次序」亂象。

我代理許丙丁的音樂著作版權，許家完全授權，我以「公益使用完全免費」和錄音著作權人協會所訂最低收費標準收取著作權費。我告知許丙丁家屬如此對推廣他們父親的音樂，才有助益；許勝夫二話不說，寄了授權書給我，我也逐年逐期將收到的權利金轉給許家。

台灣的著作權，仍有不少討論的空間，很遺憾的是音樂（歌曲）的版權，一直為人詬病，不僅出現授權單位的「多頭馬車」，而且有胡亂叫價現象，如此一來，影響了台灣歌謠的推廣，不少所有權人要的是「錢利」而非「權力」，哪首歌該付多少錢？哪首歌的版權要付給誰？都捉摸不定。當年倡導著作權的重要，必要「付費」的許常惠、林二等人，可能都沒有想到會產生後續一些亂象。

我斗膽改動了幾首歌的幾個字，應該不會有「權利金」；如果有的話，我也會放棄，做為公益，畢竟那是我認為該做的事，而且都是謹慎的思考。更動，絕不是戲筆，李臨秋、許丙丁、呂泉生前輩在天之靈，必會原諒我的妄為，動了他們的原創——我以「精益求精」的角度，自以為改之有理，問心無愧！

忘年之交 惠我良多

一九三〇年代為台灣文壇盡心盡力的前輩，晚年都「述而不作，信而好古」，我找他們請益，只是想聽故事而已；但是大老的開導、啟迪，漸而萌生「有為者亦若是」的意念，也讓我了解走進文壇這條不歸路的清貧後果。

忘了是那一年，那一月，那一天，我寫了一封信給王詩琅，輾轉寄到他在艋舺陋巷的住處。我向這位前輩表示敬意，並告訴他，我對鄉土文史的興趣，得之於他的啟蒙甚多——從一九五三年二月《學友雜誌》創刊後，我就成了忠實讀者，而且每月份雜誌出版，都會親自去天水路與延平北路「三角窗」（交叉口）的學友書店購書，以先睹為快。

從「拜四會」到「益壯會」

王詩琅應是離開台北市文獻委員會《台北文物》編輯工作後，轉任《學友雜誌》主編，他邀了同他一起在一九三〇年代台灣新文學運動掀起浪潮的老友，為這本兒童雜誌寫稿，當然也挖掘了不少新秀。幾封書信來往之後，我們成了忘年之交，而後，他的老朋友也成了我的新朋友，廖漢臣、呂泉生、巫永福、王昶雄、陳炳煌……和我都成了「老少配」。

這些台北文化界的好友，曾在戰後初年，成立了「拜四會」，每個禮拜（星期）的週四晚上是他們聚會的時間，從關心時勢、關懷政局到文化動態，無不是談論話題。不久，白色恐怖陰影愈罩愈大，有人因而被約談、通緝；鋼琴家張彩湘被捕、小說家呂赫若逃亡，而致「失蹤」，迫得手無寸鐵的文人，也不得不解散「拜四會」，不再定期相聚。

風平浪靜之後，集會不再是禁忌，王昶雄等人號召成立「益壯會」，邀同一九三〇年代的

呂泉生住台北天母東路時，常邀我和他的朋友相聚相談，也因此這些前輩成了我的忘年之交：由左起為王昶雄、雞籠生（陳炳煌）、巫永福、呂泉生、我，快門是由呂泉生夫人按下的。

文化從業者舉辦「月會」。王昶雄說：「益壯會看起來好像是冠冕堂皇的集會，其實，這並不是板起面孔的什麼會，不過是一群志同道合的好友們每月一次聚聚首，邊吃喝邊聊天的所謂『打牙祭』的歡聚而已。他們都是豁然醒悟的過來人，悟透了『人生如寄』的幻化，每月一次找個淨土，偷得浮生半日閒，暢暢快快地打發日子。本來天下沒有什麼大不了的事，何必作繭自縛，壓縮得心神有如繃緊的弦，一定得鬆弛一下，一吐胸中塊壘為快。」

老幹為主的「益壯會」，也有「新枝」入列，特別是每會邀請一位Guest（來賓）參加，Guest有呂泉生、林玉山、楊英風、李鴻禧等人；我也曾是被邀請的Guest之一，善飲的「少年大」王昶雄還下令我高歌一曲〈杯底不可飼金魚〉助興。

從「拜四會」到「益壯會」，我重讀王昶雄的追憶，不無感嘆！他說：「於大海茫茫中能交上幾位永遠難以忘懷的朋友，套句俗語，這都是緣分，在今日這個變幻無常的世界裡，人們要從幾次虎口餘生中撿了條命，該說是福星高照，大家在聚餐那一天，一面吃喝，一面紀念『憂患餘生』之可貴，亦具有相當的意義。」

亂世交友，隔世重逢，雖已老衰，但互問平安，熱情依然。這些「老歲仔」，少提當年勇，多談今塵俗事，我也聽得津津有味。

但是，我更喜歡在「私領域」找他們面對面談，也就是登門造訪。

拜訪艋舺清士王詩琅

穿過有尿味的陋巷，拜訪艋舺清士王詩琅，是我鎖定的第一個目標。

彼時，我不知道這位《學友雜誌》主編的聯絡方式，但自從在牯嶺街舊書攤買到《台灣風物》雜誌，知道王詩琅是此雜誌的關鍵人物後，便循著雜誌社寄了一封信請託轉交。約莫一個星期，王詩琅回信了，而且歡迎我去他家聊聊。

視茫茫，髮蒼蒼，齒牙動搖的王老長輩，每次與我交談，無不會加上一句誇許我的話：「少年，你知味少（年輕人，你可知道得不少）。」每一次，我們兩人的對話，可以說是「賓主盡歡」。

面對小時候所心儀的作家，以筆名「王一

172

這是一篇臺灣的民間傳說，文中的情節，當然都不是眞實的

173

鴨母王

王一剛文

盧雲生画

。從這篇傳說中，我們可以得到一個啓示：一個民族英雄，不只要有愛國的熱情，且要有遠大的見識；不只要能結合義友，且要有犧牲自我的精神。朱一貴把抗清復明運動，看作「天意」他自己又想「做天子」所以結果就失敗了。—編者—

（一）

朱一貴的家是在現在的高雄縣內門鄉。這鄉村昔日叫做羅漢內門，是一個山明水秀的好地方。朱一貴生平專門以飼養鴨子爲職業

我小時喜歡閱讀民間故事，鴨母王朱一貴的反清革命，由王詩琅（一剛）主筆，盧雲生插畫——他是呂泉生譜曲〈搖嬰仔歌〉的作詞人。

剛」所書寫的鄉土故事以及鄉土歷史的「榮峰」，這位一九三〇年代的「黑色青年」，已垂垂老去。他閱讀時，需將報紙、書刊拿到鼻尖；寫起信來，有似蛇行，跳行迴轉，更是常態。

「攏要交予恁了！」（未來的工作，要你們去達成）王詩琅的這句話，當時我聽來一點感覺都沒有。畢竟，我從沒有想像自己也會筆耕不輟，只因為喜歡「聽故事」，而去找這些前輩。日後，「有為者，亦若是」，萌生於心，而且有了宏願，即使「晚境淒涼」如他，也甘之如飴。

歌聲動人的林是好

林是好（林氏好）是一九三〇年代的第一代女歌手，不像純純、愛愛等人是從歌仔戲班出身，轉入流行歌壇；她具有聲樂基礎，更令我好奇的是她的先生盧丙丁是蔣渭水所領導的台灣民眾黨宣傳部部長。廖漢臣前輩告知我，他曾在北投市場巧遇她，知道她的住處，問我可有興趣去訪問她——這個線索得來不易，我當然絕不放過。

林是好的媳婦林香芸在北投開設舞蹈社，想找到她的居所，並不困難。我們談了不少她在音樂圈活動的情形，但碰及盧丙丁的一些細節之事，她似乎避重就輕，僅說她先生當年參與民族運動，深獲民眾推崇，是一位廣得人心的社會運動家。我前後訪問了三回，最後一次是和妻子以及僅兩歲多的次女樹嵐前去。那一次談了很久，樹嵐竟然在人家客廳撒起尿來，令我們夫妻好不尷尬，林是好找了抹布，蹲下身去擦，我太太一直說：「我來處理就好……。」但她老人家還是堅持自己動手，還一直說：「小孩子本來就會這樣，沒有什麼關係。」

「今日離別，不知何時，會通擱再相見……。」林是好唱著這首由她先生盧丙丁以台語填詞的世界名曲驪歌，動人心弦，那時她罹患喉癌剛治癒不久，很遺憾，我沒有錄音設備，沒能錄下來。

〈月夜愁思訴心曲〉是我對林是好訪問後所發表的文章，而今重讀，有些淺薄，十分慚愧；近年來，已有人研究她，而且寫了碩士論文，可惜她已經老去。

我的文史入門書

王詩琅、呂泉生、廖漢臣、林是好、陳榮、陳炳煌（雞籠生）、王昶雄、巫永福、鄭世璠等老前輩，都視我這個少年家為忘年之交，進而和老友們的朋友，也多所交集，由於他們的引介，我得以和柯設階（馬偕傳教師的長孫）、李石樵、林搏秋、郭芝苑等同桌共飲。

林是好和鄧雨賢是歌手純純的指導老師，當年我為整理古倫美亞時代的唱片事業而訪問她。

我和前輩們相談，可以有諸多話題，一來，從小得到他們的潛移默化；二來，我蒐集了不少他們當代的歷史物件，更加強了談話內容的深度和廣度。

「惠我良多」，是我對曾在一九二〇、三〇年代，台灣新文化狂飆時期付出良多的前輩的感念之詞，有幸，可以親近他們，聽其聲謦，由他們帶領我回到台灣歷史上的「自覺年代」，此為晚我一輩的人，不能有的機會——「台灣學」從險學成為顯學的時候，他們已凋零老去了。

當時我身為「早六晚六」的上班族，加上一年假期難得有四、五十天，實在無法經常登門和前輩們言歡，所幸書信往來，輔助了缺憾。每每獲得他們的回函，總是展讀再三，解惑、益智，增進了我對台灣近代史的認知——這是「教科書」和坊間的讀物，所不能有的史料！

我的文史入門書，就是「老友們」；他們一一遠行後，每每寫下他們告知的「史料」，猶如音容宛在，有若還在一起對話。

鍾肇政為撰寫《夕暮大稻埕》請我帶領做港町導覽，追尋童年記憶。不久，我前往龍潭拜會他，倆人在龍潭埤留影。

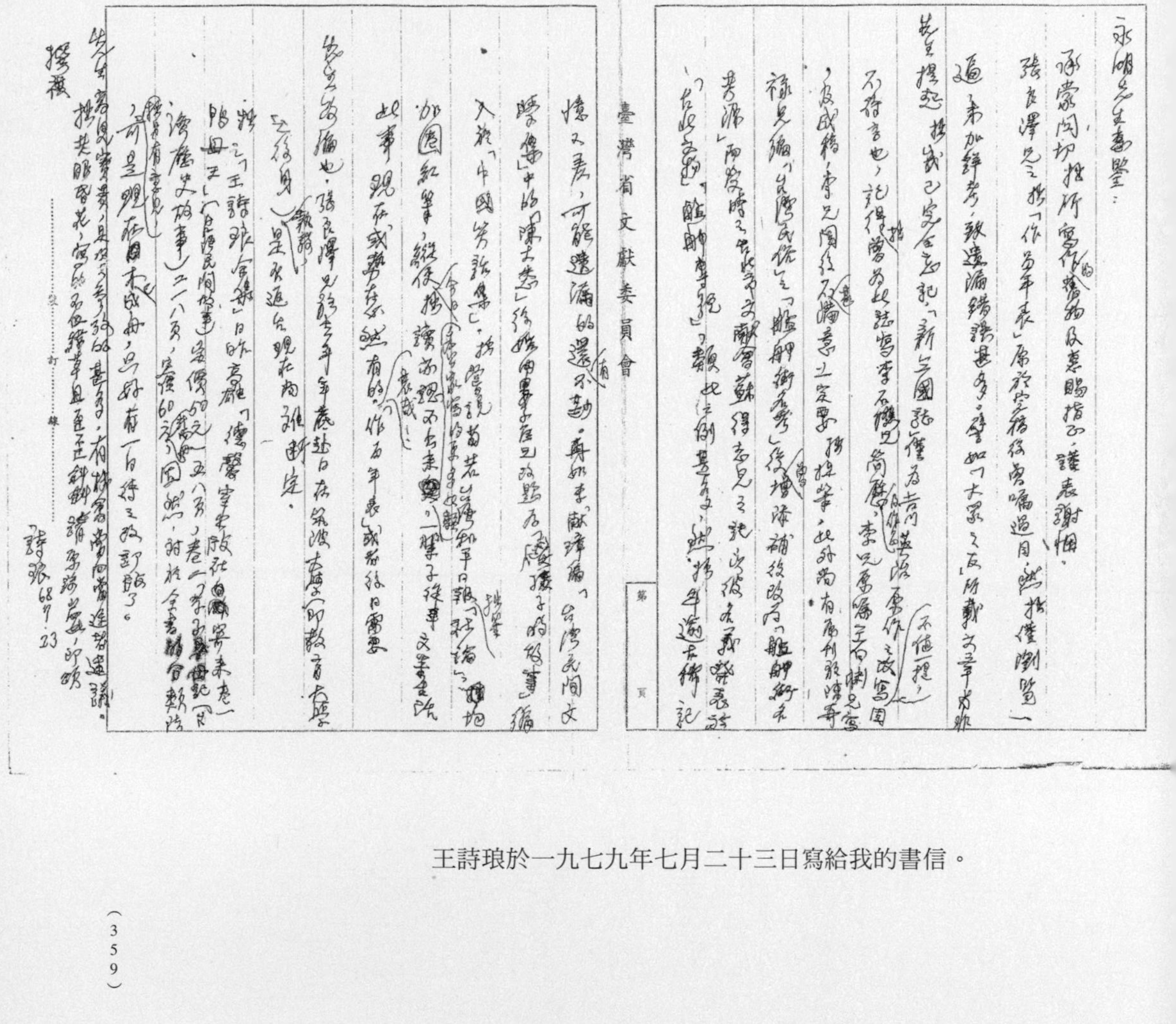

王詩琅於一九七九年七月二十三日寫給我的書信。

縱橫閱讀 回味世紀

千禧年，全世界都為這跨世紀的一年，舉辦各種慶祝紀念活動，我也萌生了留下「時光膠囊」（Time Capsule）給下一代、下下一代……一些「時代見證」的想法。

告別舊世紀、迎接新世紀，跨足二〇〇一年的歷史時刻，我寫下了這幾句話：

台灣人有過的是什麼？台灣人失去了什麼？

台灣人忘記了什麼？台灣人希求是什麼？

台灣人創造了什麼？台灣人嚮往是什麼？

台灣人在生命長廊中，如何度過悲歡歲月？

台灣人在生活長巷中，如何追求品質品味？

台灣人在生命旅途中，如何擴展視野視界？

台灣人在生活方式中，如何選擇汰舊迎新？

《台灣世紀回味》三部曲——時代光影、生活長巷、文化流轉，付梓後的發表會，曹永和、曾志朗等文化界大老都來捧場。

我的問話，解題的應該是二千三百萬生於斯、長於斯的每一個人，而不是由我「自問自答」。

世紀交替，留住時代光影

為了留下給下一代、下下一代……一些「時代見證」的想法，二〇〇〇年，我與遠流出版公司視覺書編輯室合作了《台灣世紀回味》套書。

《台灣世紀回味》分三冊出版，我擔任總策畫，動員的撰文專家、編輯人員、美術製作和圖像文物提供等各方面參與者，為數可觀，這種圖文書的製作，確實不簡單，可說是眾志成城的出版界範例之一。

為了這套書，我翻箱倒櫃找出了不少藏品，好讓這套書圖文增輝、充足亮點，回顧二十世紀時，可感受到酸甜苦辣鹹五味俱全；耳目口鼻心五官也能同時長久回味。

一本書的出版，有時是機緣。一九九八年六月，我撰

寫的《台灣醫療史》由遠流出版公司付梓，一天，我去遠流取這本剛出版的書籍，好幾位編輯聽聞我來到，依序拿著書請我簽名，彼時，就有人希望跟我合作下一部著作。不久，主編黃秀慧約我商談製作系列台灣生活圖文叢書，最後敲定，為世紀台灣留下一部套書。

這是一項「出版工程」。討論良久，選定題目，企畫以三冊留存二十世紀的台灣紀錄，由於所需投入的資金、人力不少，因此遠流編輯需向老闆王榮文提出報告，也許是《台灣鳥瞰圖》銷售成績不錯，王榮文答應編輯部門擴編人力；展開工作的期間，我也陸續將私家收藏拿到了遠流——那時該公司還在汀州路舊址。

《台灣世紀回味》製作期間，就聽聞別家也想出版「世紀回眸」，可能他們知道這類著作，不是等閒之書，最後知難而退，所以沒有看到同性質的作品出現。

一百年的歷史長廊，應以一九〇〇年起算，但是上溯五年的一八九五年，是台灣「政權移轉」的關鍵年，也是清廷割台之年，此十九世紀末的一紙「台灣人賣身契」——《馬關條約》，讓台灣人成了半個世紀的日本人，影響頗深。所以，這套書便以一八九五年為歷史起點，不僅是一個世紀的一百年，而是一百零五年的「世紀回味」。

全套三冊的《台灣世紀回味》，分為卷一「時代光影」、卷二「生活長卷」、卷三「文化流轉」。

時代光影出版時，已是二〇〇〇年十二月三十日，也就是二十一世紀的第一年年尾，算是給新世紀一份遲來的獻禮。

第一卷以政治與經濟做內容。子題再細分：改朝換代、選舉風雲、產業演義、金錢共和國。

第二卷以食、衣、住、行做內容。子題再細分：四通八達、遊山遊水遊台灣、有模有樣趕時髦、買東賣西過生活、大城小鄉蓋房子、衛生醫療保健康。

第三卷以文化、教育做內容。子題再細分：萬變訊息傳世紀、翻前翻後看出版、從野台到舞台、歌謠傳唱一百年、百年樹人、更高更遠更快、土地家園。

這套書，除了文字有專人執筆，也運用了大量照片、執照、收據、郵票、說明書、廣告單、報紙、雜誌、唱片封套……不足列舉，因此每冊還各有「歷史照相簿」，以「黑白的印象、彩色的回味」（發行人序言）品味「消失的世紀」！

我以「舊世紀的歷史見證人」身分和遠流編輯團隊合作這套書，以〈文物有靈，光影不滅〉為序，說明我雖錯過了兩次「台灣第一」，但告別「千禧年」後，我留下了永不幽淡的光和絕不消失的影。

二〇〇〇年的台灣第一道曙光破曉時刻在台東太麻里海濱。

二〇〇一年的台灣第一道朝陽光線出現在台灣外島蘭嶼，二分鐘後光線灑在本島南端鵝鑾鼻。

我沒有機會和一些「有心人」一起目睹時代之光，但是對百年歷史的總結，以微薄之力，留住時代光影。

《台灣世紀回味》不僅見證了「光」，也捕捉了「影」，做為二十世紀生活了半個世紀的一份子，我以「跨世紀的人」自豪的說：「沒有憾事。」

跨越二〇〇〇的時代人物

一九九九年，我被《天下雜誌》選為「影響二〇〇，跨越二〇〇〇」的重要人物之一，平心自問：「我有此資格嗎？我何德何能躋身『時代人物』？」

《天下雜誌》以「有系統的整理台灣歌謠、俗諺語以及獨家珍藏共同記憶珍貴的史料」肯定我的成績。那時，我還努力催生著這套《台灣世紀回味》；也就是說我的史料收藏，多數還未曝光。

世紀交替，以二十世紀回顧為題的書，並不止《台灣世紀回味》而已，但自信這套三本的「大書」是全方位的，不是他書可以並比的。

《台灣世紀回味》雖然廣被廣告公司、企畫設計人員拿來當作參考書目，但因訂價較高，我為其未能達到「史普」的效果，深以為歉，幸而仍有不少人在圖書館找到這套書，對我的努力，讚不絕口。

我不知學界對這種圖文書的觀點如何？不過《中國時報．開卷版》曾有書評，是由中央研究院研究員林富士執筆，他的評語是與一般官方的「志書」沒什麼差異。這令我有點不服氣，各縣、市包括台灣省所出版的志書，可有如此多的「庶民」觀點嗎？況且有這麼多「回味」歷史、生活的圖像，也是一般志書所不及的。

為了讓世紀回味不留白，我們盡可能使用有歷史意義的圖片，所以南北奔波，找收藏家鼎力相助；反而是公家單位的授權，往往不得要領找不著對口單位，一再以版權歸屬不明，難以授權，打了回票。最令我感到遺憾的是被中央通訊社「敲」了一筆，

千禧年，我主編的《台灣世紀回味》為世紀台灣留下見證，新書發表會擇於自來水博物館舉行，「思水思源」，有其意義。

有些歷史顯像，是他們獨有，因為那個年代，能在「禁域」按下快門的，只有官方記者；而為了取得這些珍貴照片的授權，我們花了幾十萬元買下版權，有的一張是三千元以上的授權費。其實，我們付了每一張照片的使用費，也不是全數用上，只因為取得影像權，就得先將費用繳上，才能得到授權，後來也因主題取捨以及篇幅調整，有的割捨沒使用，但也不能因此向中央通訊社要求退費。除此之外《台灣世紀回味》沒使用的，圖片也不能移用於其他書上，因為這是一次授權。

攝影家張照堂認為「台灣世紀回味」這個名字不錯，他向公共電視遞了企畫案，向遠流出版公司取得書名授權，以台灣製片公司及其他檔案影片資料，製作了系列「回顧世紀」的影片，也以「台灣世紀回味」為影集之名，所以《台灣世紀回味》不僅僅是紙本的「靜態」呈現，也有電視影集以「動態」來回顧歷史、回味生活。

《台灣世紀回味》分期出書，最後一冊《文化流轉》在二〇〇二年五月付梓，套書出齊，於台北市中山堂舉行發表記者會，我在會場上寫下如此對聯，聊表心中感言：

無黨無派，為百年台灣歷史彰顯實實在在紀錄；

群策群力，替世紀人民生活留存久久長長證物。

橫批：「回味古早味，來結今世緣」。

以「橫」的面向，回味二十世紀，「彰顯歷史紀錄，留存生活證物」，我覺得還是不夠，需要有「縱」的接繼來解讀，才免於因世代差異，而有「果其然，而不知所以然」的感覺。畢竟老、中、青、少對一百年的歷史見解，是有時空上的差異，不從歷史背景、社會意義給予時序說明，不少人會「霧嗄嗄」，以「我不是那個世代的人」，而置身事外。

台灣久久，記憶久久

「老人不講古，少年不知實」。我以望七之齡，積極策畫廣角度的「台灣學」，以達到「史普」的目的，不僅記憶歷史，也記取歷史教訓，所以催生了「縱」的編年史圖文書。不過，遠流出版公司早於二〇〇〇年九月出版《台灣史小事典》，標榜是「一部台灣史年表和台灣史辭典的結合」，我提議再製作一本編年史的圖文書，豈不有「鬧雙胞」之嫌？所以評估之後，未得立即答應。

是時，我的視力出現嚴重病兆，實在無力、無心再為「市場考量」。沒想到，有了契機，我也不顧已是「視茫茫」的眼力了。

適巧，國立台灣歷史博物館籌備處呂理政館長和我交換一些該館典藏事宜，我向他提出有必要製作一本圖文並茂的編年史書籍，對館方未來策展也是一個很好的參考資料。呂館長很爽朗地答應台灣歷史博物館與遠流合作，共同出資規劃、編印出版這本書。

二〇〇五年一月一日，「一千張圖片＋四十三萬字＋編年紀錄＋國際大事＝一〇六年台灣歷史廣角鏡」的《認識台灣——回味1895-2000》出版了，完成我「縱橫閱讀，回味世紀」的心願。

這本編年史的書，我將自己收藏的郵票做為「世界動態」的插圖，很遺憾的是這僅為右下角的一個小專欄，用以「對應每年世界政經、科技、文化等大事……同步對照台灣和世界動態」；雖則，我的郵票藏品足以豐富每年的「世界觀」，但限於篇幅，大半都沒用上。

我能夠在千禧年留下四本前世紀的見證，總算是對在二十世紀度過了近六十春秋的「淡薄仔」（一點點）歷史光影有所交代。

《台灣世紀回味第一卷 時代光影》推出後，有不錯的銷售成績，因之，我曾構想再以「平價書」推出各主題，以及每個年代一本專書，畢竟我的收藏還有不少尚未派上用場。沒想到《生活長卷》、《文化流轉》接著問世後，業績不如預期，以致想乘勝追擊，再出版二十冊普及版的專題世紀回味，也就成了泡影。

二〇〇九年，暑消之日，《中國時報》何榮幸來訪，提出報社擬以「迎向民國一百年」，製作「全年不間斷」每天上報的專題，希望在《中國時報》六十週年前夕推出。

由於這個構想與我的「未竟之業」有雷同處，義不容辭，應允相助，並為這個專題命名為「民國九九，台灣久久」。

《台灣世紀回味》套書的廣告 DM。

民國九十九年元月一日，「民國九九，台灣久久」見報，一日不休，我也不定期接受專訪、詢問並提供圖片。二〇一一年，天下文化取得《中國時報》授權，出版了《台灣久久——台灣百年生活印記》三書；我在推薦序以〈台灣久久，久久記憶〉寫下這段話：

台灣住民群聚島嶼，在生存共同圈，凝結成生命共同體，生活方式雖有不同，生活態度或有殊異，生活程序仍有差異，但是共同的記憶，已經深深烙印在心中深處。

記憶久久，終會因時過境遷，印象模糊，追憶有限。

記憶久久，有了世紀歷久印記，綿綿長長，留存民心。

4 回味論壇

如何回味 台灣世紀回味

猛虎蛟龍 場上生風

總策劃——莊永明簡介

名家推薦

圖象讓台灣史的研究更加豐富

期待影像版的《台灣世紀回味》早日發行

我看到我的記憶都在裡面

一部台灣史紀錄片

歸鄉路的指南

回味無窮的好書

享受甘美的豐富

本土圖文的啟蒙

讀者投書

來自日本的迴響

來自新竹的迴響

來自花蓮的迴響

台灣世紀回味 新聞特刊 1

SCANNING TAIWAN 1895-2000

賀【台灣世紀回味】全套正式出齊 獲中國時報開卷、聯合報讀書人的好書推薦

台灣世紀回味

一部值得玩味的常民生活史

全台灣人共有的記憶和體驗

台灣世紀回味 SCANNING TAIWAN Vol. 1 1895-2000 文化流轉

全套定價4,500元

郵購特價2,970元

可省下1,530元

免費贈品

【台灣世紀回味】紀念明信片

三之十

文化志業 文化產值

寫過多少文字，我從未統計，但估略說出以下「文化產值」，並無膨風。我雖是井底之蛙，但不致於「刣無肉」。

我很懷想筆耕生涯的前二十年歲月，畢竟彼時不少人給我鼓勵、加持和助力。初涉文壇，如履薄冰，每次投稿，總會夾上幾句話語「敬請編輯先生斧正」，以蒙主編青睞。記得剛出道時，文章一經發表，即有朋友電話相告：某報紙、某雜誌有你的「大作」刊載，彷彿我忽略了文章已被採用，希望我趕快找來欣賞，語意中帶有恭喜的味道，不過我想更重要的是——我的文章披露，他們也與有榮焉！不諱言說，這些都是與我「忘年之交」的老朋友，他們大都是一九三〇年代的文化人，只是淡出文化圈久矣。老朋友們對我表示關懷，是寄望在我身上「發現」他們以前在文壇耕耘的成績。

久違了，莊永明！

勤於筆耕，是眾人對我的印象。如果有一陣子，我交出了「白卷」，不是以為我忙於他事，就是怠惰。文田荒蕪，實在不應該發生在我的身上。有些朋友逛書局，發現陳列台灣文史系列的書櫃裡，沒有我的新書，就會關心相問：「久違了，莊永明！好久不見你的新書了，最近有什麼出版計畫？」

朋友直呼我的姓名，確是少數；稱呼我的「頭銜」，不外乎有下列幾種：

「莊教授」，這種恭維似的叫法，常使我有不自在之感。他（她）們通常以為我像個讀書人，而且戴著深厚度數的眼鏡，一定是「飽學之士」——天知道，我是連「學士」都進不了榜的人物。

「莊老師」，是讀過我的書、聽過我演講的人，必認為我「教化」有成，而以此稱呼；馬英九總統即是其中之一，

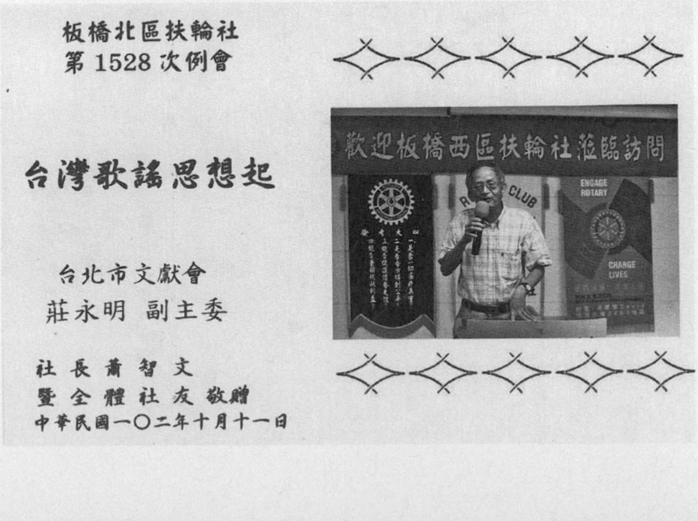

公益團體、社團法人、學校圖書館，我三不五時受邀演講，竟被視為「名嘴」——年少時代的木訥寡言，真難想像。

但我可不是正式受學府聘任的人，雖然曾在台北師大人文教育中心、彰化師大通識教育、台北醫學院通識中心授課，卻都是「臨時約雇」。

「莊先生」，是最自然平實的稱呼，前陳水扁總統、呂秀蓮副總統都以「台語」如此相稱；知道我姓氏的人，也是這麼叫我。我的反應和接受度，可說心安理得——畢竟，我非學院之人，叫「教授」、稱「老師」，太沉重了些。

其他，老同事叫我「莊副理」、「莊課長」；街坊鄰居叫我「也寨」（永明的日語），都代表我生命歷程的某階段烙印；惟最鄉土的「阿明」，卻沒有人如此招呼過我。

此外，一兩個熟朋友，一直以「作家」相稱，可能他們認為這是我的志業。

「煮字療飢」是我對筆耕半生的形容詞，雖然我曾在大同關係企業上班達二十六年，但公司以我是「職員」，屬於管理者，勞心而非勞力，所以沒有為我加入「勞保」，以致退休時，沒能拿到勞退給付。如果我沒有「爬格子」的能力，那退休之後真要喝「西北風」了。

創造無窮大的文化產值

做為一位筆耕者，我可以自豪的是，靠稿費和版稅尚能溫飽。我對「文創」所知有限，但如果說「文創」的重要意義是在「創造產值」，那我可以用以下的「數值」來檢驗秋收冬藏的

二○○四年獲第八屆台灣文化獎，當屆的得獎者還有陳國慈、孫大川、黃永松、順益台灣原住民博物館。

我獲文化獎時，葉樹珊（後任台中市文化局長）代表獻花，二個小孫兒跑上台湊熱鬧，二女兒不得不上場照顧。

績效。

我得事先聲明，列舉的「數字」是概估的；也就是說全是「相對值」，而非「絕對值」。數字是無窮大，做此量化的文化報表，只是暫可評估的「報告」而已，而非商業化。

一〇〇〇〇千

我曾為出版事業創造超過億元以上的產值。此非矜誇之言：我的書，定價超過一千五百元的有五本，每本銷售量都跨過萬本門檻；其他幾佰元的著作，五位數字的發行量也不在少數。五十餘本著作，產值上億，但如果有人說，版權收入因此必然可觀，這是高估的想法——不少書，我只拿企畫費、稿費而已，而不是以「行規」抽取百分之十以上的酬金，況且，我還得以稿酬換取寫作的參考資料費。

一〇〇〇千

這個數字，不是金錢，而是人頭，應有千萬人是我的「空中之友」。我曾在中央廣播電台、中國廣播公司、綠色和平做過節目，千萬人收聽過我的聲音，是必然的。央廣的《台灣小百科》在高功率播送下，不敢說無遠弗至，至少台灣離島和對岸大陸閩南語地區的聽眾，應大有人在。

一〇〇〇千

相信有百萬之眾在電視螢光幕前，曾看見我露過臉，不只民視《頂真的台灣人》為我做專輯，我也曾和廣播名人陳京、歌星鄒美儀共同主持一整年的台視《歌謠尋根》；其他受訪的節目是三不五時應邀，粗估百萬人次，算是保守。

一〇〇千

我的書，團購（指圖書館、公家、公司行號）不在少數；個人花錢，典藏我的著作者，必有拾萬之人。

一〇千

近十年來，我帶「大稻埕逍遙遊」古蹟導覽活動，據統計已有一萬人共襄盛舉，與我走讀老街。

寫過多少文字，我從未統計，但估略說出以上「文化產值」，並無膨風。我雖是井底之蛙，但不致「刣無肉」；台諺：「膨風水蛙刣（殺）無肉。」對我是不適用的。

老殘餘記・雪泥鴻爪

我以老大人（台語）銀髮族成員，在七十三歲時寫了三十三則所信膺「活！該如此」的理由，以「不亦快哉」！表達我在悲觀的認知下，有樂觀的作為。

三十三則「活！該如此」，短期間即寫成，擲筆重讀，更覺「活！該如此」的信念，令我堅強、使我執著「認知悲觀，行動樂觀」的人生，仰不愧天，俯不怍於人，不亦快哉！

◇活！該如此。讓自認為「活，不該如此的人」，有所頓悟。

◇活！該如此。「運命（命運）天註定」的天譴之論，必重新檢討，而會看淡「宿命」，必也能視破「運道」。

◇活！該如此。誠如法國文學家卡謬所說：「人生還有責任。」活，才能實踐責任。

◇活！該如此。一如存在主義學者倡導：「人要活下去，但又不得不發現生活的不愉快。」

承受逆境，是「該如此」的作為！

◇活！該如此。一如老先覺的宿命之論：「做牛著拖，做人著磨。」人異於禽獸幾稀？但是「人有責任」所以該如此的去承當，需這般的去承受。

◇活！該如此。脫俗離世之時，才會對自己「海海人生」，豪邁大聲說出，可以「死，不認命」！

◇活！該如此。就是點一盞永遠的光明燈在心中，求神拜佛、向基督祈禱、同阿拉膜敬，只會是信仰的寄託而已。

◇活！該如此。讓人勇氣倍增，承擔責任，在所不惜。

◇活！該如此。可令「哀莫大於心死」的人，其心不死，其志不變，再不悲觀。

◇活！該如此。使人慎思人生之路如何走下去！

◇活！該如此。就不會怨嘆「生不如死」，領悟活著真好，生命力必然旺盛。

◇活！該如此。「不恨日頭偏，只怨枝無葉」，怨天尤人、怨東恨西，必使人活得痛苦，何苦來哉。

◇活！該如此。不是認命，而是知命！

◇活！該如此。是對「人生而平等」的無言抗訴，但也會對再窮的父親、再醜的母親，有敬意、有孝心；對那些「含金湯匙出世」的人，不羨慕、不嫉妒。

◇活！該如此。容易和自然共處、與生物共存，畢竟都是地球的生命共同體，都是活在當下！

◇活！該如此。是對生命的尊敬，對生命的敬畏；生命的意義，從而認知。

◇活！該如此。因為生命有限，才必須應該「如此」去面對生活，「這般」去體認生命。

◇活！該如此。始能知道榮辱的意義，成敗的取捨。

◇活！該如此。心胸自寬，絕不會辱罵他人「活該如此」，畢竟，他人的做為，個人承擔，不容我們論斷是非──每個人都該有如此的人生見識。

◇活！該如此。就是以自己的一生為己任；活，是對自己負責，對自己的鞭策。

◇活！該如此。活得實在，活得有意義，活得有活力──該如此，就是生命的意義。

◇活！該如此。是實在的人生觀點，實用的人生態度，也是實質的人生哲學；進一步該如此去實踐一生理想。

◇活！該如此。是對生命的許諾，對生活的承擔，對生存的應對，一種合理、合情的態度。

◇活！該如此。讓人勇於去面對人生的終點，畢竟死會終結活的人生，但是死後也有「人生」，所以「有人是死後才出生的」。

◇活！該如此。生存的目的，是為追求生命的真相，如此捨身追求，生活必然實在。

◇活！該如此。活是生命的存在，人生就是真的，真心待人、真誠對事、真意示人，活就有意義，活就是真理。

◇活！該如此。可不是逆來順受，而是要衝破逆流，勇往直前。

◇活！該如此。就是因為人生苦短，而又求長不易，以致必須在當下，活出自己。

◇活！該如此。所以要神氣活現，不能失志，輕易放棄理想——否則活，就沒有意義。

◇活！該如此。讓人知道生活的意義和生命的價值；人不是為生存而生活，也不是為生命而生存。不知「活！該如此」，與行屍走肉無異。

◇活！該如此。讓人知道如何承受苦難，讓人知道如何承擔責任，絕不逆來順受；不畏苦難，勇於負責，人生的責任，就該如此。

◇活！該如此。不是以「安貧樂道」做唯一修養，而是以心安理得做一生追求。

◇活！該如此。就會從「活著真好」，追求活得更好。怨嘆「活！不該如此」的觀念，容易令人怨天尤人，「痛苦的人，沒有悲觀的權利」。做快樂的人，就要「活！該如此」，活在當下！

＊

我從沒有企望能夠留下一部不朽的作品，但是，我撒的種子，必然會有開花結果的一日。

「還有沒有新書出版？」

「最近又有什麼著作？」

常會有人問我這些問題，不論是客套話、關心語，我只是淡淡地回以一句話：

「正在趕回憶錄。」

我的視力已差，還在爬格子，可以說是自我折磨，但我不會玩電腦，不與科技接軌，就自當承受。正因為我必得跟生命搶時間，同記憶爭記錄，這幾年來，心中所想的最重要的一件事，就是看到回憶錄的出版。如果可能的話，我會舉辦「新書發表會」，表達自己所留下的「文字資料」；如果紙本出版的市場消失，斯土斯民還能記住那些書名嗎？如《台灣第一》、《台灣紀事——台灣歷史上的今天》、《台北老街》、《台灣歌謠追想曲》……。

我不在乎「莊永明」這個名字，在「台灣文化史」上是否有人會做連接；也不在意不少學者專家老以「輕、薄、短、少」批評我的著作，我寫故我在！從停筆的那一天起，所有的著作就讓其發黃、酥碎吧！

半輩子以上的文字生涯，我真不知道自己寫作的主題，該聚焦何處？前賢宋朝蘇東坡曾言：「老夫聊發少年狂。」「老歲仔」多說一些往事，效法先人，並非自認「狂士」，而是我不喜歡那些談起話來，老是說：「親像我這款歲頭……」（像我如此高齡），而後倚老賣老，自以為「走過的橋，比人家走過的路多」。我識淺學薄，唯一的本事是「快人快筆」——有所感就寫，有所知就寫，無疑的是期待他人與我共享，文字自有「深度」！

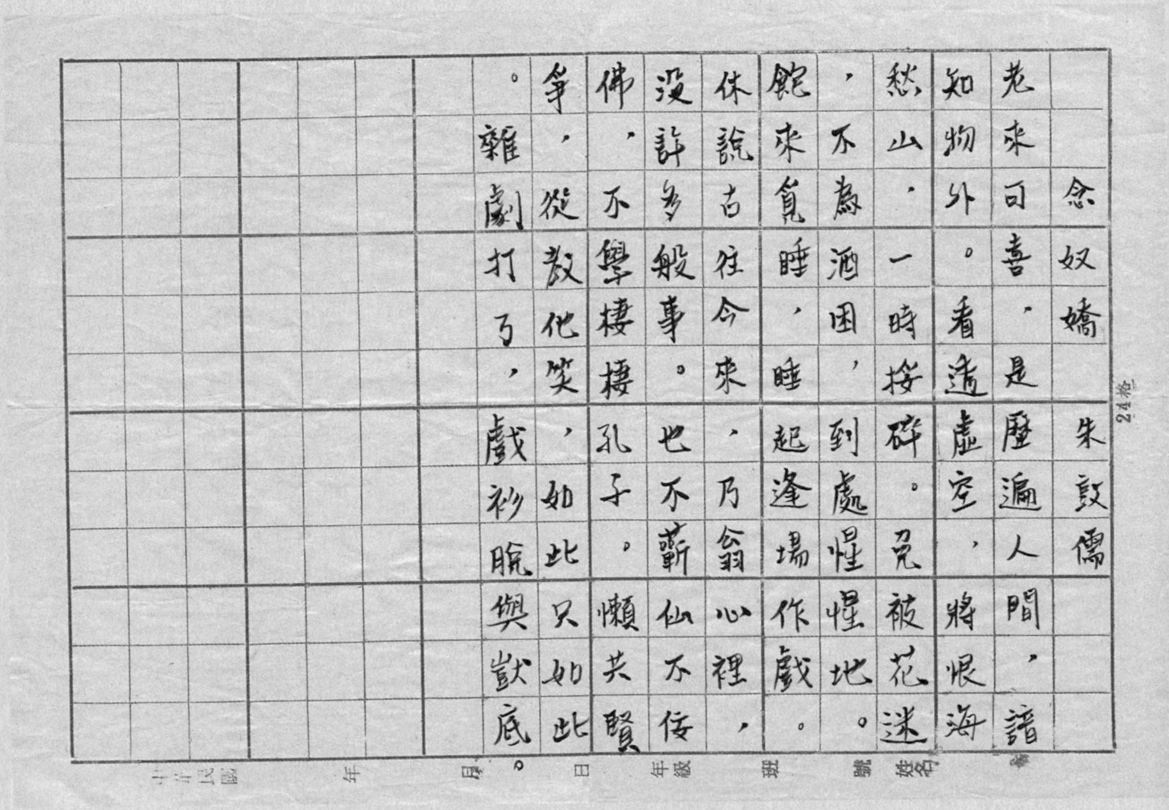

念奴嬌　朱敦儒
老來可喜，是歷遍人間，諳知物外。看透虛空，將恨海愁山，一時挼碎。免被花迷，不為酒困，到處惺惺地。飽來覓睡，睡起逢場作戲。休說古往今來，乃翁心裡，沒許多般事。也不蘄仙不佞佛，不學棲棲孔子。懶共賢爭，從教他笑，如此只如此。雜劇打了，戲衫脫與獃底。

晚年，我以「老殘」自況，大女兒認為不應如此消沉，以古人暮秋之年的達觀文字，希望我放開。

想起英國小說家毛姆（1874-1965）的一件軼聞：毛姆以《人性枷鎖》奠定文壇地位，此後，作品不斷，但是他經常被問到的一句話，竟是：「你什麼時候，可以再寫一部像《人性枷鎖》一樣的作品？」

這句話是期許，還是寓意毛姆有江郎才盡的感覺，實難推論。但是毛姆的諸多作品中，如《煎餅和麥酒》、《月亮和六便士》、《剃刀邊緣》、劇本《上流社會》等，都是膾炙人口的作品，但是在一九一五年，他四十一歲出版的《人性枷鎖》就已足讓其永垂不朽。

駑散如我，年近半百，才提著鈍筆勇闖文壇，仍被逼出不少文稿，出版不少著作，只是，到底哪一本才是我的「代表作」呢？卻無從作答。

不過，偶爾會被人家關注到的幾個問題是：

《台灣第一》，可有繼篇？

《台灣百人傳》，什麼時候可以完成一百人？

《台灣歌謠傳》，不是寫得差不多了嗎？

《台灣淺釋》，不知能否出版有聲書？

《台灣醫療史》，資料既已掌握，應該再予補述，沒有「完整版」，十分可惜，不是嗎？

《台灣紀事》，不是想再增加戰後史料，而成春、夏、秋、冬四卷，而不僅是上、下冊？

《台北老街》，雖又出版了新版，又有《城內舊事》之作，不是也應有東、南、西、北的城內、城外舊事，可以成書嗎？

＊

民國一百年一月我開始在《文訊》雜誌執筆「心路．筆痕．書影」專欄，每月一篇，做為回憶錄的命題，感謝封德屏社長好意，邀我寫「回憶錄」，期間杜秀卿等編輯，為我的書寫文字打字、校對，而有此「老殘餘記」（即本書《活！該如此》）的十幾萬文字，由衷感激。

民國一百年，我在《文訊》編輯製作的「百年一薈．藝文特展」專刊中，加入「百年百人百語」的行列，留下了「我仍繼續做今之古人，所以還是堅持三不主義——不用電腦、不用手機、不用金融卡（提款卡）」。老朽之論，可能有人不齒，說我是「時代落伍軍」，不過我行我素，誰奈得了我！

活！該如此；信念如此，有何不妥！感謝知我的親朋好友，我是想做一個並不孤單的「孤獨的人」。「老殘餘記」僅是前傳，日後我絕不停筆，因為還有不得不言、不得不寫的回憶。意猶未盡，當然需要交代，不能因「身先死」，而壯志未酬，天佑有心人吧！

「天不假年」，我沒有怨尤。我戲稱此書為「老殘餘記」，如果有幸將再寫「老殘猶記」，完成後尚有餘力，再寫繼篇「老殘又記」——時屆耄耋之齡，可以證實自己雖已「老殘」，但不「腦殘」。以我體力，能活過二〇一四年政府所公布的台灣人平均年齡八十歲，我可以不「落其後」，不亦樂乎！

新台灣史記 6

活！該如此 莊永明七十自述

作　　者｜莊永明

編輯製作｜臺灣館
總 編 輯｜黃靜宜
執行主編｜張尊禎
編務協成｜張詩薇
美術設計｜黃子欽
企　　劃｜叢昌瑜、葉玫玉

發 行 人｜王榮文
出版發行｜遠流出版事業股份有限公司
地址：台北市 100 南昌路二段 81 號 6 樓
電話：（02）2392-6899
傳真：（02）2392-6658
郵政劃撥：0189456-1
著作權顧問｜蕭雄淋律師
輸出印刷｜中原造像股份有限公司
2015 年 8 月 1 日 初版一刷
定價｜ 420 元

ISBN 978-957-32-7676-0
YLib 遠流博識網 http://www.ylib.com E-mail: ylib@ylib.com

國家圖書館出版品預行編目（CIP）資料

活！該如此：莊永明七十自述 / 莊永明著 .
-- 初版 . -- 臺北市：遠流，2015.08
面；　公分 . --（新臺灣史記；6）
ISBN 978-957-32-7676-0(平裝)
1. 莊永明 2. 臺灣傳記
783.3886　　　　104012000